중국문화연구

중국문화연구

엄영욱 · 박완호 · 염숙 · 정영호 공저

전남대학교출판부

들어가는 말

영국의 인류학자 에드워드 버넷 타일러는 저서 『원시문화』(Primitive Culture: 1871)의 서두에서 문화에 대해 다음과 같이 정의했다. "문화는 지식·신앙·예술·도덕·법률·관습 등 인간이 사회의 구성원으로서 획득한 능력 또는 습관의 총체이다." 이러한 개념 정의는 50여 년 간 인류학계에 큰 영향을 끼쳤으나 인류학의 발전과 더불어 문화의 정의는 더욱 다양해졌다. 이처럼 문화는 상징적 사고라는 인간 고유의 능력에서 유래한다.

문화는 인간 사회의 보편적인 특징이며, 모든 사회문화적 체계는 자연환경의 영향을 받는다. 즉, 문화란 한 사회의 구성원들이 공통적으로 지니고 있는 생활양식이다. 문화는 일단 확립되면 자체의 생명을 가지게 되고, 한 세대에서 다음 세대로 전달되며, 그 기능은 인간이 사회 속에서 안전하게 생활하도록 하는 것이다. 이와 같이 문화는 단순한 반사적 반응에서 생활의 안정과 지속성을 보장하는 고도로 진전된 수단으로 발전하게 되는 것이다.

중국문화는 어느 나라보다 오래된 전통과 찬란한 역사를 가지고 있으며 그 문화적 유산이 풍부하다. 장구한 문화의 역사만큼 국내외적으로 중국문화에 대한 연구는 많이 진행되어 왔다. 그러나 국내의 기존의 중국문화에 대한 책들이 대부분 중국의 자연환경과 중국인, 국가에 대한 개괄에서 시작하여, 중국의 문자, 언어, 예술, 역사, 문학 등을 한꺼번에 많은 것을 싣고 있어 한눈에 중국문화를 이해하는 데 장점은 있다 할 수 있지만 그 깊이가 결여되고 있다.

본서는 중국문학을 바탕으로 하여 중국의 문화를 다양한 각도에서 파악하고자 한다. 즉, 민간문학, 중국차문화와 영화 그리고 중국인의 생사관 등을 중점적으로 살펴본다. 시, 소설, 산문 등의 문학적 장르를 떠나 역사와 철학, 예술이 유기적으로 연결되어 있는 글로 구성되어 있다는 것이 본서의 특징이다.

제1부 <문화와 민간문학>에서는 문화에 대한 정의와 함께 우렁각시 고사를 통한 한·중 양국 문화의 보편성과 특수성 고찰 그리고 인간과 귀신의 연애이야기를 살펴보았다. 「우렁각시 고사를 통한 한·중 양국 문화의 보편성과 특수성 고찰」에서는 한·중 양국 우렁각시 고사 형성의 문화적 수용 및 우렁각시 고사를 통해 본 양국 문화의 보편성과 특수성을 살펴보았다. 우렁각시 고사는 고대 한·중 양국 농경민들의 삶과 그들의 믿음 그리고 소망을 담아내었기 때문에 지역별로 다양한 이야기 양상을 지니고 있다. 너무도 광범위하고 다양한 형태의 이야기들이 존재하기

에 그 중 대표적인 유형의 몇 가시반을 대상으로 변화의 양상과 원리들을 추적해봄으로써, 한·중 양국 문화의 보편성과 특수성을 변별해보았다.

「인간적 욕망에 몸부림치는 여귀들의 이야기」에서는 『搜神記』와 『太平廣記』에 수록된 人鬼戀(인간과 귀신의 연애) 고사를 중심으로, 고사의 원형과 서사모식의 전변들을 고찰 분석함으로써 인간적 욕망과 갈등에 몸부림치는 여귀들의 형상을 통해 궁극적 인간 승리 문화의 면모를 살펴보았다. 이는 고대로부터 지금까지 지속적으로 회자(膾炙)되고 있는 근원적인 생명력에 대한 원류를 파악하는 데 일조하는 작업이 될 것이다. 이를 위해 귀신에 대한 고대 중국인들의 사유방식의 표현인 영혼결혼으로부터 탐색을 시작하여 인간의 승리로 귀결되는 과정으로 고찰의 범위를 확대해 가려고 한다.

귀신에 대한 중국인들의 보편적 사유(思惟)는 이승을 떠나는 존재이지만, 인간과 별개의 존재로 간주하지 않았다. 다만 귀신은 생전에 풀지 못한 원한에 사무쳐 이승을 떠나지 못하고 인간계에 머물며 해원을 갈망하고 해원을 추구할 뿐이다. 이 과정에서 그들은 인간에게 재앙을 주었기에, 인간은 그들의 원한을 풀이주는 다양한 살풀이를 만들어 내었다. 그러나 인간이 끝없는 욕망을 추구하듯 귀신의 욕망 또한 인간으로의 환생까지를 소원하고, 이러한 과정에서 인간과의 마찰을 야기하였다. 욕망을 해소하는 방식은 인간과 같지만 귀신의 능력 유무와 관계없이 그 결과는 언제나 인간의 최종적인 승리로 막을 내리게 된다. 결국 귀신과 인간은 동일한 공간속에 공존하면서 귀신은 귀신일뿐 인간이 될 수 없다는 보편적 인식론의 확인인 것이다.

제2부 <중국 차문화>에서는 중국 차문화의 특징을 시대별로 살펴보았다. '차문화의 기원기' 삼황오제부터 시작하여 '차문화의 태동기' 진한시대, '차문화의 형성기' 삼국시대, '차문화의 발전기' 수당오대십국에 이르는 중국 차문화사를 역사, 철학을 중심으로 조망하였다. 특히 「당대차문화」에서는 당대 차문화가 발전한 사회적 요인을 종합적으로 살펴보았다. 경제의 안정과 교통의 발달로 인한 남북 및 동서 간 무역의 증가와 함께 불교(선승) 및 도교(도사)의 역할이 컸다. 건강과 수행과 승려들의 식사 계율의 문제로 약석(藥石), 다약(茶藥)이 등장하였으며, 사원운영의 필요성에 따라 사원도 차의 재배와 제작에 관심을 두었다. 이때에는 전문서적인 세계 최초 차의 경전 『다경』이 출현하였으며 과거제도와 시풍만연(詩風蔓延) 등으로 지식인들의 음차문화가 확산되었다. 공차와 각차 및 전매제도가 발생 그리고 차마무역(茶馬貿易)이 확산됨으로 말미암아 차문화는 흥성하였다. 중국에서 始原한 차는 유구한 역사를 통해 융합과 교류를 거치면서 문화로서 당 왕조를 중심으로 주변 지역으로 급속도로 확산되어 갔다.

제3부 <삶과 죽음>에서는 중국근대문학의 선구자 노신의 생사관을 통하여 고대중국인과 현대인의 생사관 그리고 중국전통의 생사관을 비교 고찰하였다. 또한 중국당대 시인 하이즈와 한국

현대시인 기형도의 생사관을 통하여 80년대 한중 양국의 젊은이들의 고뇌와 삶 그리고 죽음의식을 살펴보았다. 두 요절 시인의 죽음의식은 다른 양상을 보이는데 개인의 실존뿐만 아니라 시대의 고통과 아픔을 같이 노래했던 기형도의 죽음에 대한 사유가 유물론에 가깝다면, 하이즈의 죽음관은 오히려 유심론에 가까운 것이다. 이러한 차이는 개인의 기질과 성향에서 비롯되겠지만, 80년대 당시 중국의 사회적배경과 문단 흐름과도 밀접한 관련이 있다고 생각한다.

제4부 <중국영화>에서는 80년대에 가장 인기가 있었던 영화 『인생』, 『紅燈』, 『芙蓉鎮』을 분석하였다. 「영화 『인생』에 나타난 정치권력과 생존의 갈등 구조」는 영화 『인생』과 원작 『살아간다는 것 活着』의 비교를 통해 두 작품의 이동점을 살펴보고 동시에 『인생』에 표현된 정치권력에 의한 인민의 희생과 생존 갈등의 관계를 연구하였다. 영화 『인생』은 위화(余華)의 소설 『살아간다는 것』을 개편하여 제작한 장이머우 감독의 작품으로, 원작 소설과는 달리 영화는 지리적 배경, 내용과 인물의 운명, 서사시각 및 방법 등에서 많은 변화를 가져왔는데, 이는 감독이 묘사하고자 했던 대약진운동과 문화대혁명에 대한 그늘을 표현하는 데에 유용한 작용을 하였다. 또한 『인생』은 대약진운동과 문화대혁명이라는 정치운동이 중국 국민들에게 가져다준 고통과 희생을 묘사함으로써 정치권력에 대해 간접적으로 비판함과 동시에 이러한 정치운동 과정 속에 중국 보통 인민들의 삶에 대한 욕망을 푸꾸이

의 가족의 인생 역정을 통해 묘사하였다.

「영화『紅燈』에 나타난 섹슈얼리티와 권력 욕망」은 영화『홍등』과 원작『처첩성군』의 비교를 통해 두 작품의 이동점을 살펴보고 동시에『홍등』에 표현된 섹슈얼리티와 권력욕망의 관계를 연구하였다. 소설『처첩성군』은 영화 극본으로 변화하면서 지리배경, 내용 및 인물의 역할, 서사각도 및 방법 등에서 많은 변화를 가져왔다. 특히 봉건 가부장제 하에서 일부다처제의 비판구조가 여성의 성적욕망과 권력구조로 변화되었고, 여성의 성적 욕망을 깊이 있게 드러냈다. 또한『홍등』에 나타난 성적욕망은 권력욕망과 관련이 있으며, 이 점은 당대중국사회의 통치자와 피통치자 사이의 권력구조로 읽힐 수 있음을 알 수 있었다.

「영화『芙蓉鎭』에 나타난 정치권력과 이데올로기」는 영화『부용진』에 나타난 정치폭력과 이데올로기성을 부각시켜, 리궈샹을 비롯한 폭력세력의 정치폭력 앞에 후위인을 중심으로 한 평범한 인민들이 당하는 희생과 이에 대응하는 보통 인민이 지닌 인간성을 그리고자 한 감독의 의도가 어떻게 나타나는지를 구체적으로 살펴보았다.

본서는 중국 5천년의 문화를 한권에 담은 책이 아니다. 또한 중국에 대한 기본적인 지식, 정치와 지리, 현대 중국의 성립 과정, 사회정책, 말과 글 등을 구체적으로 서술한 중국문화 입문서나 교과서가 아니다. 중국 문학과 예술, 고대와 현대 중국인의 모습과 사상 등 중국에 관심을 가지고 있는 사람이나 중국문화를 전문적으로 연구하고자 하는 사람들에게 흥미와 즐거움을 전해주며 나아가 중국문화를 심도 있게 생각할 수 있는 발판을 제공하고 있다.

이상과 같은 내용으로 구성된 이 책은 한 주제아래 쓰여진 기획물이 아니기 때문에 중국문화를 하나의 통일된 관점에서 체계적으로 이해하는 데 부족한 점이 없지 않을까 생각된다. 그러나 중국문화를 이해하는 데 있어서 다양한 관점을 제공하고 문화와 문학, 차와 문학, 문학과 영화, 예술의 문제까지 외연을 확장했다는 점에서 나름대로 의미있는 작업이라고 여겨진다.

2010. 11. 22

문화의 도시 빛고을 광주에서

목 차

PART 02 중국 차문화

염숙

제3장 중국 차문화

PART 03 삶과 죽음

엄영욱

제4장 노신의 생사관

제5장 한·중 두 시인의 죽음의식 연구

PART 04 중국영화

정영호

제6장 영화 『인생』에 나타난 정치권력과 실존 문제

문화와 민간문학

PART 01

박완호

제 1 장

우렁각시 고사를 통한 한·중 양국 문화의 보편성과 특수성 고찰

문화는 인간의 정신 활동으로 탄생한 지식, 신앙, 예술, 도덕, 법률, 관습 등의 총체이다. 그러나 어느 환경 어느 조건에 처한 민족이건 인간이라는 근원적 동일함으로 동일한 문화 양식이 있는가 하면, 환경을 어떻게 극복하고 사느냐에 따라 인위적인 행위의 양식이 달라지기에 다른 문화 양식을 지니게 된다. 밥을 먹을 때 우리나라나 중국은 수저나 젓가락을 사용하지만, 인도 사람들은 반드시 오른손만을 사용한다. 이것이 바로 각 민족의 특수성이다. 반면 사람의 얼굴은 저마다 색깔과 형태에 따라 다르지만 누구나 인간으로서 눈, 코, 입 등의 동일한 구조적 공통성을 지닌다. 이것이 모든 민족의 보편성이다. 문화는 인간이 만들어 내기에 근원적으로 동일한 문화 요소를 지니기도 하지만, 각 민족이 처한 환경과 조건에 따라 다양한 문화 양식과 독특한 문화 양식을 지니게 되며, 이에 따라 각각 그 문화의 개별성과 공통성 그리고 특수성과 보편성을 지닌다.

각 문화권은 자신의 특수성을 강조함으로써 자신의 존재 이유를 명확히 하려고 한다. 동시에 각각 다른 특수성은 인류의 문화의 다양성을 유지하게 하는 원동력이기도 하다. 그러나 각각의 문화는 지역적으로 단절되지 않고, 부단한 상호 교류를 통하여 동일성을 추구하며 보편적인 문화로 자리 잡게 된다. 즉, 한 지역, 한 민족의 문화는 지역과 민족을 초월하여 다른 지역과 다른 민족으로 전파되는 성향을 지닌다. 문화는 각각의 특수성 안에 다른 지역, 다른 민족이 공감할 수 있는 보편성을 지니고 있는 것이다. 불교는 인도에서 시작되었지만, 중국, 한국, 일본 및 동남아시아에 널리 퍼졌나갔다. 그것은 바로 불교가 지니는 보편성을 기초로 각국이 자신의 문화로 수용한 결과이다. 문화는 이처럼 그것이 지닌 보편성 때문에 상호 이해와 교류가 이루어지는 것이다.

역사 이래 부단한 교류를 통하여 많은 부분에서 닮아 있을 것 같은 한·중 양국은 그 민족적 지리적 특징으로 그들만의 사유체계와 문화유산들을 보존하고 있다. 양국의 문화적 이동(異同) 즉, 문화적 보편성과 특수성을 변별하기 위해서는 서로가 공유하고 있는 그 무엇을 기초 자료로 삼을 필요가 있다. 삶의 질곡을 고스란히 담아내었던 설화나 전설 신화 등이 그 기초 자료에 합당할 것이다. 특히 구전되면서 수용자들의 심미와 바람을 수용할 수밖에 없는 설화는 비교를 위한 최상의 자료일 것이다. 이러한 설화

중 한중 양국에 가장 넓게 분포되어 있으면서도 오랜 역사기간 동안 지속적으로 이야기되어지면서 변화와 변이를 거듭한 이야기들 중의 하나가 바로 우렁각시 고사이다. 우렁각시 고사는 고대 한·중 양국 농경민들의 삶과 그들의 믿음 그리고 소망을 담아내었기 때문에 지역별로 다양한 이야기 양상을 지니고 있다. 너무도 광범위하고 다양한 형태의 이야기들이 존재하기에 그 중 대표적인 유형의 몇 가지만을 대상으로 변화의 양상과 원리들을 추적해 봄으로써, 한·중 양국 문화의 보편성과 특수성을 변별해 보고자 한다.

1. 한·중 양국 우렁각시 고사 형성의 문화적 수용

우렁각시 고사는 한국과 중국 양국 심지어 일본도 공유(확대해서는 경상도 지역과 일본·내반 등의 논성 지역 포함)하는 오랜 역사를 지닌 고사이다. 유전되고 있는 지역을 구체적으로 살펴보면, 한국은 주로 서해안을 따라 전라도에서 평안남도까지 해안 지역에 인접하여 분포하고 있으며, 특히 옹진반도, 태안반도, 변산반도의 평야지역에 집중되어 있다. 중국은 절강(浙江)성, 강소(江蘇)성, 광동(廣東)성, 복건(福建)성, 산동(山東)성 등의 해안 평야지대에 많이 분포하고 있다. 이들 지역은 우렁이가 서식하기 좋은 따뜻하고 습한 온대 혹은 아열대 몬순 기후 지역이자 호수와 저습지가 많고 논농사에 적합한 환황해(環黃海)권의 해안 평야지역들이다.

특히 이 지역은 고대로부터 해상교류가 빈번하여 다양한 문화교류가 가능하였던 지역이기도 하다.

우렁각시 고사에 대한 최초의 서면 기록은 중국 서진(西晋 265-316년)의 동석(東晳)이 편찬한 『發蒙記발몽기』로, 지금부터 약 1,700여 년 전으로 거슬러 올라간다. 현존하는 대부분의 우렁각시 고사는 기본적으로 『발몽기』의 플롯을 유지하면서 세세한 부분과 영역에서 첨삭의 변형과정을 경과 하였으며, 오늘날에도 여전히 그 변화는 멈추지 않고 진행되고 있다. 기나긴 역사의 발전 여정에서 우렁각시 고사는 여러 경로를 통해 문자로 기록되거나 문헌에 수록되었다. 이는 일반 민중들의 폭넓은 관심과 사랑을 받았다는 증거이자, 나름대로 독특한 특징을 지니고 있었기에 가능한 것이다. 즉, 넓은 의미에서 고사 수용자 전체가 합당하다고 생각되는 문화적 보편성을 지니고 있는 것이며, 좁은 의미에서 개개인에게 합당한 문화적 특수성을 지니고 있었기 때문이다.

우렁각시 고사가 농경을 생산 수단으로 하는 남방 민중들 사이에 전해오고 있다는 점은 남방 사람들의 생활습관 및 환경과 밀접한 관계를 지니고 있음을 뜻한다. 물이 풍부한 중국의 남방지역과 한국 남방지역의 지형적인 특징상 수생생물인 우렁이나 조개류가 서식할 수 있는 환경이기에, 생활주변에서 어렵지 않게 우렁이를 발견할 수 있다. 또한 가축에 비하여 식용으로서의 비중은 낮지만, 그 독특하고 신선한 맛 때문에 여성들이 즐겨 찾는 먹거리 중의 하나이기도 하다. 특히 농촌에서 우렁이를 잡는 것은 물고기를 잡는 것과 달리 별도의 시간이나 노력을 들일 필요 없이 일하는 현장인 논이나 연못 호수 주변에서 우연히 발견하면 손을 뻗어 잡으면 된다. 그 중 큰 것을 골라 집으로 가져와 껍질을 깨끗이 씻어 부엌에 있는 물 항아리에 넣어 기르다가, 많이 모아지면 적당한 때에 우렁이를 꺼내어 요리를 하면 그만이다. 옛날 농촌에서는 명절을 제외하고 육류를 섭취할 기회가 드물었기에, 생활주변에서 쉽게 잡을 수 있었던 조개나 우렁이류 같은 조개연체동물은 육류를 먹지 못함으로써 오는 몸의 영향 불균형을 해결하는데 유용하였다. 특히 우렁이는 준육류식품에 속할 정도로 입맛을 돋우고 칼슘과 단백질 등 인체에 필요한 영양가가 풍부하여 임산부나 수유를 하는 부녀자들에게 중요한 영양공급원이었다. 때문에 우렁이는 남성보다 여성들과 각별한 관계 속에서 이야기 되어졌던 것이다.

우렁이를 물 항아리에 기르는 이유는 물 항아리가 우렁이를 기르기에 적합하였다거나 단순한 저장을 위해서가 아니라 우렁이가 물속의 기생충을 먹고 물을 정화시킨다는 믿음 때문이다. 즉, 남방 지역은 물이 풍부하다고 하지만 봄과 여름에는 높은 온도로 인해 물을 저장한 물 항아리에 유충들이 번식하기 쉬웠다. 특별한 소독방법이 없었기에 유충을 잡아먹는 우렁이를 주어다가 깨끗이 씻어 물 항아리에 넣어 유충을 먹게 함으로써 물에 벌레가 생기는 것을 막아 물을 깨끗하게 보존할 수 있었던 것이다. 고대로부터 주민들의 집단 거주지는 농사를 위한 농업용수와 식수가 반드시 필요하였다. 농업용수는 저수지나 강의 물로도 해결이 되지만, 식수는 위생상태가 관건이기에 자연적으로 땅에서 솟아나는 샘물이 최상이었다. 이는 베이징의 전형적인 뒷골목인 후통(胡同)이 샘(우물)을 중심으로 이루어진 것에서도 확인할 수 있다. 이러한 연유로 우렁각시 이야기 중에서 주인공이 우렁이를 주어다가 물 항아리에 넣어 기르거나 우물을 깨끗하게 지키는 사람에도 복을 주는 차원에서 우렁각시와의 만남이라는 천편일률적인 줄거리가 엮어진 것이다. 이는 호수나 습지가 많은 생태환경에서 생존을 위해 대표적인 수생생물인 우렁이와 결부된 생활문화의 단면을 반영한 것이다.

풍부한 영양가로 임산부나 수유하는 부녀자들에게 유익한 영양공급원이자 집안의 중요한 식수를 정화시키는 기능을 수행한 우렁이는 일반대중들의 관념 속에 물을 정화시키는 생명체이자 가사를 돕는 일군으로 인식되었다. 이러한 인식이 우렁이를 여인이나 소녀로의 변신을 가능하게 하는 문화 심리적 토대를 이루었던 것이다. 우렁이가 아름다운 여인이나 소녀로 변한 이유는 우렁이의 생김새와 부드럽게 흐르는 아름다운 곡선이 여성의 섬세한 자태와 일치하는 점 또한 주목할 만하다. 고대로부터 우렁이는 아녀자들의 화장과 머리모양 등으로 형상화 되었다. 여인네들의 눈썹을 그리는 청흑색의 안료인 螺黛(나대: 우렁이눈썹)와 부녀자들의 틀어 올린 머리모양인 螺髻(나계) 등이다. 또한 우렁이의 껍질은 가공을 통해 나전이나 자개의 형태로 부녀자들의 놀이게나 장식품 그리고 가구나 그릇을 장식하는데 사용되었다. 우렁이 껍질을 이용해 만든 이러한 제품들은 모두 현귀한 미를 상징하였을 뿐만 아니라 심미의 표식이 되었다[1]. 우렁이와 관련된 螺黛(나대), 螺髮(나발: 나사 모양으로 빙빙 틀어서 돌아간 형상으로 부처의 머리모양, 혹 또아리 머리), 螺鈿(나전: 진주광眞珠光이 나는 자개로 만든 공예품으로, 광채가 나는 자개 조각을 칠기漆器나 목지木地에 여러 가지 형상으로 박아 붙이어 장식한 것), 螺杯(나배: 소라 껍데기로 만든 술잔) 등은 모두 우렁이를 숭배하는 사람들의 심리를 체현한 결과이며, 아름다움을 추구하는 여성 자신들은 현실 속에서 우렁이 여인이 되었던 것이다. 또한 우렁이와 같은 조개류는 탄생과 재생 즉 여성과 자궁이라는 상징성을 지니고 있다. 재생과 자궁의 원형은 농경문화의 핵심인 풍요와 다산으로 귀결된다. 때문에 우렁이가 변신한 우렁각시는 농경사회에서 부를 상징하는 차원에서 자연스럽게 부를 갈망하는 가난한 농민들의 이야기거리로 부상하였던 것이다.

중국의 우렁각시 고사로 『發蒙記발몽기』는 "습득-변신-결혼"이라는 모티브로 구성되어 있는데, 『搜神後記수신후기』는 『發蒙記발몽기』의 "습득-변신-결혼"에다가 금기를 동반한 "이별"이라는 모티브를 추가함으로써, 후세 여러 이본(異本)들에게 커다란 영향을 끼치

---

1) 張籍의 詩인 「流杯渠유배거)」에 "淥酒白螺杯, 隨流去复回。似知人把處, 各向面前來(좋은 술을 하얀 우렁이 잔에 부으니, 곡선을 따라 흘러 내려가다 다시 선을 따라 차오르는 구나)"라고 하여, 우렁이 껍질로 만든 술잔은 술을 마실 때 즐거움을 줄뿐만 아니라 아취를 더해주는 중요한 잔이 되기도 하였음을 노래하고 있다.

게 된다. 『발몽기』가 책으로 형성된 지 200년, 『수신후기』가 나온 지 100여년이 지난 후 임방(任昉: 460-508)이 서술한 지괴소설집인 『述異記술이기: 504년』에 사단(謝端)의 이야기가 수록되어 있는데, 이는 또 다른 독립적인 이야기가 아니라 원시적인 이야기인 『발몽기』에 가까운 내용을 지니고 있다.

"진안군에 사단이라는 한 서생이 있었는데, 성품이 깨끗하고, 세상 물정에 물들지 않았다. 항상 해안에서 파도를 살피는데, 커다란 우렁이를 하나 얻었다. 크기는 10말들이 쌀 항아리와 같았다. 그것을 나누니, 그 안에 미녀가 있었는데, (그녀가) 말하길, "저는 은하수의 백수소녀입니다. 하느님께서 그대의 맑고 깨끗함을 기특히 여기시어, 그대의 부인이 되게 하셨습니다." 하였다. 사단은 요괴로 여기고 그녀를 꾸짖으니, 그녀는 탄식하며 구름을 타고 가 버렸다."[2)]

이야기의 형태적 측면에서 본다면, 이야기의 세부적인 내용은 늘어났지만 모티브는 오히려 하나가 줄어들었다. 즉, 우렁이를 얻은 후 그 우렁이의 껍질을 깨트린다는 내용이 추가된 대신에 주인공들이 결혼한다는 모티브가 없어진다. 인간과 이물의 결혼은 민간서사문학에서 가장 핵심적인 모티브이다. 이 모티브가 없다는 것은 이야기의 작품성에 치명적인 결점이다. 그럼에도 불구하고 이야기의 변형이 이루어진 원인을 추론하자면, 이야기의 내용 중 "爲性介洁, 不染聲色.(성품이 깨끗하고, 세상 물정에 물들지 않아)", "天

2) 梁 任昉 選, 『述異記』 卷2, 明刻本 卷上. "晉安郡有一書生謝端, 爲性介洁, 不染聲色. 嘗于海岸觀濤, 得一大螺, 大如一石米斛, 割之, 中有美女, 曰; '予天漢中白水素女, 天帝矜卿純正, 今爲君作婦.' 端以爲妖, 呵責遣之. 女歎息升雲而去."

帝矜卿純正(천제가 그대의 맑고 깨끗함을 기특히 여기어)", "端以爲妖, 呵責遣之(사단은 요괴로 여기고 그녀를 꾸짖으니)"에 주목할 필요가 있다. 이야기가 도덕적인 설교(說教)와 선비의 온순함을 풍자하는 방향으로의 전환을 모색하는 단서인 것이다. 즉, 모든 사람들에게 흥미를 얻고 있는 고사를 이용하여 소기의 목적을 달성하려는 작가의 의도로 인해 민간서사문학의 영역으로부터 문인의 문학으로 변형되면서 모티브의 변형이 이루어진 것이다. 몇 마디 도덕적 설교를 위한 이러한 변형은 서사문학으로서의 생명을 반감하는 결과를 낳았다.

중국의 우렁각시 고사는 위의 이러한 사단계통의 우렁각시 고사와 병행되어 발전한 또 다른 우렁각시 고사인 오감(吳堪)계통이 있다.[3] 오감계통은 최초의 전승과정에서 사단계통의 영향을 받아 점차 우렁각시 고사의 또 다른 유형으로 정착된 듯하다.[4] 남북조시대 류경숙(劉敬叔:?-468)에 의해 편찬된『異苑이원』에 "陽羨縣小吏吳龕, 于溪中見五色浮石, 因取納床頭, 至夜化成女子[5]"라는 내용으로 오감계통의 우렁각시 고사가 수록되어 있다. 이를 바탕으로 임방(任昉)이 편찬한『述異記술이기』에 "陽羨縣小吏吳龕, 家在溪南, 偶一日, 以掘頭船過水溪, 內忽見 五彩浮石, 龕遂取歸, 置於

3) 『발몽기』에 기초하여 주인공이 사단으로 된『수신후기』에 기록된「백수소녀」고사를 사단계통으로,『원화기』에 기초하여 주인공이 오감으로 된『태평광기』에 기록된「오감」고사를 오감계통이라고 한다.

4) 劉魁立,「論中國螺女型故事的歷史發展進程」(『한 · 중 · 일 설화비교연구』, 최인학 편저, 민속원, 1999), 246쪽 참조.

5) 南朝宋 劉敬叔 選, 范寧 校點,『異苑』, 中華書局, 1996년, 10쪽.

床頭, 至夜化爲一女子, 至曙乃是石, 後復投於本溪”6)라는 내용으로 기록되어 있다. 『술이기』기록 이후 수 백년 동안 오감계통의 우렁 각시 고사는 자취가 묘연하다가 당(唐)대 후기에 이르러 황보씨(皇甫氏)에 의해 기술된 『原化記원화기』에 나타난다. 『원화기』는 이미 유실되었으며, 『원화기』의 내용이 『태평광기』에 수록되어 있는데7), 내용은 『이원』이나 『술이기』의 내용에 비해 잘 짜여진 한 편의 전형적 민간 서사문학의 특징을 두루 갖추고 있으며, 몇 가지 변화가 나타난다. 먼저 주인공의 이름이 吳龕(오감)에서 吳堪

6) 梁 任昉 選, 明刻本(葉萬校幷跋), 『述異記』 卷下.

7) 李昉 等編, 『太平廣記』, 文史哲出版社, 1961년, 券1의 538-539쪽. “常州義興縣, 有鰥夫吳堪, 少孤無兄弟, 爲縣吏. 性恭順, 其家臨荊溪, 常於門前, 以物遮護溪水, 不曾穢染, 每縣歸, 則臨水看翫. 敬而愛之, 積數年. 忽於水濱得一白螺. 遂拾歸, 以水養, 自縣歸, 見家中飮食已備, 乃食之, 如是十餘日, 然堪爲隣母哀其寰獨, 故爲之執爨. 乃卑謝隣母. 母曰:“何必辭, 君近得佳麗修事, 何謝老身?” 堪曰:“無”. 因問其母, 母曰: “子每入縣後, 便見一女子, 可十七八, 容顔端麗, 衣服輕豔. 具饌訖, 卽却入房.” 堪意疑白螺所爲, 乃密言於母曰: “堪明日當稱入縣, 請於母家自隙窺之, 可乎?” 母曰:“可”. 明旦詐出, 乃見女自堪房出, 入廚理爨, 堪自門而入, 其女遂歸房不得, 堪拜之, 女曰: “天知君敬護泉源, 力勤小職, 哀君鰥獨, 勅余以奉媲. 幸君垂悉, 無致疑阻.” 堪敬而謝之. 自此彌將敬洽, 閭里傳之, 頗增駭異. 時縣宰豪士. 聞堪美妻, 因欲圖之. 堪爲吏恭謹, 不犯笞責. 宰謂堪曰; “君熟于吏能久矣. 今要蝦蟆毛及鬼臂二物, 晩衙須納, 不應此物, 罪責非輕!” 堪唯而走出. 度人間無此物, 求不可得. 顔色慘沮, 歸述于妻, 乃曰: “吾今夕殞!” 妻笑曰: “君憂餘物, 不敢聞命, 二物之求, 妾能致矣.” 堪聞言, 憂色稍解. 妻曰: “辭出取之.” 少頃而到. 堪得以納令. 令視二物, 微笑曰: “且出.” 然終欲害之. 后一日, 又召堪曰: “我欲禍斗一枚, 君宜速覓此; 若不至, 禍在君矣!” 堪承命奔歸, 又以告妻. 妻曰: “吾家有之, 取不難也.” 乃爲取之. 良久, 牽一獸至, 大如犬, 狀亦類之, 曰: “此禍斗也.” 堪曰: “何能?” 妻曰: “能食火, 其(奇)獸也. 君速送.” 堪將此獸上宰. 宰見之, 怒曰: “吾索禍斗, 此乃犬也.” 又曰: “必何所能?” 曰: “食火. 其糞火.” 宰遂索炭燒之, 遺食, 食訖, 糞之于地, 皆火也. 宰怒曰: “用此物奚爲!” 令除火掃糞. 方欲害堪, 吏以物及糞, 應手洞然, 火颷暴起, 焚熱墻宇, 烟焰四合, 弥(彌)亘城門. 宰身及一家, 皆爲煨燼. 乃失吳堪及妻. 其縣遂遷于西數步, 今之城是也.”

(오감)으로 바뀐다. 무엇보다도 모티브 측면에서 습득한 물건이 부석(浮石)이냐 우렁이냐는 다르지만 "습득"과 "변신"의 모티브는 동일하며, 이를 바탕으로 변신 후 인간과 이물이 "결혼"한다는 모티브와 착하지만 가난한 사람이 행복을 얻는 내용으로 이야기가 완성된다. 그러나 이야기의 결론부분에 이르러 사단계통인 「백수소녀」고사는 금기와 이별이라는 모티브를 통해 이야기의 결론에 도달한다. 오감계통인 「오감」고사는 제3자의 개입으로 한바탕의 갈등을 겪게 되며, 남녀 주인공의 협조에 의한 극복과 행복 찾기를 경과하면서 대단원에 이르게 된다. 부득이한 이별이 아닌 함께하는 행복 찾기와 행복하기라는 결론은 대단원을 바라는 대중들의 심리적 기호에 부합한 것으로, 이후에 인용되거나 필사된 우렁각시 고사의 주류를 형성하게 된다. 그 대표적인 것이 명(明)대에 풍몽룡(馮夢龍)에 의해 편찬된 『情史정사』에 기록된 「白螺天女백라천녀」이다[8]. 풍몽룡이 표제를 「백라천녀」라고 한 것은 내용상 오감계통임에도 불구하고 사단계통과의 연계를 고려한듯하다. 즉, 「오감」이라는 제목을 취하지 않고, 「백수소녀」와 관련된 제목을 취한 것은 적어도 사단계통의 이야기를 원형으로 간주하였기 때문이다.

『원화기』 이후 송(宋)대 홍매(洪邁:1123-1202)가 편찬한 지괴소설집인 『夷堅志이견지』에도 동일한 유형의 우렁각시 고사가 수록되어 있으며, 원대에는 『湖海新聞夷堅續志호해신문이견속지』 중에 「井神現身

8) 馮夢龍 選, 『情史』(原題: 詹詹外史), 卷19, 「白螺天女」條.

정신현신」이라는 제목으로 수록되어 있다. 이처럼 송・원(宋・元) 이래로 지속적으로 유전 되어온 우렁각시 고사는 민간서사문학이 그러하듯 부분적으로 변화가 거듭된다. 먼저 주인공의 이름이 吳堪[kan]에서 吳湛[zhan]으로 바뀌는데, 이야기의 중심 무대가 임형계(臨荊溪)로 같은 점을 미루어 와전의 가능성이 높다.

가장 커다란 변화는 이전의 고사에서는 냇물에서 우렁이나 무늬 돌(彩石)을 얻는가 하면, 냇물을 좋아한 것이 원인이 되어 우렁각시를 만나게 되고 도움을 받지만(『원화기』), 『이견지』 이후의 이야기에서는 샘을 더럽히지 않도록 지킨데 따른 보답 차원에서 우렁각시를 만나게 되고 도움을 받는다. 즉, 우렁각시를 만나 도움을 받게 된 원인이 고아이지만 착하고 근면한 주인공에 감복하여 복을 베푸는 차원이 아니라 복을 받게 되는 구체적인 행위에 대한 보답으로 구체화되었다는 점이다. 이는 단순한 권선을 위한 도덕적 설교 차원에서 보다 "爲君操饌, 君食吾饌, 當得度矣[9](그대를 위하여 식사를 준비하였으니, 그대는 내가 준비한 밥을 먹으면 마땅히 도를 얻을 것이요)"라는 종교적인 설교로 이야기의 목적이 바뀌었기 때문이다.

이상에서 살펴보듯, 우렁각시 고사는 진대부터 청대에 이르기까지 크게 사단계통과 오감계통이 존재하는데, 애백화(艾伯華)의 『中國民間故事類型』[10]과 정내통(丁乃通)의 『中國民間故事類型索

9) 張萬鈞 主編, 宋 洪邁 著『夷堅志』, 中州古籍出版社, 1994년
10) [德]艾伯華 著,『中國民間故事類型』, 商務印書館, 1999년

引』[11]에 수록된 우렁각시 고사가 50여종이 넘으며, 절강(浙江), 복건(福建) 두 지역의 여러 현에 기록된 것만도 두 색인의 기록을 능가한다.[12] 이러한 다량에도 불구하고 기본적으로 우렁각시 고사는 "습득 ⇒ 양육 ⇒ 변신 ⇒ 결혼 ⇒ 훔쳐보기 ⇒ 이별"이라는 갈등구조가 없는 단선적 구조와 "습득 ⇒ 양육 ⇒ 변신 ⇒ 결혼 ⇒ 위기 ⇒ 위기극복 ⇒ 행복찾기 ⇒ 대단원"이라는 갈등구조를 포함한 복선적 구조에서 벗어나지 않는다. 다만 이러한 통일적인 모티브를 중심으로 세부 항목에 약간의 차이를 보이고 있다.

중국에서도 그 다양한 지역성을 바탕으로 변형된 우렁각시 고사들이 존재한다. 우렁이의 습득과정만을 보더라도, 일부 고사는 아예 주인공이 우렁이를 줍는 플롯이 없으며[13], 어떤 경우는 우렁이가 열심히 일하는 주인공을 따라 다니자 주워 집의 항아리에 키우는 것[14]으로 설정하고 있다. 또한 우렁이가 식사를 준비한다는 내용 역시 대부분은 우렁각시가 자발적으로 알아서 준비하지만, 일부 고사에서는 밭에서 일하던 주인공이 어떤 음식이 먹고 싶다고 생각하면 그 음식이 준비되기도 한다. 이외에도 결혼 후 아이를 낳는데 일반적으로 사내건 계집이건 하나를 낳는다. 사내아이가 많은 편이며, 간혹 여러 아이를 낳는 경우도 있다. 또한

11) 丁乃通, 『中國民間故事類型索引』, 中國民間文藝出版社, 1986년

12) 劉魁立, 「論中國螺女型故事的歷史發展進程」(앞의 책, 민속원, 1999년), 255-256쪽 참조

13) 『民間月刊』(제4집, 1933년, 杭州) 46-47쪽을 참조하면, "浙江 紹興일대에 전하는 「田螺精」고사는 우렁이의 습득과정이 없다."

14) 林蘭 編, 『鬼哥哥』(上海, 1932년), 90-92쪽.

우렁각시의 가출(이별) 동기는 일반적으로 남자주인공이 아이에게 노래를 배워주거나 이웃아이들이 노래를 불러 우렁각시를 희롱한데서 기인한다. 즉, 금슬 좋게 살던 부부사이에 다툼이 시작되고, 아이에게 "搏搏搏！儂娘田螺殼！叮叮叮！儂娘田螺精！" 혹은 "篤篤篤, 儂媽媽是田螺殼, 聽聽聽,儂媽媽是田螺殼"[15](보보보! 너의 어머니는 우렁이 껍질이라네, 두두두! 너의 어머니는 우렁이 요정이라네)"라는 노래를 부르게 함으로써 장난과 조롱의 단계에서 원한과 욕질이 난무하는 단계에 이르자 더 이상 견디지 못한 우렁각시는 마침내 아이를 데리고 물속으로 들어가 우렁이로 변해 버린다. 또한 어떤 경우는 이별 없이 결혼 후 남편은 여전히 경작하고 우렁각시는 길쌈을 하면서 온 가족이 행복하고 남부럽지 않게 사는 대단원으로 끝나기도 한다.[16]

한국의 각 지역에 산재되어 있는 우렁각시 고사는 『수신후기』에 나오는 「백수소녀」, 『태평광기』에 나오는 「螺中美婦故事」, 황보씨의 『원화기』에 나오는 「오감」과 유사하다. 이러한 유사한 이야기의 공존 현상은 중국의 고사의 전래 가능성을 시사하는 것이다. 문헌학적 고찰과 생활 문화 방면의 고찰을 고려하면, 우렁각시 고사의 중국전래설 혹은 한국전승설이 무엇보다 설득력을 지닌다.[17] 즉, 우리나라 문헌에 『수신기』와 『태평광기』가 소개된

15) 『浙江省民間故事集成,鄞縣卷』, 332-333쪽.

16) 『浙江省民間故事集成,鄞縣卷』, 285-286쪽.

17) 우렁각시 고사가 중국에서 발생하여 한국과 일본으로 이동되었다는 '중국유래설'과 '한국전승설'은 문헌자료를 통한 추적과 한국 설화 연구자들의 연구

시점을 고려하면, 중국의 우렁각시 고사가 한국에 소개된 것은 고려중엽 이전으로 추정된다.18)

민속문화적 관점에서 우렁이와 사람들의 일상생활과 관련성을 고려하자면, 우렁이에 대한 한국의 관심은 미미한 수준이다. 우렁각시 설화를 제외하고 간혹 '우렁이 속 같다'거나 '우렁이도 논둑 넘는 재주가 있다'는 등의 속담이 있는 정도일뿐 신화나 전설 민담 등을 통해 지속적으로 표현되는 경우가 드물다. 또한 변신담(變身談)이 인류의 원초적 사유를 반영한 산물이라는 점에서 우렁각시가 중국의 변신담 고사 중에 자주 등장하는 반면에 한국에서는 아주 미미한 수준에 그치고 있다. 즉, 변신담에 등장하는 동·식물들이 모두 인간사회와 밀접하게 관련되어 있다는 점을 고려하면, 한국에서 우렁이는 일상생활과 그렇게 밀접하지 않았음을 의미한다. 때문에 한국에서 우렁이는 수사적 표현 대상으로만 언급되는 정도일 뿐 사람들의 의식 속에 자리 잡거나 그들의 의식세계를 반영하는 등의 어떠한 역할이나 기능을 수행하지 않았던 것이다. 이는 우렁이가 생활 주변에서 흔하게 볼 수 있고 자주 접촉을 하게 되는 환경이 아니었다는 점에 기인한 것이다.

고온다습하고 강우량이 많은 아열대성 기후지역으로, 저수지

결과이다. 구체적으로 손진태는 『한국민족설화연구』(을유문화사, 1947, 31-37쪽)에서, 김현용은 「螺中美婦說話形成考」(『국어국문학』, 국어국문학회, 1972)에서 주장하였다.

18) 李秀子, 「우렁각시설화의 한국적 변이양상과 의미」 (앞의 책, 민속원, 1999), 325쪽 참조.

와 논이 많은 중국 남서부지역이 우렁이가 서식할 수 있는 최적 환경이지 온대성 기후지역에 속하는 한국은 최적의 환경이라고는 할 수 없다. 이러한 결정적인 요인 때문에 일상생활 주변에 널리 있어 흔하게 접할 수 있기에 식용으로의 이용도가 높았던 중국의 남부지역과는 달리 한국에서의 우렁이는 식용으로서의 이용도가 높거나 여타 생활 속에서 요긴한 존재가 아니었다. 그래서 한국인의 의식 속에 우렁이는 별다른 의미를 주지 못하였던 것이다. 이에 반해 식용(食用)이나 물의 정화 기능 수행이라는 일상생활과 밀접하고도 친숙한 존재로서 우렁이는 중국 사람들의 일상 언어와 민속에서 자연스럽게 자리 잡았다. 결국 중국인들의 의식세계를 반영하고 투영하는 존재로서 인물전설이나 지역전설로 정착되었던 것이다. 이처럼 우렁이의 생태조건에 유리했던 중국 남부지역에서 우렁이가 고사나 설화 발생의 상상력을 자극할 수 있었다면, 한국은 상대적인 상상력을 자극할 조건이 불리하였던 것이다. 지역의 이동에 따른 생태적 차이가 소재상의 차이나 내용상의 차이를 가져옴으로써 설화의 지역적 차이를 결정하는 것처럼 전승관계를 지닌 우렁각시는 전승이후 양국의 문화적 지역적 특징들이 반영됨으로써 다양한 양상으로의 변이와 변형이 이루어진다. 한국의 우렁각시 고사는 기본적으로 우렁각시와 총각이 이별하는 비극형과 갈등을 극복하고 행복하게 하는 희극형으로 구별된다.[19]

---

19) 강재철이 「한국우렁각시설화의 효용론적 접근」(앞의 책, 민속원, 1999년,

비극형(혹은 단순형)과 희극형(혹은 복합형, 복잡형)의 구분은 중국의 우렁각시 고사들을 "습득 ⇒ 양육 ⇒ 변신 ⇒ 결혼 ⇒ 훔쳐보기 ⇒ 이별"이라는 갈등구조가 없는 단선식 구조의 사단계통(「백수소녀」)과 "습득 ⇒ 양육 ⇒ 변신 ⇒ 결혼 ⇒ 갈등 ⇒ 갈등의 극복 ⇒ 행복찾기 ⇒ 대단원"이라는 갈등구조를 포함한 복선적 구조의 오감계통(「오감」)으로 구별되는 원리와 같다. 즉, 한국의 우렁각시를 간략하게 정리하면,[20] ① 외롭고 가난하게 사는 남자가 ② 논일을 하다 우연히 우렁이를 주워 잘 두었는데, ③ 우렁이가 색시로 변해 몰래 밥을 해주는 것을 발견하고, ④ 함께 부부가 되어 잘 살았다(또는 부부가 되지만 이별하였다) ⑤ 관원이 아내를 탐하여 빼앗아 가려고 하지만(빼앗아 가지만), ⑥ 남편이 이를 물리치고(아내의 절대적인 도움을 받아 물리치고), ⑦ 함께 잘 살았다는 내용을 지니고 있다.

①②③④까지로 끝나는 유형이 비극형(단순형)이며, ⑤⑥⑦이 추가 되어 갈등과 해결의 구조를 갖는 유형이 희극형(복합형, 복잡형)이다. 이처럼 중국과 한국의 고사는 2가지 유사한 유형으로 정리된다는 점은 같지만, 각 고사는 세부적인 내용에서는 나름대로 차이와 특징들을 지니고 있다. 즉, 기본적으로 동일한 모티브를

340-341쪽)에서 언급한 내용을 참조하면, "한국의 우렁각시에 대한 유형분류는 단순형과 복합형 그리고 단순형(기본형)과 아내내기시합형, 새털옷형, 원혼형으로 분류되며, 이처럼 다양한 변이 양상을 보이는 이유는 설화가 지니는 쾌락(흥미)와 교훈적인 요소 때문"으로 규정하였다.

20) 황인덕의 「한중 우렁각시설화의 비교」(앞의 책, 민속원 1999) 373쪽 참조.

지닌 유사한 이야기의 존재 현상은 공통적인 사유와 윤리 체계 등 양국이 공유하는 보편적인 문화요소를 지니고 있다는 것이다. 동일한 모티브에 유사한 이야기이지만 이야기의 세부적인 내용을 달리함으로써 나름대로 독특함을 지닌다는 점은 각기 다른 문화 양상이 반영된 결과인 것이다.

2. 우렁각시 고사를 통해 본 양국 문화의 보편성과 특수성

한중 양국은 고래로부터 지리적 접근성과 한자라는 동일한 문자를 사용한다는 공통적 문화 공간으로 인해 사회 정치 경제 문화 등 각 분야에 유사하거나 동일한 문화현상들이 공존하고 있다. 유사한 문화 현상은 문화의 보편성이 반영된 결과이며, 동일한 문화권이지만 각 지역마다의 특수성과 특이성들이 문화의 양상을 동일에서 유사나 혹은 다름으로 변화시킨 것이다. 동일한 문화 현상은 지역적 특이성이나 특성에도 불구하고 추구하는 목표나 현상이 동일하게 유지된 결과로, 인류가 추구하는 공통의 목표이자 이상에 관한 것들이다. 흔히들 "착하게 살라", "착한 자가 복을 받는다"는 것은 인류가 지니는 가장 보편적인 가치이기에 시공을 초월한다. 한·중 양국간 문화 교류 현상 중 농경은 두 문화를 연결하는 공통부모와 같은 것이다. 농업을 생산경제의 기초로 삼은 고대 한·중 양국에서 농경생활을 바탕으로 한 삶의 질곡을 표현한 수많은 이야기들이 존재한다. 때문에 양국문화의 전반을 반영하는 문화 교류의 단면을 살필 수 있는 수많은 이야기 중 농경과 관련되어 고대 한・중 양 국민들의 삶을 표현하고 규범하는 대표적인 이야기가 바로 우렁각시 고사(螺婦說話)이다.

우렁각시와 총각이 이별하는 비극형이든 갈등을 극복하고 행복하게 하는 희극형이든 한국의 우렁각시 고사는 중국의 고사를 전승한 것이지만, 나름대로 한국만의 독특한 문화현상들을 반영하면서 거듭되는 변화의 과정을 경과하였다. 동일한 소재와 내용, 비슷한 정서를 담아내고 있지만, 고사 전개상의 우여곡절을 엮어내는 과정에서 나타나는 이야기 전개 방식의 차이를 통한 양국 문화적 보편성과 특수성을 변별해 보기로 한다. 먼저 「자료」에 수록된 이야기를 참조하여,[21] 양국의 우렁각시 고사를 각기 모티브별로 재정리하면 다음과 같다.

「비극형 우렁각시고사」 - 한국

a. 총각인 농부가 우렁이를 습득한다. - 만남모티브
b. 우렁이를 집으로 데려가 물속에 넣어 기른다. - 양육
c. 실체가 탈로 난 우렁각시는 며칠만 기다릴 것을 요청한다. - 변신과 금기모티브
d. 총각은 막무가내로 우렁각시와 살림을 차린다. - 금기 위반과 혼인모티브

21) 중국의 우렁각시는 『搜神後記』에 수록된 「백수소녀」와 『太平廣記』에 수록된 『原化記』에 기록된 「오감」이다.

e. 남편 대신 밭에서 일하던 우렁각시가 원님에게 끌려간다. - 관탈미녀 모티브

f. 아내를 찾아 나선 남편은 아내를 만나지만 자책하며 죽자, 아내도 따라 죽는다. - 이별모티브

「희극형 우렁각시 고사」 - 한국

a. 총각이 우렁이를 습득한다. - 만남 모티브

b. 물동이에 넣어 기르는데 누군가 식사를 준비한다. - 양육과 변신

c. 실체가 탄로 난 우렁각시는 사흘만 기다려 줄 것을 청 한다. - 금기 모티브

d. 뒤를 약속하고 사흘 뒤 부부가 된다. - 혼인모티브

e. 우렁각시가 미인이라는 소문에 원님이 첩으로 삼으려한다. - 관탈미녀(민녀) 모티브

f. 원님이 남편을 불러 농부에게는 과분하다며 아내를 포기하라고 한다. - 위기 모티브

g. 우렁각시는 근심에 싸인 남편에게 원님의 요구를 거절할 묘안을 가르쳐 주고 위기를 극복 한다. - 위기극복 모티브

h. 원님은 우렁각시의 현명함에 감복하여 잘 살라며 재산을 나누어 준다. - 대단원

「사단계통 우렁각시 고사」 - 중국

a. 총각인 농부가 커다란 우렁이를 습득한다. - 만남 모티브

b. 우렁이를 집으로 데려가 기른다. - 양육모티브

c. 총각의 훔쳐보기를 통해 우렁각시의 실체가 드러난다. - 변신과

금기 모티브

d. 껍데기만을 남기고 떠난다. - 이별 모티브

e. 사단은 사당을 세워 절기마다 제사를 지내 준다. - 제의(祭儀) 모티브

「오감계통 우렁각시 고사」 - 중국

a. 현의 관리인 홀아비 오감이 물가에서 우렁이를 습득한다. - 만남 모티브

b. 집으로 가지고 가서 물에 넣어 기르는데 누군가 식사를 준비 한다 - 양육과 변신

c. 실체가 탄로 난 우렁각시는 오감과 기꺼이 결혼한다. - 혼인 모티브

d. 오감의 처가 아름답다는 소문을 들은 현령이 우렁각시를 탐한다. - 관탈미녀 모티브

e. 현령이 오감에게 하마의 털과 귀신의 팔을 구해 오도록 한다. - 위기 모티브

f. 근심에 싸인 남편을 대신하여 현령이 요구한 물건을 구해준다. - 위기극복 모티브

g. 화가 난 현령은 다시 와두(蝸斗)를 구해오도록 명령 한다. - 위기 모티브

h. 우렁각시에게 말하자 우렁각시는 즉시 와두를 구해다 준다. - 위기극복 모티브

I. 와두로 인해 현령의 집이 잿더미로 변하고, 오감과 아내는 사라진다. - 대단원.

1) 우렁각시 등장에 대한 동기 부여의 양상

중국의 우렁각시 고사는 사단계열의 「백수소녀」건 오감계열의 「오감」이건 우렁이의 형상은 식사를 준비해 주는 가사 도우미 역할이지 남자의 부인이 되는 것이 목표가 아니다. 「백수소녀」 중 "天帝哀卿少孤, 恭謹自守, 故使我權爲守舍炊烹. 十年之中, 使卿居富, 得婦當還去.(옥황상제는 어려서 고아가 되고 예의 바른 당신을 불쌍히 여겨 나로 하여금 당신을 위해 집을 지키고 밥을 짓게 하였습니다, 십년 중에 부유하게 되고 부인을 얻으면 나는 그때 돌아가야 합니다)"라는 우렁각시의 말처럼 우렁각시는 남자가 농사일을 부지런히 하여 부유하게 되도록 돕는 도우미 역할을 할뿐 농부의 부인이 되려는 의도는 전혀 없었다. 그래서 자신의 신분이 노출되자 떠나버린다.

오감계열의 「오감」에서는 「백수소녀」와 다르게 "天知君敬護泉源, 力勤小職, 哀君鰥獨, 勅余以奉媲. 幸君垂悉, 無致疑阻."(그대가 샘의 근원을 정성스레 보호하고, 맡은 일에 근면함을 하늘이 알고 있습니다. 그대가 홀아비로 외롭게 사시는 것을 불쌍히 여기시어, 저에게 결혼하여 받들어 모시도록 하였지요. 다행스럽게도 그대가 모두 알았으니, 의심이나 장애가 없겠군요.")라며, 오감의 부인이 되는 형태로의 1차 변화가 이루어지고, 결혼 후 행복한 가정을 지키려는 현명한 아내로의 2차 변화가 이루어진다. 이는 사회 환경의 변화에 따른 민중의 심리 변화가 반영된 결과이다. 변화하는 사회와 민중의 문화적 심리는 우렁각시 이야기의 줄거리의 세세한 부분들을 시간과 장소에 따라 변화시킨다. 즉, 해변가에서는 우렁이가 달팽이로, 내

륙에서는 소라로 변한 것이 그 일례이다.

이는 문화심리 변화의 다원성이 우렁각시 고사의 형성과 변형에 반영된 것으로 사회의 변화가 거듭되는 한 지속적인 변화는 필연적 추세인 것이다. 남자 주인공의 고아 여부, 남자주인공의 착하고 근면한 성품, 착하지만 가난한 환경과 하늘의 도움 등으로 모티브의 변형과 첨가가 이루어진다. 가장 기본적인 모티브는 모욕당하고 상처받은 사람 중 고아보다 더 처참하고 동정을 살 수 있는 사람이 없기에 설정된 주인공은 고아이다. 고아이면거도 가난한 주인공은 착하고 부지런하기에 하늘의 도움을 받아 원만한 생활을 영위하게 한다는 모티브는 민간서사문학의 전형적이며 본질적인 특징인 것이다.

우렁각시의 실체를 확인하는 과정에서 중국의 우렁각시 고사는 「백수소녀」건 「오감」이건 간에 구전문학작품에서 가장 많이 사용하고 있는 삼차중복법을 인용하고 있다. 즉, 동일한 사건을 간단히 반복하는 것이 아니라 새로운 각도에서 재조명함으로써 흥미를 자아내고 있다. 즉, 우렁이를 집에 들인 후 발생하는 일련의 "식사준비"라는 단일한 사건에 대해 주인공과 이웃 간의 공방이다 「백수소녀」나 「오감」 모두 간단하지만, 생동감 넘치는 이웃과의 대화로 의문의 실타래를 풀어가려고 한다.

「백수소녀」에서는 "隣人曰: "吾初不爲是, 何見謝也." 端又以隣人不喩其意, 然數爾如此, 后更實問, 隣人笑曰: "卿已自取婦, 密著室中炊爨, 而言吾爲之炊耶?[22](이웃들 모두 "나는 처음부터 하지 않았는데,

어찌 감사를 받겠소."라고 하였다. 사단은 또 이웃들이 그의 뜻을 이해하지 못한 것으로 여기었다. 그러나 며칠이 지나도 그치지 않자, 곧 진지하게 물었다. 이웃 사람들이 웃으며 말하길, "그대는 혼자 알아서 아내를 얻어 은밀하게 집안에 들여놓고서 밥을 짓게 하고는 우리들이 그대를 위해 밥을 지어 주었다고 하시는 거요? 하였다)"로 의문의 실마리를 풀어가며, 「오감」에서는 "乃卑謝隣母. 母曰: "何必辭, 君近得佳麗修事, 何謝老身?" 堪曰: "無". 因問其母, 母曰: "子每入縣後, 便見一女子, 可十七八, 容顔端麗, 衣服輕豔. 具饌訖, 卽却入房[23].(이내 겸손하게 이웃 아주머니에게 감사의 인사를 하는데, 아주머니가 "구태여 감사까지 할 필요는 없어요. 그대는 근자에 아리따운 여인을 구하여 집안일을 처리하면서, 어찌하여 늙은이에게 감사를 하나요?"라고 말하였다. 오감은 "아닌데"라며, 그 아주머니에게 물어 보자, 아주머니는 "그대가 매일 관청에 들어간 후에 곧 한 여자가 보이는데, 대략 17-8세 정도로, 용모는 단아하고 아름다우며, 의복은 가볍고도 아름다웠다네. 음식을 다 장만하면, 곧장 방으로 들어가더군."이라고 말하였다.)"로 의문의 실마리를 풀어간다. 매일 밥이 준비된 것에 대해 처음에는 이웃이 그에게 은혜를 베풀어 준 감사한 행동이라고만 생각한다. 그러나 이후로도 계속해서 식사가 준비되자 이웃을 찾아가 감사를 표시하는 과정에서 이웃의 오해를 사게 되고, 결국 밭일이나 관청에 나가는 것처럼 가장하고서 집안을 살핌으로써 이웃과 총각 사이의 오해는 제거되고, 자신의 의문을 풀게 된다. 이렇듯 '누가 식사를 준비했느냐?'라는 문제를 둘러싸

22) 陶淵明, 『搜神後記』, 中華書局, 1981년, 30쪽.

23) 李昉 等編, 『太平廣記』, 文史哲出版社, 1961년, 券1 538쪽.

고 중국의 우렁각시 고사는 반복적으로 그리고 자세하게 그 과정들을 그려내고 있다.

이에 반해 한국의 우렁각시 고사는 우렁이를 집에 들인 후, 우렁각시의 실체를 확인하는 동일한 사건을 간단하게 처리해 버린다. "식사가 준비"된 상황을 의아하게 여기면서도 맛있게 먹기를 여러 날, 총각은 자신의 판단으로 사건의 진실을 알아보고자, 일하러 가는체하고 몰래 숨어서 엿봄으로써 우렁각시의 실체를 확인한다. 도입부의 우렁각시 실체 확인 부분만 보면, 중국의 우렁각시 고사가 한국의 우렁각시 고사보다 훨씬 흥미를 자극하고 있는 셈이다. 즉, 근면성실에 대한 하늘의 보답이라는 교훈의 제시보다는 미물이 인간으로 변하고 어떻게 실체가 확인되는지의 과정에 초점을 맞춘 흥미(오락성)를 강화한 것이다.

2) 고사의 역사성 부여에 대한 문화적 양상

민간고사는 작품의 시대 배경을 명확히 밝히지 않고, 다만 "古時나 혹은 "很久很久以前"(먼 옛날)이라고 표현하던지 아니면 언급조차 하지 않는다. 그러나 중국의 사단계통인 「백수소녀」는 첫머리에 "晋安(郡의 명칭으로 晋초에 설치됨)"이라 언급함으로써 고사의 시기가 진(晋)대임을 밝히고 있다. 이에 반해 한국의 우렁각시 고사들은 민간고사의 일반적인 규칙에 따라 "옛날 어느 마을에"라고만 언급한다. 이야기의 시대 배경을 밝힌 것은 이야기의 진실성 역사성을 담보하려는 중국의 오랜 사전(史傳)문학 전통의 원리와 동일한 것이다. 실제 현실과는 거리가 있지만, 있을 법하면서도 있기를 바라는 민중들의 희망을 반영하는 측면이 강하다. 항상 열심히 자신의 삶에 최선을 다하지만, 만족스러운 삶을 누리지 못하는 민중들에게 절대자 혹은 그 누군가의 도움은 항상 꿈꾸던 소망이다. 이러한 보편적인 소원의 실현 가능성에 무게를 두려는 의도적 배려인 것이다. 또한 고사 발생 지점과 작중인물의 이름 그리고 성씨에 있어서도 한·중 양국 간에 차이를 보이고 있다.

일반적으로 민간고사에서 사건 발생 지점은 "某某地方"으로만 언급할 뿐, 어느 지방인지를 명확히 밝히지는 않는다. 그러나 중국의 「백수소녀」고사는 侯官[24]("侯官人") 출신 사단(謝端)으로, 「오감」고사에서는 "常州義興縣, 有鰥夫吳堪(상주 의흥현의 홀아비인 오감)"으로 언급하여 주인공의 출신 지역 및 성명을 명백히 밝히고 있다. 반면 한국의 우렁각시 고사들은 "옛날 어느 마을에 한 젊은이" 혹은 "가난한 한 총각"등으로 민간고사의 상투적인 표현 방식을 답습하고 있다. 또한 중국의 우렁각시 고사는 일관되게 이야기의 역사성과 진실성을 확보하기 위해 「백수소녀」고사에서는 "今道中素女祠是也(지금 길 가운데에 소녀사당이 있지요)"으로, 「오감」고사에서는 "其縣遂遷于西數步, 今之城是也(현의 서쪽으로 몇 걸음을 옮기면, 지금의 이 城이 있다)"라고 이야기의 마지막 부분에 첨가함으로써 이야기의 실체적 진실에 대한 증거까지 제시한다. 반

24) 侯官(후관)은 복건성에 있었던 옛 현의 이름으로, 오늘날 민현(閩縣)과 합병되어 福州시로 되었다.

면 한국의 우렁삭시 고사는 이야기의 시작이 그랬던 것처럼 일관되게 이야기의 진실성이나 역사성을 확보하려는 흔적조차 남기지 않고 있다.

오락의 추구와 교훈의 제시라는 문예 기능의 일반론적 틀에서 고려하자면, 교훈제시의 기능에 초점을 맞춘 고사라면 굳이 이야기의 진실성과 역사성을 고려할 필요가 없을 것이다. 반면 오락적 기능에 초점을 맞춘 고사라면 지나친 흥미 추구로부터 허구성을 우려하여 이야기의 진실성을 확보할 필요가 있을 것이다. 이런 점에서 좀 더 분석을 진행해 보면 알 수 있겠지만, 한국의 우렁각시 고사는 중국의 우렁각시 고사보다 교훈적인 기능에 중점을 둔 듯하다.

3) 만남과 금기에 따른 문화적 양상

양국의 문화적 차이로 인해 이야기 전개상 가장 중요한 부분인 만남과 그 후 금기를 동반한 혼인여부에서 현격한 차이를 보이고 있다. 우렁각시와 착한 농부의 만남은 만남이라는 모티브에서는 양국의 이야기가 기본적으로는 같다고 할 수 있다, 그러나 만남의 과정에서 한국의 우렁각시는 어떠한 유형이든 간에 반드시 "이 밭을 갈아 누구랑 먹고살꼬?"하면, "나랑 같이 먹고 살지"라는 대화가 들어 있다. 우렁각시 고사가 설화의 형태로 이야기되어졌다는 점에서 어떤 이야기꾼은 이 부분을 노래로 불렀을 개연성이 강하다. 대화는 총각이 우렁이를 발견하는 계기로 작용할 뿐만 아니라, 이후 전개되는 이야기 구도에 합리성과 환상적 분위기를 부여해 준다. 이는 중국의 우렁각시 고사에는 나오지 않는 요소로 한국적 변이가 일어난 한국만의 독특한 문화 현상의 반영인 셈이다.

금기의 설정 또한 문화의 특수성이 반영되었음을 보여주고 있다. 한국의 우렁각시 고사 중 비극형은 금기를 위반함으로써 스스로 불행을 자초한다. 반면 희극형은 금기를 지킴으로써 행복을 얻게 된다. 금기가 명확하게 설정되는 한국의 우렁각시와는 달리, 중국의 우렁각시 고사는 직접적인 금기의 설정이 없다. 다만 훔쳐봐서는 안 된다는 묵시적인 동의를 바탕으로 '훔쳐 안보기'라는 금기를 설정하고 있다. 또한 이 훔쳐보기를 장애물의 제거로 보느냐의 여부에 따라, 장애로 보는 「백수소녀」고사는 이별의 빌미로 작용하며, 훔쳐보기를 장애의 제거로 해석하는 「오감」고사는 두 사람이 결혼하게 된다. 즉, 한국의 우렁각시는 중국의 우렁각시보다 명확하게 금기를 설정하고, 그 금기의 지킴여부에 따라 이야기의 결론까지 달라지는 이야기 전개 방식을 취하고 있다.

금기는 민속생활의 중요한 내용으로, 한 민족 한 민속권의 심층의식과 생활 경험을 반영하며 그들의 행동방식을 규범한다. 누구에게나 인생 중 자신에게 필요로 하는 것이 있기 마련이다. 이것을 "해야 한다"라고 한다면, 금기는 갖고자 하는 것을 얻기 위해 반드시 조심스럽게 피해야하는 것으로 행위상의 "안 돼"이다. 아주 많은 금기는 도덕직 윤리적 필요에서 나왔으며, 사회의 보편적 가치 실현이라는 일정한 범위 안에서 작용한다. 때문에 만약 금기를 저촉하게 되면 금기를 어긴 사람은 그에 상응하는 쓴맛을 보게 되지만, 금기를 지키는 사람은 그에 상응하는 보상을 받게 된다. 즉, 아무것도 가진 것 없는 가난한 농부에 불과한 남자와 한 고을을 좌지우지할 수 있는 권력과 재력을 지닌 원님과 아내를 두고 빼앗고 지키는 싸움에서 결국 금기를 지킨 가난한 농부가 승리한다. 이는 이야기가 유포된 시기와 지역이 개개인의 능력 유무보다는 금기나 규범을 지키는 사람이 보상을 받게 된다는 믿음이 지켜지는 것을 더 중요한 덕목으로 간주하였기 때문이다.

금기로 제시한 사흘이라는 숫자 3은 우리 민족이 고대로부터 완전함과 온전함의 상징으로 여기어 가장 신성시 하였던 사유와 깊은 관련이 있다. 민속 습관 중 생삼사칠(生三死七)이라는 말이 있는데, 이는 '사람이 태어난 뒤 사흘과 죽은 뒤 이레 동안'이라는 뜻으로 부정하다고 꺼리는 기간이며, 부정을 털고 일어나야 하는 기간이 바로 3일인 것이다. 즉, 우렁각시 본인이 제시한 3일은 미물인 자신이 인간과의 결혼을 위해 완전한 인간으로 변신하기 위해서는 최소 3일이라는 시간이 필요했던 것이다. 가장 축복받은 인륜지대사(人倫之大事)에 부정을 털어내야 한다는 민속적 믿음이 반영된 것이다.

우렁각시 고사가 국경과 민족 시대를 초월하여 광범위하게 유전되고 있다는 사실은 대중들에 의한 대중들의 이야기인 민간문학이 지니는 특징처럼 쾌락(오락)성과 교훈성을 지니고 있기 때문이다. 이는 미(米)자로부터 유추되는 한 톨의 쌀을 생산하기 위해

88번[八+十+八]의 손길을 더하며 근면과 성실을 요구하는 농경사회에서 열심히 일하면 복을 받게 된다는 교훈성을 바탕으로 근면성실하게 일하는 자신의 이야기일 수도 있다는 공감대가 형성되었던 것이다. 여기에 금기의 설정을 위반하는 일탈의 결과에 대한 호기심이 첨가되었기 때문이다. 금기위반으로 이별의 결과를 가져오는 단순형(비극형)이 금기는 지켜야 한다는 교훈적인 측면만의 부각에 치중함으로써 이야기를 접하는 사람들과의 공감대 형성이 어려워지면 고사에 대한 흥미가 떨어지기 마련이다. 그래서 팽팽한 긴장감을 통한 흥미로운 이야기의 진행을 위해 다양한 다른 이야기 요소(에피소드episode)를 첨가 시키는 복합형(희극형)으로 확대 개편되는 것은 당연한 결과이다. 우렁각시 고사의 확대 개편 역시 철저하게 이야기를 수용하는 수용자적 입장이 반영되어, 금기 위반이라는 단일한 모티브의 위반을 빌미로 이별하게 되는 단순형을 뒤로 하고 금기를 지키며 맺어진 주인공들의 행복 찾기를 바라는 희망이 반영할 수밖에 없었던 것이다.

일반적으로 민간고사(특히 설화)의 구조는 오락적 기능에 비중을 두는 경우 비극적 결말(unhappy ending)로 끝나며, 교훈에 비중을 두는 경우 행복한 결말(happy ending)로 끝나는 경향이 있는 점[25]과 무관하지 않다. 이에 따라 이야기의 구조는 비극형에서 희극형으로 바뀌기 마련인데, 중국의 우렁각시 고사는 사단계통

25) 강재철, 「한국 우렁각시설화의 효용론적 접근」(앞의 책, 민속원, 1999년), 343쪽 참조.

의 「백수소녀」고사선 오감계통의 「오감」고사이건 결론은 주인공들의 행복 찾기와는 거리가 있는 상태로 고사가 마무리된다. 반면 한국의 우렁각시는 단순형(비극형)에서 복합형(희극형)으로 넘어가면서 대부분의 우렁각시 고사들이 주인공의 행복하기라는 결론에 도달하고 있다. 이런 점에서 한국의 우렁각시가 "잘 먹고 잘 살았다"는 행복한 결말을 통한 교훈의 제시 기능에 더 충실한 고사라고 한다면, 중국의 우렁각시 고사 특히 오감계통은 아내를 지키기 위한 대결 구도에 초점을 맞추면서 오락의 추구에 더 무게중심을 둔 이야기라고 할 수 있다. 즉, 한국의 고전소설이 중국의 고전소설보다 더 권선징악(勸善懲惡)적 성격이 강조되고 있다는 사실과 무관하지 않으며, 한 · 중 양 국민들의 문화적 정서의 차이가 반영된 결과인 것이다.

4) 금기의 지킴 여부에 따른 우렁각시 빼앗고 지키기의 문화적 양상

중국의 우렁각시 고사는 앞에서도 살펴보았지만, 금기라고 할 수 있는 훔쳐보기를 장애의 제거로 보느냐의 유무에 따라 금기를 어기는 「백수소녀」고사는 이별을 맞이하지만, 금기를 지킨 「오감」고사는 결혼 후 제삼자에 의한 극복하기 어려운 위기를 맞이한다. 한국의 우렁각시 중 금기를 어기고 혼인하는 비극형 우렁각시는 자신의 의지와 관계없이 결국 권력자에게 색시를 빼앗기지만, 금기를 지킨 희극형에서는 우렁각시의 적극적인 참여와 협조로 위기를 극복하고 자신들의 행복을 찾는다.

중국의 「백수소녀」 고사와 한국의 비극형 우렁각시는 남녀주인공들의 이별이라는 측면에서 금기 위반의 대가를 치룬다. 금기를 지킴으로써 행복하게 살아야 하는 중국의 「오감」고사와 한국의 희극형 우렁각시는 금기를 지켰음에도 불구하고 제삼자에 의한 위기 국면을 맞게 된다. 그것도 평범한 농부부부가 감당하기는 힘든 상대인 권력자에 의해 초래되는 아내 빼앗기이다. 관으로 대변되는 권력자가 힘없는 일반 백성의 부인을 탐하여 빼앗은 관탈미녀(官奪美女) 모티브에 대해, 중국의 오감계통인 「오감」고사와 한국의 우렁각시 고사에서는 상당히 비중 있게 처리 되고 있다. 위기를 극복하는 과정에서 한국의 비극형 우렁각시는 별다른 저항 한번 못하고 체념하며 비극적인 결말을 맞이한다. 중국의 「오감」고사와 한국의 희극형 우렁각시 고사 모두 우렁각시를 빼앗으려는 권력자에 대응하는 과정에서 우렁각시의 재치와 현명함으로 위기를 극복하게 되는데, 이를 간단히 정리하면 다음과 같다.

* 중국: 오감계통 「오감」 고사

a. 현령이 오감에게 하마의 털과 귀신의 팔을 구해 오도록 요구한다.
b. 고민하는 남편 대신 밖에 나갔다 오더니 물건을 구해다 준다.
c. 다시 오감에게 과두를 구해오도록 요구한다.
d. 집에 돌아온 남편의 말을 듣고 아내는 밖으로 나가 한마리 야수를

끌고 들어온다.

e. 현령이 남편을 해치려 하자 불이 붙은 과두에 의해 현령의 집마다 불타버린다.

* 한국: 희극형 우렁각시 고사

a. 원님을 만난 후 근심에 싸인 남편에게 원님의 청을 거절할 묘수를 가르쳐 준다.

b. 원님이 장기를 두자고 하면 먼저 두지 말고 쇠파리가 앉은 곳에 두라고 한다.

c. 원님을 이겼으나 다음날 또 원님이 말로 강을 건너기 내기를 제안한다.

d. 아내의 가르침에 따라 비루먹은 당나귀를 선택하여 뛰라고 가르쳐준다.

e. 아내가 가르쳐준 묘수로 또 원님을 이긴다.

* 한국: 비극형 우렁각시 고사

a. 갑자기 배가 아픈 남편을 대신에 우렁각시가 밭일을 나간다.

b. 지나가는 원님을 발견하고 숨지만 원님에 의해 발견된다.

c. 덤불을 헤치고 찾아온 이방에게 신 한 짝과 가락지, 치마를 차례대로 건네준다.

d. 결국 속옷차림으로 원님 앞에 서게 된다.

e. 아름다움에 반한 원님이 우렁각시를 가마에 태워 데려간다.

f. 총각은 아내를 돌려주라고 간청하지만 뜻을 이루지 못하고 슬픔에 죽고 만다.

빼앗고 안 빼앗기(혹은 빼앗고 지키기)는 기본적으로 싸우는 당사자들이 객관적으로 비슷한 전력을 지니고 있을 때 싸우는 과정과 결과에 대한 흥미를 담보할 수 있다. 그러나 절대 권력과 부를 지닌 사람과 그저 착하고 평범한 권력과는 거리가 있는 일반 백성과의 빼앗고 지키기는 누가 보아도 불공정한 싸움으로 시작과 동시에 끝날 것으로 생각한다. 이는 민족과 지역 심지어 시공을 초월하여 누구나 지니는 보편적인 사고이다. 그러나 절대적 약자를 응원하고 그가 이겨 주기를 은근히 기대하는 것이 대중심리이다. 약자를 응원하면서 약자가 지게 되면 그나마 패배의 아픔을 위로하는 차원에서 패배할 수밖에 없는 또 다른 이유를 찾으려 한다.

한국의 비극형 우렁각시 고사는 상대하기 벅찬 상대이기에 권력자에게 아내를 빼앗긴 후, 찾아가 돌려주기를 호소하는 정도의 저항만 할뿐 무엇인가 다른 방안을 강구하지 않고 고민하다 죽고 만다. 아내를 빼앗기는 근본적인 이유를 상대가 절대 권력과 부를 지녔다는 이유 보다는 근본적으로 금기(禁忌)를 지키지 않았던 것으로부터 찾고 있다. 즉, 며칠을 못 기다리고 결혼 하는 바람에 우렁각시의 몸에서 빛이 나오고, 이 빛이 승부를 가르는 단서가 된다. 결국 금기를 지키지 않고 결혼한 후 찾아온 위기상황에서 우렁각시는 위기에서 벗어나려는 최소한의 노력만을 보여준다. 즉, 위기를 모면하려고 자신이 지닌 것들을 차례로 내어 놓는다. 그러나 우렁각시가 이방에게 차례로 건네준 물건들이 함유하고 있는 의미를 살펴보면, 위기 극복의 의지마저도 의심스럽다. 가락지는 제물에 속하지만 신발과 치마는 여성의 몸을 보호하는 보루(堡壘)라는 점에서 이미 혼인의 파탄이 전제되었음을 암시하기 때문이다. 즉, 부와 권력을 지닌 원님의 출현으로 가난한 농부를 떠나게 된다는 설정으로 해석할 수 있는 것이다.

빼앗고 지키기에서 모든 사람의 예측을 깨고 힘없고 평범한 사람이 이기는 정반대의 결과가 나온다면 이것은 분명 그에 합당한 이유가 있기 마련이다. 즉, 초월적인 존재의 도움이든 아니면 누구나 공감하는 필연적 이유가 있기 마련이다. 한국의 희극형 우렁각시 고사와 중국의 「오감」고사는 초월적인 능력을 지닌 우렁각시 본인의 절대적인 활동으로 위기를 극복한다. 이 과정에서 남자는 아무런 주도적인 역할을 하지 못하고 고민만 하는 무능력함을 드러내지만, 우렁각시의 초인적인 능력을 통해 승리를 획득한다. 승리를 통해 위기를 극복한다는 측면에서는 동일하지만, 승리 후 권력자의 태도와 권력자에 대한 처리 과정에서 한국과 중국 양국은 기본적인 문화적 차이가 들어난다.

중국의 「오감」고사는 핵심인 권력자의 만행에 대해 현명한 부인의 신통력으로 승리를 할뿐만 아니라 만행을 저지른 권력자에게 확실하고도 화끈한 응징을 가한다. 이에 반해 한국의 희극형 우렁각시는 현명한 부인의 주도적인 활동으로 위기를 극복한다는 점에서는 유사하다. 그러나 위기 극복 이후의 상황은 판이하게 다르다. 한국의 우렁각시 고사는 빼앗기에서 패한 원님이 하늘에서 내려준 여인이라며 그의 재산을 나누어 준다. 결국 두 사람은 절대 권력자에게서 승리를 획득하고 스스로의 행복을 찾게 되는 전형적인 해피엔드형의 고사로 마무리된다. 반면 중국의 「오감」 고사는 확실하게 복수를 하지만, 복수 후 두 사람의 행복 여부에 대한 언급 없이 "乃失吳堪及妻. 其縣遂遷于西數步, 今之城是也[26](오감과 아내를 찾을 수 없었다, 그 현의 서쪽으로 몇 걸음을 옮기면 지금의 이성이 있다)"라고 하여, 이야기를 수용하는 사람의 상상력에 두 사람의 행복여부를 맡기고 있다. 이렇듯 빼앗고 지키기라는 동일한 모티프이지만 서로 다른 결론에 도달하는 것은 이야기의 성격을 흥미(오락)에 초점을 두느냐 아니면 교훈의 제시에 초점을 두느냐라는 관점의 차이로부터 시작하여 양 국민들의 보편적 가치관과 사회문화적 배경 등이 어우러진 양국 문화의 특수성이 반영된 결과인 것이다.

한국의 우렁각시 고사는 대부분 권력자가 우렁각시를 탐하고 빼앗는 위기를 설정하고 있다는 점에서 오감계통과 밀접한 관계를 지닌 것처럼 보인다. 그러나 위기 극복 과정에 설정된 내기를 하는 과정의 내용과 방식의 현저한 차이뿐만 아니라 그 결과 또한 너무도 판이하게 동떨어져 있다. 권력자에 대한 화끈한 응징 대 권력자의 패배인정과 아량 베풀기 및 행복 찾기를 고려한다면, 한국의 우렁각시 고사는 사단계통인 「백수소녀」고사를 토대로 한국적 정서와 상황을 반영하여 새롭게 창조한 것으로 볼 수 있다. 즉, 남녀의 만남조차도 쉽사리 이룰 수 없었던 하층민들의 운

26) 李昉 等編, 『太平廣記』, 文史哲出版社, 1961년, 券1 539쪽.

명적인 슬픔과 현실적인 고난이 담겨 있는 것이다.

3. 나오는 말

본고에서 고찰의 대상으로 삼은 우렁각시는 이물이나 미물이 인간으로 변신한다는 변신담에 기초하고 있다. 특히 변신하여 인간을 이롭게 하는 변신원조(變身援助)는 한・중 양국뿐만 아니라 전 세계적으로 유전되고 있는 고사유형이다. 이러한 변신담은 천우신조(天佑神助)와 권선징악이라는 가장 보편적인 모티브를 지니고 있으며, 고사의 유포 지역의 지역적 특성과 지역민들의 사유체계에 따라 이야기의 양상을 달리하고 있다. 이런 점에서 한・중 양국에 널리 유포되어 있는 변신담을 기초한 우렁각시의 비교는 고사 유포지역의 문화적 양상을 파악할 수 있는 자료로 판단하고, 이에 고찰하였다.

한・중 양국의 우렁각시 고사는 민간고사들이 지니는 일반적인 특징인 교훈의 제시와 재미의 추구라는 큰 틀에서 교훈의 제시에 초점을 맞추었느냐 아니면 흥미에 초점을 맞추었느냐에 따라 동일 모티브임에도 불구하고 결과를 달리하는 변화의 양상을 보이고 있다. 한국의 우렁각시 고사들이 반드시 지켜야 한다는 것을 전제로 금기를 설정하고 그 금기의 준수 여부에 따라 주인공들의 운명과 이야기의 양상이 달라졌다. 즉, 금기를 지키지 않는 경우는 주인공 남녀의 이별로 고사가 종결되지만, 금기를 지키는 경우는 중간에 제삼자 개입에 의한 갈등을 겪게 되지만 극복하고 행복을 찾는 교훈의 제시에 초점이 맞추어졌다. 반면 중국의 우렁각시는 한국처럼 금기의 설정이 불분명할 뿐만 아니라 주인공의 행복 여부는 독자들의 판단에 맡기고, 제삼자 개입에 의한 갈등의 해결에 초점을 맞추면서 이야기의 흥미를 자극하고 있다. 동일한 모티브에 유사한 이야기 구조를 지닌 한·중 양국의 우렁각시 고사는 근면성실한 사람은 복을 받아야 하며, 금기를 위반한 사람은 그에 합당한 죄 값을 치루고, 금기를 지키는 사람은 그에 합당한 대가를 얻어야 하며, 권력을 이용하여 힘없는 사람들의 그 무엇을 빼앗으려는 권력자는 응당 응징을 받아야 한다는 보편적 가치관과 믿음을 공통분모로 하고 있다. 이는 시공을 초월하여 어느 지역 어느 민족이든 공유하는 보편적 가치관에 기인한 문화적 보편성이랄 수 있다. 그러나 지역적 특성으로 인해 중국 내에 존재하는 우렁각시나 한국 내에 존재하는 우렁각시는 그 지역적 특징과 사회적 가치관의 차이로 인해 세세한 내용상의 변화로부터 큰 줄기의 내용 변화까지 다양하게 나타나고 있다. 이것은 해당 지역 사람들의 희노애락의 감정을 담아낸다는 점에서 국가나 민족적 개념이 아닌 지역적 사회적 개념의 차이를 반영한 결과이다.

參考文獻

국어국문학연구실 편, 『동서양 문화의 이해』, 새문사, 1990
김현룡, 『한중소설설화의 비교연구』, 일지사. 1976년
변시민, 『문화와 사회-사회학적 고찰』, 박영사, 1963
비트겐슈타인, 이영철 역, 『문화와 가치』, 천지, 1991
손진태, 『한국민족설화의 연구』, 을유문화사, 1982년.
이용찬 외 공역, 『중국문화 중국정신』, 대원사, 2002년
한국정신문연편찬위원회, 『한국민족문화대백과사전』, 한국정신문화연구원, 1991년
J. K. 페어뱅크 외, 김한규 외 역, 『동양문화사』, 을유문화사, 1991
L. A. 화이트, 이문웅 역, 『문화의 개념』, 일지사, 1977
V. 바노우, 성태규 역, 『문화인류학』탐구당, 1987
錢穆 저, 김경탁 역, 『문화학개론』, 을유문화사, 1962
賈芝, 『民間文學論集』, 作家出版社, 北京, 1963년
高國藩, 『中國民間文學新論』, 河海大學出版社, 1995년
『道教大辭典』, 華夏出版社, 北京, 1994년
陶淵明, 『搜神後記』, 中華書局, 1981년
徐堅, 『初學記』, 中華書局, 1962년
劉守華 主編, 『中國民間故事 類型 硏究』, 華中師範大學出版社, 2002년
王國良, 『搜神後記硏究』, 文史哲出版社, 臺北, 1978년
李相翊, 『韓中小說의 比較文學的 硏究』, 삼영사, 1983년
吳光正, 『中國古典小說原型與母題』, 社會科學文獻出版社, 北京, 2004년
李惠芳, 『中國民間文學』, 武漢大學出版社, 1996년

袁珂, 『山海經校注』,上海古籍出版社, 1980년

李昉 等編, 『太平廣記』, 文史哲出版社, 臺北, 1987년

李揚, 『中國民間故事形態研究』, 汕頭大學出版社, 1996년

張紫晨, 『張紫晨民間文藝學民俗學論文集』, 北京師範大學出版社, 1993년

董乃斌/程薔, 「民間敍事論綱 下」·『中國古代·近代文學研究』, 2004年 第5期

張兵/李桂奎, 「論話本小說中的"女助男"母題」·『復旦學報』 第5期, 上海, 2003年

〈자 료〉

〈자료 1〉

謝端계열 우렁각시 고사(중국): 晋대 도연명(陶淵明: 365-427)의 『수신후기(搜神後記)』 권5에 기술된 「백수소녀(白水素女)」의 전문(陶淵明, 『搜神後記』, 中華書局, 1981년, 30-31쪽.)

진안의 후관 출신 사단은 어려서 부모를 여의고 일가 친척이 없어 이웃사람들에 의해서 양육되었다. 나이가 17・8세가 되어서 공손하고 근면하게 스스로를 지켜나갔으며, 법을 어기지 않았다. 장가갈 때가 되었으나, 아직 아내를 얻지 못하였다. 이웃들이 모두 그것을 걱정하여 몰래 아내 될 만한 사람을 물색하였으나, 아직 얻지 못하였다. 사단은 밤에 늦게 잠자리에 들고 아침 일찍 일어나 몸소 밭을 경작함에 주야를 가리지 않았다. 후에 마을 어귀에서 커다란 우렁이를 하나 주웠는데, 크기가 3되나 되는 단지만 했다. 이물로 생각하여 집으로 가지고 와 항아리에 넣어두고서 10여 일을 길렀다. 사단은 매일 일찍이 들에 갔다 돌아오다가 그 집안에 음식과 국을 하는 불을 보았는데, 마치 어떤 사람이 음식을 하는 것 같았다. 사단은 이웃 사람이 그에게 은혜를 베푸는 것이라 하였다(생각하였다). 며칠 동안 계속되자, 감사를 표시하고지 이웃을 찾아갔으나, 이웃들 모두 "나는 처음부터 하지 않았는데, 어찌 감사를 받겠소."라고 하였다. 사단은 또 이웃들이 그의 뜻을 이해하지 못한 것으로 여기었다. 그러나 며칠이 지나도 그치지 않자, 곧 진지하게 물었다. 이웃 사람들이 웃으며 말하길, "그대는 혼자 알아서 아내를 얻어 은밀하게 집안에 들여놓고서 밥을 짓게 하고는 우리들이 그대를 위해 밥을 지어 주었다고 하시는 거요?" 하였다. 사단은 잠자코 생각해 보았지만, 마음속의 의심은 그 연고를 알 수 없었다. 나중에(다음 날) 첫닭이 울자 밭으로 나가 평소보다 빨리 몰래 집으로 돌아와, 울타리 밖에서 몰래 그의 집을 훔쳐보았다. 한 소녀가 항아리에서 나오더니, 아궁이로 가서 불을 지피는 걸 보았다. 사단이 곧장 문으로 들어가, 항아리를 찾아 우렁이를 보았는데, 껍데기만 보였다. 이내 아궁이로 가 그녀에게 물었다. "신부는 어디서 오셔서 밥을 짓는 거요?"하자, 여인은 당황하며 항아리로 돌아가려고 하였으나, 돌아갈 수가 없었다. (그러자 어쩔 수 없이) 대답하길, "저는 은하수의 백수소녀입니다. 그대가 어려서 고아가 되었으나, 공손하고 근면하게 스스로를 지키니 하느님께서 기특하게 여기시어, 저에게 집을 지키고 밥을 해 주도록 권하셨지요. 10년 동안 그대를 부자로 만들고, 아내를 얻으면 스스로 돌아가야 한답니다. 그러나 그대가 아무런 이유 없이 몰래 훔쳐보아, 저의 형체가 들통 났으니, 더는 머물 수가 없고 돌아가야만 합니다. 비록 이후로 조금의 차이는 있겠지만, 밭에서 열심히 일을 하시고, 고기를 잡아 생을 도모하십시오. 이 껍데기를 남기고 가니 쌀을 저장하신다면 항상 부족하지는 않을 것입니다." 하였다. 사단은 남기를 청하였지만, 결국은 떠나는데, 순간 하늘에 갑자기 폭풍우가 일더니 새가 날아오르듯 사라져 버렸다. 사단은 사당을 세워 절기마다 제사를 지냈다. 항상 먹거리가 풍족하게 지내었으나, 큰 부자가 되지는 못하였다. 그래서 마을 사람들이 사단에게 아내를 얻어 주었으며, 사단은 후에 현의 수장을 역임하였다. 지금 길에 소녀사당이 있다.(晋安 侯官人謝端, 少喪父母,

無有親屬, 爲隣人所養. 至年十七八, 恭謹自守, 不履非法. 始出居, 未有妻, 隣人共愍念之, 規爲娶婦, 未得. 端夜臥早起, 躬耕力作, 不舍晝夜. 后于邑下得一大螺, 如三升壺. 以爲異物, 取以歸, 貯甕中, 畜之十數日. 端每早至野, 還, 見其戶中飯飮湯火, 如有人爲者. 端謂是隣人爲之惠也. 數日如此, 便往謝隣人, 隣人皆曰: "吾初不爲是, 何見謝也." 端又以爲隣人不喩其意, 然數爾如此, 后更實問, 隣人笑曰: "卿已自取婦, 密著室中炊爨, 而言吾爲之炊耶?" 端默然, 心疑不知其故. 后方以鷄初鳴出去, 平早潛歸, 于籬外竊窺其家中, 見一少女, 從甕中出, 至灶下燃火. 端便入門, 徑至甕所視螺, 但見殼, 乃至灶下問之曰: 新婦從何所來, 而相爲炊? 女大惶惑, 欲還甕中, 不能得去, 答曰: "我天漢中白水少女也. 天帝哀卿少孤, 恭謹自守, 故使我權爲守舍炊烹. 十年之中, 使卿居富, 得婦當環去. 而卿無故竊相窺掩. 吾形已見, 不宜復留, 當相委去. 雖然, 爾后自當少差, 勤于田作, 漁采治生. 留此殼去, 以貯米穀, 常可不乏." 端請留, 終不肯, 時天忽風雨, 翕然而去. 端爲立神座, 時節祭祀, 居常饒中, 不致大富耳. 于是鄕人以女妻之, 后仕至令長云. 今道中素女(祠)是也.)

〈자료 2〉

吳堪계열 우렁각시 고사(중국): 唐말 皇甫氏의 『원화기(原化記)』에 기록된 전문(李昉 等編, 『太平廣記』, 文史哲出版社, 1961년, 券1 538-539쪽에 수록)

상주 의흥현에 홀아비로 사는 오감이 있었는데, 어려서 홀로 되어 형제도 없었는데, 현의 관리가 되었다. 성품이 공손하였으며, 그의 집은 형계(荊이라는 물가)에 있었는데 항상 문 앞(물의 발원지)을 물건으로 가리어 계곡 물을 보호하였으니, 오염된 적이 없었다. 매번 관청에서 돌아오면, 물가에 이르러 감상하며, 계곡 물을 진심으로 좋아하는 것이 여러 해 동안 계속되었다. 어느 날 갑자기 물가에서 흰 우렁이 한 마리를 얻었는데, 주어 집으로 돌아와 물에 넣어 길렀다. 관청에서 돌아오면, 집안에 음식이 차려져 있음을 보고 이내 음식을 먹었다. 10 여일 동안 이와 같이 하면서도, 오감은 이웃에 사시는 아주머니가 홀로 외롭게 사는 그를 불쌍히 여겨 그를 위하여 밥을 지어 주는 것으로 생각하였다. 이내 겸손하게 이웃 아주머니에게 감사의 인사를 하는데, 아주머니가 "구태여 감사까지 할 필요는 없어요. 그대는 근자에 아리따운 여인을 구하여 집안일을 처리하면서, 어찌하여 늙은이에게 감사를 하나요?"라고 말하였다. 오감은 "아닌데"라며, 그 아주머니에게 물어 보자, 아주머니는 "그대가 매일 관청에 들어간 후에 곧 한 여자가 보이는데, 대략 17・8세 정도로, 용모는 단아하고 아름다우며, 의복은 가볍고도 아름다웠다네. 음식을 다 장만하면, 곧장 방으로 들어가더군."이라고 말하였다. 오감은 흰 우렁이의 소행으로 의심하고, 이내 은밀하게 아주머니에게 "제가 내일 관청에 들어가는 척 하고, 아주머니 집에서 몰래 훔쳐보고자 하는데, 가능하겠는지요?"하였다. 아주머니는 "가능하지." 라고 말하였다. 다음날 아침 거짓으로 나가자, 이내 여인이 오감의 방에서 나와 부엌으로 들어가 음식 하는 것을 목격하였다. 오감은 문으로 들어가니, 그 여인은 방으로 돌아가려고 했으나 어쩌지 못하였다. 오감이 그녀에게 인사를 하자, 그녀가 말하길, "그대가 샘의 근원을 정성스레 보호하고, 맡은 일에 근면함을 하늘이 알고 있습니다. 그대가 홀아

비로 외롭게 사시는 것을 불쌍히 여기시어, 저 에게 결혼하여 받들어 모시도록 하였지요. 다행스럽게도 그대가 모두 알았으니 의심이나 장애가 없겠군요." 하였다. 오감은 그녀에게 감사를 표하였다. 이로부터 존경과 화목이 넘쳐났으며, 온 마을에 이 소식이 전해지자 모든 사람들이 자못 신기해한다.

이때 현의 장관은 재주와 능력이 출중하였는데, 오가의 아름다운 처에 대해 듣고, 욕심이 생겨 탐하였다. 오감은 관리로 예의가 바르고, 잘못을 저지르지 않았다. 장관이 오감에게 이르길, "그대는 익숙하게 어느 관리보다 능력 있게 일을 잘 하였느니라. 이제 '하마의 털'과 '귀신의 팔' 이 두 물건을 구하여, 저녁에는 관아에 반드시 받쳐야 하느니라. 이 물건을 구하지 못한다면, 죄가 가볍지 않을 것이야!" 하였다. 오감은 대답하고 밖으로 나와 사람들에게 물어도 이러한 물건은 없었고, 구하려고 하나 구할 수가 없었다. 의기소침해져 침울한 안색을 하고 집에 돌아와 아내에게 이야기를 하였다 말하길, "나는 오늘 저녁에 죽음을 당할 것이요" 하였다. 아내가 웃으며 말하길: "서방님의 근심은 어찌 남의 일이며, 감히 명령을 따르지 않을 수 있겠는지요. 두 가지 물건을 구하는 것은 제가 능히 할 수 있습니다." 하였다. 오감은 이 말을 듣고서 우울했던 안색이 조금은 풀렸다. 아내가 이르길, "잠시 나갔다 그것을 가져오겠습니다."라고 말하더니, 잠시 후에 돌아왔다. 오감은 건너받아 현령(장관)에게 받쳤다. 현령이 두 물건을 보고서, 미소 지으며 말하길, "썩 나가거라." 하였다. 그러나 결국 그를 해치려고 마음을 먹었다. 이후 어느 날, 또 오감을 불러드려 이르길, "나는 와두(蝸斗) 한 개를 원하니, 그대는 마땅히 신속하게 이것을 찾도록 하라. 만약 찾지 못하면, 화가 그대에게 미칠 것이니라." 하였다. 오감은 명령을 받들고 달려 집으로 돌아와, 또 아내에게 일러 주었다. 아내가 이르길, "저의 집에 그것이 있습니다. 취하기는 어렵지 않습니다." 하고는 이내 그것을 가지러 갔다. 한참 지나서, 한 마리의 야수를 끌고 오는데, 크기는 개와 같았고, 형상 역시 개와 같은 모습이었다. (아내가) 말하길: "이 놈이 와두입니다." 하였다. 오감이 말하길, "어디에 쓰나요?" 하자 아내가 말하길, "불을 먹을 수 있는 괴이한 야수지요. 서방님께서는 어서 빨리 가져다 주세요." 하였다. 오감은 이 야수를 끌고 현의 장관에게로 갔다. 장관이 그것을 보고서 화를 내며 말하길, "내가 와두를 찾았는데, 이놈은 개잖아!" 하였다. 이내 "필시 무슨 능력이 있는고?" 라고 말하자, "불을 먹고, 그 똥은 불이 됩니다." 하였다. 장관은 마침내 석탄을 찾아 그것에 불을 붙이고서 먹도록 하였다. 다 먹고는 땅에다 똥을 싸는데, 모두가 불이 되었다. 장관은 화를 내며 말하길, "이 놈을 어디에다 쓴다는 말인가."하고는 불을 끄고 똥을 쓸어버리도록 명하고선, 바야흐로 오감을 해치려고 하였다. 관리들이 물건으로 똥을 건들자, 즉시 아주 환하게 불 회오리가 일어나더니, 담장 집을 태워 버리고 연기는 사방을 가득 메웠고, 점점 더 성문으로 번지더니, 장관 자신의 집에까지 번져 모두 잿더미가 되어 버렸다. 이내 오감과 그 아내를 찾을 수 없었다. 그 현에서 서쪽으로 몇 걸음을 옮기면 지금의 이 城이 있다.(常州義興縣, 有鰥夫吳堪, 少孤無兄弟, 爲縣吏. 性恭順, 其家臨荊溪, 常於門前, 以物遮護溪水, 不曾穢染, 每縣歸, 則臨水看翫. 敬而愛之, 積數年. 忽於水濱得一白螺. 遂拾歸, 以水養, 自縣歸, 見家中飮食已備, 乃食之, 如是十餘日, 然堪爲隣母哀其賓獨, 故爲之執爨. 乃卑謝隣母. 母曰:"何必辭,

君近得佳麗修事, 何謝老身?" 堪口:"無". 因問其母, 母曰: "子每入縣後, 便見一女子, 可十七八, 容顔端麗, 衣服輕豔. 具饌訖, 卽却入房." 堪意疑白螺所爲, 乃密言於母曰: "堪明日當稱入縣, 請於母家自隙窺之, 可乎?" 母曰:"可". 明旦詐出, 乃見女自堪房出, 入廚理爨, 堪自門而入, 其女遂歸房不得, 堪拜之, 女曰: "天知君敬護泉源, 力勤小職, 哀君鰥獨, 勅余以奉媲. 幸君垂悉, 無致疑阻." 堪敬而謝之. 自此彌將敬洽, 閭里傳之, 頗增駭異. (後半部)時縣宰豪士. 聞堪美妻, 因欲圖之. 堪爲吏恭謹, 不犯笞責. 宰謂堪曰; "君熟于吏能久矣. 今要蝦蟆毛及鬼臂二物, 晩衙須納, 不應此物, 罪責非輕!" 堪唯而走出. 度人間無此物, 求不可得. 顔色慘沮, 歸述于妻, 乃曰: "吾今夕殞!" 妻笑曰: "君憂餘物, 不敢聞命, 二物之求, 妾能致矣." 堪聞言, 憂色稍解. 妻曰: "辭出取之." 少頃而到. 堪得以納令. 令視二物, 微笑曰: "且出." 然終欲害之. 后一日, 又召堪曰: "我欲禍斗一枚, 君宜速覓此; 若不至, 禍在君矣!" 堪承命奔歸, 又以告妻. 妻曰: "吾家有之, 取不難也." 乃爲取之. 良久, 牽一獸至, 大如犬, 狀亦類之, 曰: "此禍斗也." 堪曰: "何能?" 妻曰: "能食火, 其(奇)獸也. 君速送." 堪將此獸上宰. 宰見之, 怒曰: "吾索禍斗, 此乃犬也." 又曰: "必何所能?" 曰: "食火. 其糞火." 宰遂索炭燒之, 遺食, 食訖, 糞之于地, 皆火也. 宰怒曰: "用此物奚爲!" 令除火掃糞. 方欲害堪, 吏以物及糞, 應手洞然, 火飈暴起, 焚熱墻宇, 烟焰四合, 弥(彌)亘城門. 宰身及一家, 皆爲煨燼. 乃失吳堪及妻. 其縣遂遷十西數步, 今之城是也.)

제 2 장

인간적 욕망에 몸부림치는 여귀들의 이야기

- 「수신기」와 「태평광기」의 인귀연(人鬼戀)고사를 중심으로 -

"신화와 문학에는 아름답지만 남자에게 액운을 가져다주는 여인이 줄곧 존재하였다"는 마리오 프라즈(Mario Praz)의 말처럼 전 세계에는 아름답지만 결코 착하다고 볼 수 없는 귀신과 어떤 이유에서건 그 귀신과 사랑을 나누는 인간의 이야기들이 폭 넓게 존재하고 있다. 아름답지만 착하지 않다는 사실은 살아있는 남자와 아름다운 여자귀신의 이야기를 만들어내는 동력이 된다. 아름다운 여인은 재앙의 근원(女色禍水)이라는 중국의 전통적인 여성관에서 볼 수 있듯이 아름다운 여인은 자신의 미모를 믿고 자만하고 방종하여 가정과 국가에 재난과 불행을 가져올 가능성이 높은 존재로 여겼다. 실질적으로 경국지색(傾國之色)이나 가인박명(佳人薄命)을 통해 미인을 경계하고 대신 현모양처(賢母良妻)니 요조숙녀(窈窕淑女)니 하며 덕을 갖춘 여인들을 찬양하였다. 그러나 현실사회에서 어진 덕과 총명함을 지니고 있는 여자들은 대부분 자태가 평범하였고. 그 여인의 짝이 되는 남자들은 그녀들의 평범함을 뒤로하고 기왕이면 자신의 짝이 미인이기를 바란다. 외적인 아름다움보다는 내적인 아름다움이 우선이고 최고라며 입이 마르도록 내뱉는 행위는 대외적인 립싱크(lip-sync)에 불과하였던 것이다. 자신과 집안의 발전을 위해 현덕(賢德)을 갖춘 여인을 배필로 맞이해야 한다는 대승적이고 이성적인 판단과 그래도 재색을 겸비한 여인을 바라는 감성적 추구간의 갈등 속에 남자들은 자신의 운명을 결정해야 한다. 선택은 여러 가지 사회적 제도적 이유로 인해 주체적이기보다는 객체적 요인에 의해 결정되기 일쑤였다. 여의치 않은 현실에 순응하지만, 아름다운 여인에 대한 선망은 미모와 재주를 겸비한 현실적 존재로서 기녀를 찾게 된다. 이마저 여의치 않아 비현실적인 존재로서 아름다운 귀신과의 연애에 자신의 환상을 투영하여 현실적인 불만족을 보상 받으려는 심리를 이야기로 표현하였다. 현실과 환상은 인간 내면세계의 중복투사이며, 더불어 이야기를 통해 승화될 수 있다는 문학 치료 효과[1])의 반영이다.

1) 문학치료는 문학작품과 독자의 상호작용에 의해 이루어지는 치료법으로 독서치료(Bibliotherapy)와 시 쓰기치료(Poetry Therapy)가 있다. 문학의 치료적 기능을 잠정적으로 인정하고 본격적으로 연구하게 된 것은 쉬로드(Shrodes: 1950)가 「Biblotherapy: A Theo-retical and clinical-Experimentai Study」라는 논문을 발표하면서 부터이다.

남자들의 환상은 귀신과의 로맨틱한 사랑의 이야기를 통해 표현되지만, 환상은 환상으로 끝나기 마련이다. 환상을 꿈꾸는 남자들은 어떤 식으로든 이승에 미련이 남은 여자귀신들에 의해서 이용되기도 하지만, 귀신에 대한 보편적인 인식에 기초하여 이야기는 철저하게 인간 중심으로 전개된다. 때문에 여자귀신은 인간의 필요에 의해 이용되었다가 불필요하면 철저하게 유린당하거나, 자신의 필요에 의해 남자를 이용하지만 결정적인 순간 남자에게 배신당하는 존재일 따름이다. 궁극적으로 귀신은 귀신 일뿐 인간에게 어떠한 이익도 주지 못하는 존재라는 인식을 기초로 인간과의 대결 구도에서 승리는 필연적으로 인간의 것으로 귀결된 결과이다.

이러한 점에 주목하여, 본고에서는 「搜神記」와 「太平廣記」에 수록된 인귀연(人鬼戀: 인간과 귀신의 사랑) 고사를 중심으로, 고사의 원형과 서사모식의 전변들을 고찰 분석함으로써 인간적 욕망과 갈등에 몸부림치는 여귀들을 형상을 통해 인간 승리 문화의 면모를 살펴보고자 한다. 이는 고대로부터 지금까지 지속적으로 회자(膾炙)되고 있는 근원적인 생명력에 대한 원류를 파악하는데 일조하는 작업이 될 것이다. 이를 위해 귀신에 대한 고대 중국인들의 사유방식의 표현인 영혼결혼으로부터 탐색을 시작하여 인간의 승리로 귀결되는 과정으로 고찰의 범위를 확대해 가려고 한다.

1. 영혼결혼을 통한 위로와 한풀이

인간의 죽음에 대한 고대 인류의 지속된 고민의 결과 죽음을 이 세상과의 이별이나 단절이 아니라 왔던 곳으로 돌아간다는 의미로 해석하였다. 그래서 이승과 저승을 명확하게 구분하기보다는 저승 또한 이승의 연장이며, 단지 사람이 죽으면 귀신이 되지만 인간과 동일한 공간 내에서 함께 생활한다고 믿었다. 이러한 믿음의 단면은 죽은 아내와 만나 하룻밤 동안 생전과 다름없이 부부의 정을 나누며 주고받은 대화로부터 살필 수 있다.

"…(상략) 아내가 또 말하길: '어찌 아미를 보려고 하지 않습니까? 이젠 이미 장성하였습니다'라고 하자, 당훤이; '아미는 죽을 때 강보에 쌓여 있었는데, 저승에서 어찌 나이를 먹소?'하고 말하니, 그녀가 대답하길; '①저승이나 이승이나 나이 먹는 것은 다를 바가 없습니다.'라고 하였다. …(중략)…. 당훤이 발과 장막을 내리도록 명령한 뒤 아내와 곡진한 사랑을 나누었는데, 완연히 살아 있을 때와 같았다. 당훤은 손발과 호흡이 차가움을 느끼고, 또 묻기를; '저승의 어디에 사시오?'라고 하자, 아내가 대답하길; '②시부모님 주변에 삽니다.'라고 하였다. 당훤이 말하길; '당신이 이처럼 신령한데 어찌 환생하지 않소?'하자, 아내가 대답하길; '사람이 죽은 뒤에 혼과 백이 분리되며, 다 그것들을 관장하는 곳이 있습니다.' …(중략)…. 이윽고 부부 두 사람은 함께 뒤엉켰는데, 밤이 깊어지자 그가 말하길; '당신과 합장되는 것이 멀지 않았습니다.'라고 하자, 아내가 말하길: '일찍이 합장의 예를 들었는데, 대개 형체를 합칠 뿐입니다. 정신의 합장에 대해서는 진실로 아무것도 모릅니다. 어찌 번거롭게 이런 말을 하시나요?'라고 하였다. 당훤이 말하길; '부인이 죽으면 또한 다시 시집가오?'라고 하자, 아내가 대답하길; '③귀신은 살아 있을 때와 똑같이 재혼할 수 있으나, 정조를 지키고 안 지키고는 귀신에 따라 다릅니다.'하였다."[2)]

위의 이야기는 당(唐)대 현종(玄宗) 개원(開元:713-741)연간이라는 이야기의 시기가 설정된 『太平廣記』의 「당훤唐暄」편으로, 인간세상과 저승이 결코 다르지 않음을 보여 주고 있다. 먹거리부터 시작하여 귀신 역시나 이승의 사람들처럼 나이를 먹으며①, 윤리도덕적인 측면에서 삼종지도(在家從父, 適人從夫, 夫死從子)중 시집을 가서는 남편을 따르며(適人從夫)②, 개인의 결심여하에 따라선 재가(再嫁)까지 가능한③ 실로 인간세상 그 자체인 것이다. 즉, 죽음은 결코 생명의 단절이 아니라 단지 생명의 형식이 바뀐 것에 불과함을 보여 주고 있다. 이러한 사고는 영혼의 불멸론으로 이어졌고, 영혼불멸에 대한 믿음은 귀신 역시 인간과 마찬가지로 원초적인 욕망인 식욕과 성욕을 지니는 존재로까지 인식하게 되었다. 그래서 평범한 사람들이 죽으면 살아서 애지중지했던 물건을 그의 관속에 넣어주었으며, 권력과 부귀를 누렸던 사람들이 죽으면 죽어서도 그 권력과 부를 누리도록 부장품과 노비 및 심지어 처첩을 순장(殉葬)하기도 하였다.

---

2) 宋 李昉 等編,『太平廣記・卷332』「唐暄」, 文史哲出版社, 1987, 臺北, 2635-2638쪽. "…(上略). 又曰; '豈不欲見美娘乎, 今已長成.' 晅曰; '美娘亡時襁褓, 地下豈受歲乎? 答曰;' 無异也. ' …(中略)…. 暄令下簾帷, 申繾綣, 宛如平生, 暄覺手足呼吸冷耳.又問;' 冥中居何處? 答曰; '在舅姑左右.'…(中略)…. 旣而綢繆夜深, 晅曰; '同穴不遠矣'. 妻曰; '曾聞合葬之禮,' 蓋同形骸. 至精神, 實都不見, 何煩此言也? 晅曰; '婦人沒地, 不亦有再适乎?' 答曰; '死生同流, 貞邪各异.' (出『通幽記』)"

생명의 형식과 존재적 공간만 바뀐 귀신 역시 인간과 동일하게 욕망을 풀지 못하면 한으로 남게 되고, 한을 품은 귀신은 그 누군가에게 한풀이를 해야 한다. 이럴 경우 동일 공간 속에 생활하는 인간들이 한풀이의 대상이 될 개연성이 높기 때문에 결코 인간에게 이롭지 못할 것이라는 사고로부터 원귀를 위한 한풀이(살풀이)를 하게 되었다. 살아가면서 삶이 여의치 않아 발생하는 한은 그 유형이 무수히 많지만, 특히 혼인을 하지 못하고 죽은 경우는 근본적으로 음양의 조화를 추구하는 우주의 기본원리를 해치는 것으로 간주되었다. 때문에 어떠한 죽음보다도 더 동정해 마지않았다. 동정은 연민으로 변하고, 연민은 위로로 변하여, 음양의 이치를 경험하지 못하고 죽은 원귀를 위해 혼례를 치러주어, 저승에서 부부로 생활하도록 하였다. 즉, 영혼결혼은 귀신에 대한 성적 위로로 혼인 못하고 죽은 처녀 총각의 결혼 적령기에 맞추어 거행해 주는 혼례로, 鬼婚, 冥配, 冥婚(혼령간의 결혼), 陰婚, 娶骨尸, 喪娶婦, 鬼媒가 있으며, 산 사람과 죽은 망자간의 혼례인 幽婚(유혼)이 있다. 어느 경우든지 망자의 부모나 친척들이 인간세상의 혼례 방식에 의거하여 매파(鬼媒人이라고 함)까지 동원한 육례(六禮)를 갖추어 혼례를 치러주어 죽은 넋으로 하여금 저승에서 부부생활을 할 수 있도록 하였다. 이러한 영혼 결혼의 유래에 관한 기록을 살펴보면 다음과 같다.

"천장하는 것과 혼상하는 것을 금한다. 정현 주: 천장은 살아있을 때

> 부부가 아니었으나, 죽어 장사지냄에 옮기어 서로 따르도록 함이다. 상은 19세 이하로 결혼하지 않고 죽은 자로 살아서 예로써 상접(性交)하지 않았으면 죽어 합하였으니, 이 또한 사람의 도리로 어려운 것이다. 가상이라는 것은 죽은 자를 시집보내는 것이다.[3)]

위의 기록은 『周禮・地官・媒氏』에 정현(鄭玄)이 注를 단 것으로, 주(周)대에 이미 영혼결혼에 관한 풍속이 존재하였음을 알 수 있다. "가상(嫁殤)"이나 "천장(遷葬)"은 모두 결혼을 못하고 죽은 사람들을 위하여 결혼을 거행하는 영혼결혼으로, 전자는 20세 이하의 미성년 남자가 그 대상이 되며, 후자는 20세 이상의 성인 남녀가 대상이었다. 이러한 풍속의 기본적인 특징은 죽은 두 사람을 위하여 혼례를 거행한 다음 이 두 사람의 관을 합장하는 것이다. 경우에 따라서는 관 하나에 두 사람을 합장하는 경우도 있다. 영혼결혼은 비록 주(周)대 때 금지 사항이었지만, 관(官)의 금지에 상관없이 요절한 자식이 원귀[4)]가 되지 않도록 그들의 넋을 위로하기 위해 부모들에 의해 암암리에 오랜 세월 동안 성행하였으며, 중국의 오랜 역사 속에서 중국인들의 희・비극을 보여주는

3) 『中國風俗辭典』, 上海辭書出版社, 1992年, 162쪽 재인용." 禁遷葬者, 與婚殤者. 鄭玄注: 遷葬謂生時非夫婦, 死旣葬遷之, 使相從也. 殤十九以下未嫁而死者, 生不以禮相接, 死而合之, 是亦難人倫者…嫁殤者, 謂嫁死人也."

4) 원귀(寃鬼)는 망혼(亡魂)・유귀(幽鬼)・유령(遺靈)이라고도 한다. 억울하게 죽은 사람이나 비명에 죽은 사람, 세상에서 모진 고생만 하며 살다가 원한을 품은 채 죽은 원령(怨靈)은 저승에 가지 못하고 이승을 떠돌다 유령으로 나타나 가족과 친지 등을 괴롭히며, 특히 처녀귀신(손각시)과 총각귀신(몽달귀신)은 다루기 고약한 유령으로 간주하였다. 그래서 이들 혼령이 미련 없이 승천할 수 있도록 해원(解寃)굿을 하거나 절에서 회혼제(回魂祭)를 지내 주기도 한다.

한편의 드라마로 자리 잡았다.

중국의 전통적인 음양관념에 입각하여,5) 귀신은 전적으로 여자로만 설정되며, 여자 귀신은 생전에 대부분 묘령의 소녀로 남자와 잠자리를 못하고 갑작스럽게 원한을 품고 죽어 버린다. 때문에 원초적 욕망인 성욕이 해결되지 않은 상태이다.

> A) "오왕 부차의 막내딸은 이름이 자옥으로 나이는 18살이었다. 그때 한중이라는 소년이 있었는데 나이는 19살로 도술을 할 줄 알았다, 자옥이 그를 사랑하여 은밀히 편지를 보내 한중의 뜻을 묻고는 그의 아내가 될 것을 허락하였다, 한중은 제나라와 노나라를 왔다 가면서 배움을 구하려고 했는데, 길 떠나기에 앞서 그의 부모에게 부탁하여 오왕에게 구혼하게 했다. 그러나 오왕은 노하기만 할 뿐 허락하지 않았다. 자옥이 이 일로 기가 막혀 죽자, 그녀의 시체를 성문 밖에 묻었다. …(중략)…. 노래가 끝나자 자옥은 흐느껴 울며 스스로의 슬픔을 이기지 못하였다. 옥은 한중에게 같이 무덤으로 돌아가길 요구하자, 한중은 '공주님 생사는 그 길이 다릅니다. 죽은 자와 산사가 그 분수를 벗어난 일을 저지르면 하늘의 노여움을 사게 됩니다. 그것이 두려워 감히 명을 받들지 못 하겠습니다'라고 말하였다. …(중략)…. 한중이 옥의 애절한 말에 감동하여 그녀를 따라 무덤으로 들어갔다. 자옥이 한중에게 술과 음식을 대접하면서 사흘 밤낮동안 부부의 예를 다 하였다.(하략)…"6)

5) 귀신이 여귀로만 설정된 것은 중국의 전통적인 음양관념에 두고 있다. 음양관념의 정수인 "男爲陽, 占居乾卦, 女爲陰, 占居坤卦(남자는 양이 되며, 건괘를 점거하며, 여자는 음이 되어 곤괘를 점거한다)"『周易』에서 인간은 양이 되고 귀신은 음이 되며, 남자는 양 중에 양이고, 여자는 음 중에 음이라고 정의한 전통적 음양 관념에 따라 귀신은 응당 여자여야 한다는 등식이 성립되었다.

6) 干寶 原著, 黃滌明 譯注, 『搜神記 全譯』卷16 「紫玉韓重」, 貴州人民出版社, 1996년, 449-450쪽. "吳王夫差, 小女, 名曰紫玉, 年十八, 才貌俱美. 童子韓重, 年十九, 有道術, 女悅之, 私交信問, 許爲之妻. 重學于齊, 魯之間, 臨去, 屬其父母使求

B) 천보(742-755)초에 회계(會稽)군의 주부(主簿) 계유(季攸)에게 두 딸이 있었다. (계유가) 부모를 생질녀를 데리고 관청에 갔을 때 그녀에게 구혼하는 자가 있었는데, 곧 자신의 딸을 대신 시집보냈다. (계유가) 딸들은 다 출가시켰지만 생질녀에게는 미치지 못하였다(시집을 보내지 못하였다). 질녀는 그것을 한스러워하다가, 원한을 품고 죽었다. 동쪽 교외에 그녀의 빈소를 마련하였다. …(중략)…. 여자는 (꿈에 나타나) 주부에게 말하길: '저는 외숙께서 시집 보내주지 않고, 다만 자신의 딸들만을 사랑하시어 제가 있었는지 알지 못함을 원망하여, 그래서 (저는) 기가 막혀 죽었습니다. 이제 신(염라대왕)께서 저로 하여금 서리에게 시집가라고 말씀하셨기에, 잠시 그를 끌어들여 동침하였습니다.'(하략)….[7)]

A)의 「韓重」고사에서 오왕 부차의 딸 자옥은 한중을 마음에 두었으나, 문벌과 가문을 중시하는 오왕의 반대에 직면하자, 한을 품고 죽는다. 자옥이 죽은 후 3년이 지나 돌아온 한중이 그녀의 무덤을 찾아 조문하는 동안 자옥의 영혼이 나타나 "하루아침에 수컷 잃어, 삼년을 슬픔에 잠겼네. 비록 뭇 새들 많다 하나, 배필이 되지 못한다네(一日失雄, 三年感傷, 雖有衆鳥, 不爲配匹)"라며 자신의 처지를 노래로 부르며, 결국 한중을 무덤으로 데리고 들어가 부부의 연을 맺게 된다. B)의 「季攸」고사에서 계유의 생질녀는 시집 못간 한을 품고 죽는다. 죽은 뒤에 갑자기 사라진 계유의

婚. 王怒, 不與. 女玉結氣死, 葬閶門之外. …(中略)…. 歌畢, 歔欷流涕, 要重還塚. 重曰：死生異路, 懼有尤愆, 不敢承命. …(中略)….重感其言, 送之還塚. 玉與之飮燕, 留三日三夜, 盡夫婦之禮.(下略)…"

7) 『太平广記・卷330』「季攸」, 2645쪽. "天宝初, 會稽主簿季攸, 有女二人, 及携外甥孤女之官. 有求之者, 則嫁己女, 己女盡而不及甥. 甥恨之, 因結怨而死, …(中略)… 女則下言(下言原作不値,据明鈔本改.) 于主簿曰: 吾恨舅不嫁, 惟怜己女, 不知有吾, 故气結死. 今神道使吾嫁与市吏, 故輒引与之同衾.(下略)….

부하관리가 그녀의 관속에서 그녀와 동침하고 있는 상태로 발견되어 구출되며, 그 뒤에 질녀의 영혼이 계유의 꿈에 나타나 죽게 된 원인을 설명하면서 저승에서 기왕에 결혼하게 될 서리(양 총각)을 끌어들여 동침을 하게 되었다고 말한다. 이처럼 죽은 여인의 혼령이 나타나 죽게 된 억울한 사정 이야기와 남자와의 동침의 당위성을 이야기한다. 이는 살아 있는 남자와의 결합을 정당화시키는 배경이 되지만, 전적으로 결혼하지 못하고 죽은 여자 귀신 자신의 성적 불만을 해소하는 차원이다. 동시에 성적 위로의 대상 역시 여자 귀신으로 한정되어, 결혼도 못하고 죽은 여자 귀신에 관한 이야기가 지속적으로 출현하였다. 이러한 유형의 사랑이야기는 "여자귀신 + 살아 있는 남자"라는 등식으로 엮어졌으며, 인귀연(人鬼戀) 고사의 원형[8]으로 정착되었다.

여자 귀신에 대한 성적 위로라는 서사모식은 역사성과 사회성의 가미에 따라 다양한 모티브들이 첨가되면서 좀 더 복잡하고 풍부한 이야기로 발전하게 된다. 단순한 배려와 위로 차원을 넘어 이를 통한 부가적인 이익을 모도 하려는 일련의 발칙한 발상으로 인귀연고사가 만들어 지면서 영혼결혼의 풍속을 이용하였다. 그러나 인간과 귀신의 동침을 전제로 한 인귀연 고사는 부귀공명이나 기타 대가를 얻으려는 유형 보다는 영혼을 위로하고 원한을 풀어주는 유형이 대부분이다.[9]

---

8) '살아 있는 남자와 여자 귀신의 연애고사'는 논문 전개의 편의상 '인귀연고사'로 줄여 칭하기로 한다.

『搜神記』 중 「盧充」고사[10]는 영혼결혼에 대한 당시 사람들의 관념을 살펴볼 수 있는데, 이야기의 편폭이 긴 관계로 개략적으로 요약하면 다음과 같다.

① 20세의 로충이 사냥할 때 도망치는 사슴을 쫓다가 큰 기와집을 발견한다.
② 로충은 집주인에게서 아버지의 구혼 편지를 받아보고 그 집 딸과 결혼하기로 한다.
③ 사흘 동안의 결혼 잔치가 끝나자 이후 아들을 낳으면 돌려보내주겠노라 약속하며, 옷 한 벌과 요를 건네주고 돌아갈 것을 요청한다.
④ 집에 돌아온 로충은 자초지정을 어머니에게 말한다.
⑤ 4년 후 최소부의 딸이 세 살 된 아들과 금 주발을 건네주고는 사라져 버린다.
⑥ 뒷날 저자거리에서 금 주발을 팔다 딸의 이모에게 발견되며, 질녀의 관속에 넣어준 부장품임이 밝혀지고, 로충은 금 주발을 얻게 된 연유를 이야기한다.
⑦ 이모는 로충의 아들이 최소부의 딸과 로충을 닮은 것을 통해 진실을 확인한다.
⑧ 외손자에게 온휴(溫休)라는 자를 지어준다

---

9) 繁原央(日), 「中國冥婚故事的兩種類型」(『民間文學論壇』, 1996年 第2期).
10) 干寶 原著/ 黃滌明 譯註, 『搜神記全譯』, 貴州人民出版社, 1990, 456-462쪽.

⑨ 온휴는 후에 군수가 되고, 그의 자손들은 자자손손 대대로 모두 높은 벼슬을 한다.

위의 고사는 "사냥 ⇒ 만남(귀신)과 혼인 ⇒ 이별과 증물증여 ⇒ 증물매각과 만남(처가식구) ⇒ 확인 ⇒ 부귀공명"이라는 서사구조를 지니고 있다. 여기서 주목할 점은 ②와 ③⑤⑥⑦그리고 ⑧과 ⑨이다. 먼저, ②는 중국의 전통적인 혼인 방식 중 가장 흔한 형태인 부모들끼리 정혼하는 풍습을 영혼결혼식으로 연결시킨 점이다. 즉, 죽지 않았으면 예정대로 거행되었을 두 사람의 혼례가 여자의 죽음으로 무산된다. 그러나 사냥한 사슴의 추격이라는 교묘한 유인을 통한 두 사람의 만남으로 혼례를 올리지 못한 여인의 한을 풀게 된다. 이를 위해 영혼결혼 역시 산 사람의 혼례처럼 육례(六禮)의 격식을 갖추어야 하지만 이미 부모간의 정혼이 되어 있음이 전제되었기에 별 다른 문제없이 혼례를 거행하였던 것이다. ③⑤⑥은 귀신과의 관계를 증명할 수 있는 증물(證物)의 증여와 매매이다. 이는 인귀연 고사들의 가장 보편적인 서사방식으로, ③⑤에서의 증물은 귀신과의 관계가 날조된 것이 아니며, 혹여 이후 발생할 수도 있는 도굴범으로의 오해를 피하려는 그야말로 증거물인 것이다. ⑥의 증거물 매매는 귀신 가족과의 만남을 통해 또 다른 이야기로의 전개를 위한 복선인 셈이다. 로충 이야기의 진실여부는 무덤을 파서 물건의 존재 유무를 확인하는 방법이 있겠지만, 여기서는 결정적인 증거로 둘 사이에 태어난 자식

⑦를 제시한다. 결국 ⑧의 인정단계에 이르게 되며, 다시 ⑨의 부귀공명이라는 전통사회에서 남자들의 절대적인 지향점에 도달하게 된다. 때문에 부귀공명을 달성하는 서사구조가 이야기의 중심이라고 볼 수 있지만, 본 고사의 중심은 ⑧에 있다. 죽은 여인의 가족이 로충과 귀신(죽은 여인)이 낳은 자식을 만나고 나서 외손자로 인정하고 그에게 '온휴(溫休)'라는 이름을 지어 주었다는 점이다. '온휴'는 바로 죽은 사람과 산 사람간의 결혼을 의미한다. 즉 귀신이 낳은 자식에 대한 온휴라는 이름을 지어준 것은 사실 영혼결혼의 또 다른 표현이다. 자식을 양육하는 목적 중 자식의 부귀공명이 그 하나이기에, 결혼도 못하고 죽은 귀신의 자식이 부귀공명을 이룩한다는 것은 귀신에 대한 최대의 위로인 셈이다. 또한 위로 차원에서 아무리 삶의 형태만이 바뀐 것이 인간과 귀신이라지만, 죽은 귀신이 인간의 아이를 잉태한다는 것은 인간과 귀신의 경계를 철저하게 깨트리는 것으로 동일 공간에서 호흡하는 존재로 생각하였던 사람들의 사고를 반영하고 있다.

『수신기』에 나타난 이러한 관념은 시간의 경과에도 불구하고 『太平廣記』에서도 동일한 모티브인 영혼결혼을 바탕으로 엮어지고 있다. 『태평광기』에 수록된 귀(鬼)류는 모두 40권에 467개이며, 일부는 위진(魏晉)대의 지괴에서 선별한 것이고, 일부는 당·오(唐·五)대의 지괴와 전기(傳奇)에서 선별한 것이다. 그 중 인귀연 고사는 70여 편에 달하며,[11] 직접적으로 영혼결혼을 모티브로

11) 吳光正, 『中國古代小說的原型與母題』, 社會科學文獻出版社, 2004년, 276쪽 참조.

엮어진 고사는 「崔茂伯」, 「李攸」, 「長洲陸氏女」 등이 있다.

A) 최무백의 딸은 배조의 아들과 결혼하기로 되어 있었다. 그런데 두 집의 거리가 서로 500리나 떨어져 있었기 때문에 몇 년 동안 소식을 전하지 못하였다. (어느 해) 8월에 최 낭자가 갑자기 죽었는데, 배씨 집에서는 이 사실을 알지 못하였다. (어느 날) 해가 저물 무렵 최 낭자가 배씨 집의 대문에 이르러, 문을 두드리며 들어가길 청하였다. 최 낭자가 2되쯤 담을 수 있는 작은 금으로 만든 병을 들고, (배 총각의) 침상 앞에 와서 섰다. 배(裴)가 그녀를 앉게 하고는 온 연유를 물으니, 그녀가 말하길: '저는 청하(淸河)군 최부군의 여식입니다. **가)저는 어렸을 때 아버지한테 (저를) 당신의 배필로 삼았다고 들었습니다.** 그러나 불행하게도 제가 죽어 대의(결혼)가 이루지 못하게 되었습니다. 비록 부부가 되어 함께 희생의 고기를 먹는 의식을 치르지는 않았지만, 두 사람의 마음이 합쳐져 그 날카로움이 쇠를 자를 정도의 현상은 이미 드러났습니다. 따라서 제가 당신에게 알리고자 왔습니다.' 라고 하였다. (최 낭자는) 바로 배(裴)와 이별하면서 금으로 만든 병을 그에게 주었다. 그녀가 간 뒤 배(裴)는 그 일을 아버지에게 알렸다 부친은 편지를 보내어 그것을 살피려 하자, 배(裴)가 이르길: '어려서 제가 최 낭자와 결혼하기로 하였는데, 이제 그녀의 반응이 이와 같으니, 반드시 저 자신이 (그녀의 집으로) 가야 합니다.'라고 하였기에 부친은 그것을 허락하였다. 배(裴)가 (최씨 집에) 이르자, 여자(최 낭자)는 과연 죽었기에 조문하였다. 배는 전후 사정을 구체적으로 진술하고, 병을 꺼내어 최무백에게 보여주었다. 앞서 (최무백은) 이 병을 딸의 무덤에 넣었기에, 병을 보자 마침내 배(총각)와 함께 그녀의 무덤으로 갔다. 10여리쯤 떨어진 곳에 이르렀을 때 배(裴)는 다시 묘에서 이야기하고 있는 그녀를 보았다. 곁에 있는 사람들이 다 말소리를 들었으나, 그 형체를 보지는 못했다. 배 총각은 가슴속에 한이 맺혀 드디어 병이 나서 죽었기에 (최씨 집에서는 그의 시체를 최 낭자의 무덤에) 합장하여 주었다.[12]

B) 천보(742-755)초에 회계(會稽) 주부(主簿) 계유(季攸)에게 두 딸이 있었다, (계유가) 부모를 여윈 생질녀를 데리고 관청에 갔을 때 그녀에게 구혼을 하는 자가 있었으나, 곧 자기의 딸을 대신 시집보냈다. (계유가) 자기의 딸들은 시집을 보냈으나, 생질녀에게는 미치지 못하였다(시집을 보내지 못하였다). 질녀는 그것을 한스러워하다가, 원한을 품고 죽었다. 동쪽 교외에 그녀의 빈소를 마련하였고, 몇 달이 지났다. 계유의 부하인 저자를 관리하는 주부 서리인 양씨 총각은 큰 집안의 자제로 집안은 대단한 부자였다. 생김새는 또한 준수하였는데, 그 집에서 문득 서리가 사라져 버렸다. 백방으로 수소문했지만 찾을 수 없자, 그가 요괴에게 홀렸을 것으로 추측하고는 곧장 허름한 무덤이 있는 곳으로 그를 찾아 나섰다. 때는 큰 눈이 내렸고, 계유 질녀의 빈소(시신 임시보관소)에서 옷자락이 나왔고, 서리의 가족들이 그곳으로 들어가려고 하는데, 방안에서 서리의 부르는 소리가 들렸다. 그러나 빈소는 너무나도 완벽하여 어디로 들어 가야할 지 몰랐다. 즉시 주부에게 고하자. 주부는 그 빈소를 파도록 하였다. 여인(질녀)은 관속에서 서리와 함께 자고 있었다. 여인의 용모는 살아 있을 때와 같았다. 그 가족들은 이내 서리를 끄집어 내고 다시 빈소를 손질하였다. 서리는 이미 (무덤에서) 나왔으나 바보처럼 멍하였으며, 며칠이 지나서야 나아졌다. 여자는 (꿈에 나타나) 주부에게 말하길: **"가) 저는 외숙께서 시집 보내주지 않고, 다만 자신의 딸들만을 사랑하시어 제가 있는지 알지 못함을 원망하여, 그래서 기가 막혀 죽었습니다. 이제 신(염라대왕)께서 저를 서리에게 시집가라고 말씀하셨**

12) 『太平廣記・卷324』「崔茂伯」, 2574쪽. "崔茂伯女, 結婚裴祖儿. 婚家相去五百餘里, 數歲不通. 八月中, 崔女暴亡, 裴未知也. 日將暮, 女詣裴門, 拊掌求前. 提金罌, 受二升許. 到床前而立, 裴令坐, 問所由. 女曰: 我是清河崔府君女, 少聞大人以我配君, 不幸喪亡. 大義不遂, 雖同牢未顯, 然斷金已着, 所以故來報君耳. 便別以金罌贈裴. 女去后, 裴以事啓父, 父欲遣信參之. 裴曰: 少結崔氏姻, 而今感應如此, 必當自往也. 父許焉. 裴至, 女果喪, 因相吊唁. 裴具述情事, 出罌示茂伯, 先以此罌送女入瘞, 旣見罌, 遂與裴俱造女墓. 未至十餘里, 裴復見女在墓言語, 旁人悉聞聲, 不見其形. 裴怀內結, 遂發病死, 因以合葬."

기에 고로 잠시 그를 끌어들여 동침하였습니다. 기왕 이 고을이 이미 알고 있으니, 이치(를 따지자면)는 모름지기 시집을 가야 합니다. 다음달 1일이 되면 결혼할 수 있습니다. 단지 외숙께서 저와 서리의 (혼인을) 기약하지 않으시면, 신의 명령을 어기시는 것입니다. (그 집에서 혼인을) 요청하면, 그의 빙례(聘禮)를 받아 주시고, 이내 사위를 맞이하는 예로써 대해주십시오. 다음달 1일이 되면 마땅히 음식을 갖추어 주십시오. 제가 서방님(楊郎)을 영접하려니, 청하는 바를 (이루어 주시길) 엎드려 바라옵니다." 하였다. 주부는 놀라 탄식하며, 곧장 서리를 불러 묻고서, 양서방으로 삼았다. 그래서 돈 수만 전을 받아 들리고, 그의 부모 모두를 만났다. 계유는 이내 질녀를 위하여 의복과 휘장을 만들어 주었으며, 다음달 1일이 되자, 음식을 만들어 크게 잔치를 벌였다. 양씨 귀신이 또 말하길: "은혜를 입어 시집가는 것이 허락 되었으니, 그 기쁨을 이루 헤아릴 수 없습니다. 오늘 이렇게 하여 낭군을 맞이하였습니다." 하는 말을 마치자, 서리가 갑자기 죽어 버렸다. 이내 영혼결혼식을 올리고, 후하게 장사지내고는 동쪽 외곽에 합장하였다.[13]

C) 장주현 현승 유육모는 집안이 가난하였다. 삼월 삼짇날 가족들이 모두 호구사에 놀러 가는데, 나이 15-6살 된 딸만이 옷이 없어 갈 수가

13) 『太平广記・卷330』「季攸」, 2645쪽. "天宝初, 會稽主簿季攸, 有女二人, 及携外甥孤女之官. 有求之者, 則嫁己女, 己女盡而不及甥. 甥恨之, 因結怨而死, 殯之東郊. 經數月, 所給主簿市胥吏姓楊, 大族子也, 家甚富, 貌且美. 其家忽有失胥, 推尋不得. 意其爲魅所惑也, 則于廢墟墓訪之. 時大雪, 而女殯室有衣裾出. 胥家人引之, 則聞屋內胥叫聲, 而殯宮中甚完, 不知從何人. 遽告主簿, 主簿發其棺, 女在棺中, 與胥同寢, 女貌如生. 其家乃出胥, 復修殯屋. 胥既出如愚, 數日方愈. 女則下言(下言原作不値, 据明鈔本改.) 于主簿曰: 吾恨舅不嫁, 惟怜己女, 不知有吾, 故气結死. 今神道使吾嫁与市吏, 故輒引與之同衾. 旣此邑已知, 理須見嫁. 后月一日, 可合婚姻. 惟舅不以胥吏見期, 而違神道. 請卽知聞, 受其所聘, 仍待以女胥礼. 至月一日, 当具飮食, 吾迎楊郎. 望伏所請焉. 主簿惊歎, 乃召胥一問. 爲楊胥,(明鈔本爲楊胥作謂之爲胥.) 于是納錢數万, 其父母皆會焉. 攸乃爲外生女造作衣裳帷帳, 至月一日,又 造饌大會. 楊氏鬼又言曰: 蒙恩許嫁, 不胜其喜, 今日故此親迎楊郎. 言畢, 胥暴卒, 乃設宴婚礼, 厚加棺殮, 合葬于東郊.(出『紀聞』)"

없어, 홀로 계집종과 함께 집을 지켰다. 부모님께서 나가시자 신세를 한탄하다 우물에 투신하여 죽었다. 부모는 이 일로 감정이 복받쳐 몇 날 동안 슬피 울었고, 이내 임시로 장주현에 빈소를 마련하였다. 후로 1년쯤 지나 육모라는 자가 그의 고모에게 문안을 드리려 하였는데, 고모의 집이 여자의 빈소와 가까웠다. 빈소를 지나는데, 어린 계집종이 뒤를 따르며 말하길: '저의 아가씨께서 잠시 뵙고자 합니다.'하였다. (육은) 어쩔 수 없이 따라가 그 집에 이르렀다. 대문은 좁고 작았으며, 아가씨는 아름다운 장식을 하였는데, 얼굴이 얌전하고 아름다웠다. (그녀가) 묻기를: '그대는 장주의 사람이 아니신지요? 저는 육현승의 딸로 인간이 아니고 귀신이랍니다. 그대를 청하여 저의 집에 말을 전하고자 합니다. 지금 임돈의 李十八이 구혼을 하였는데, **가)저는 (뼈대 있는) 집안의 여식으로 도의상 스스로 시집가기가 어렵습니다.** 대인에게 (저의 부모에게) 말씀을 전해 주십시오. 만약 성혼을 허락하시면 응당 말을 전하러 이곳으로 와주십시오.'하였다. 그가 여전히 빈소 안에 머물러 있는데, 잠시 후에 주의 방정(동네 우두머리)이 빈소 옆을 지나다 옷고름이 밖으로 나와 있는 것을 보고, 그것을 살피다 부인을 보게 되었다. 현승에게 알리자 현승은 친히 빈소로 와 벽을 열게 하고서 육모를 취하여 그를 대청 위에 두었다. 며칠이 지나자 말을 할 수 있었는데, (육현승이) 어찌하여 저 곳에 이르게 되었는지를 묻자, 육모는 여인의 말로서 대답하였다. 현승은 탄식하며, 사람들로 하여금 임돈의 李十八을 탐문하도록 하였다. 과연 그가 있었으나 탈없이 태연하였다. 처음에는 믿으려 하지 않았으나, 며칠이 지나 이내 병이 들었고, 병든 수일 후에 죽었다. 모든 가족들은 탄식하고 원망하였으며, 결국 여자와 이씨의 아들에 대하여 영혼결혼식을 치러 주었다.[14)]

---

14) 『太平廣記・卷333』「長洲陸氏女」, 2647-2648쪽. "長洲縣丞陸某, 家素貧. 三月三日, 家人悉游虎丘寺, 女年十五六, 以無衣不得往, 獨與一婢守舍. 父母既行, 慨歎投井而死. 父母以是爲感, 悲泣數日, 乃權殯長洲縣. 后一歲許, 有陸某者, 曾省其姑. 姑家与女殯相近, (相近原作同出, 据明鈔本改.) 經殯宮過, 有小婢隨后, 云;

위의 고사들을 간단히 재구성 해보면, A) 「崔茂伯」의 경우는 ① 정혼녀의 죽음 ⇒ ② 여인의 정혼자 방문과 온 연유 설명 ⇒ ③ 정혼자에게 증물 제공 ⇒ ④ 정혼자와 가족들의 확인 ⇒ ⑤ 정혼자의 죽음 ⇒ ⑥ 합장으로 전개되며, B) 「李攸」의 경우는 ① 한을 품은 여인의 죽음 ⇒ ② 남자의 실종 ⇒ ③ 여인의 관속에서 남자 발견 ⇒ ④ 연인의 현몽과 혼례에 대한 당부 ⇒ ⑤ 잔치와 남자의 갑작스런 죽음 ⇒ ⑥ 영혼 결혼 후 합장하게 된다. C) 「長洲陸氏女」의 경우는 ① 여자의 자살 ⇒ ② 귀신과 대변자의 만남 ⇒ ③ 귀신의 당부 ⇒ ④ 대변자의 구출과 설명 ⇒ ⑤ 구혼자 탐문 ⇒ ⑥ 구혼자의 죽음 ⇒ ⑦ 영혼결혼으로 이야기가 진행된다. 이들 3편의 이야기는 인귀연(人鬼戀)고사라는 큰 틀에서 귀신과의 만남, 남자의 죽음, 합장 혹은 영혼결혼이라는 동일한 모티브로 구성되어 있다. 여기에 각기 다른 이야기의 요소들이 가미됨으로써 인귀연(人鬼戀)고사의 다양성을 보여주고 있는데, 특히 몇 가지 주목할 만한 것이 있다.

귀신이 반려자를 찾는 방식의 다양성이다. 「崔茂伯」의 경우, 이미 집안 어른들끼리 정혼을 하였지만 여자의 갑작스런 죽음으로

女郎欲暫相見. 某不得已, 隨至其家. 家門卑小, 女郎靚妝, 容色婉麗. 問云: 君得非長洲百姓耶? 我是陸丞女, 非人 鬼耳. 欲請君傳語与府. 今臨頓李十八求婚, 吾是室女, 義難自嫁. 可與白大人, 若許爲婚, 當傳語至此, 其人尙留殯宮中. 少時, 當州坊正, 從殯宮邊過, 見有衣帶出外, 視之, 見婦人. 以白丞. 丞自往, 使開壁取某, 置之廳上, 數日能言. 問焉得至彼, 某以女言對, 丞歎息. 尋令人問臨頓李十八, 果有之, 而無恙自若. 初不爲信, 后數日乃病, 病數日卒. 擧家歎恨, 竟將女与李子爲冥婚.(出『廣异記』)

혼인이 이루어지지 못한다. 그러자 A)의 가)에서 보듯, 귀신이 된 여자가 자신의 정혼자(定婚者)를 찾아가 기어이 평생의 반려자 관계를 이룩한다. 정혼자를 찾는 행위는 시집 못 가고 죽은 처녀 귀신이 자신의 성적 욕구를 해결하는 가장 편리한 방법일 뿐만 아니라 도덕적인 비난에서 벗어나는 행위인 것이다. 이는 한번 시집을 간 여인은 죽어서도 그 집 귀신이 된다는 전통적인 유가관념에 기초한 혼인관과 부녀관의 재현이자 실현이다. 전통적인 관념의 실천이라는 측면에서 「長洲陸氏女」의 경우는 더욱 명확해진다. 영혼결혼식을 올리는 당사자간의 동침(同寢) 여부를 떠나(확인 불가), C의 가)에서 보듯, 저승에서 구혼을 받았지만 자신은 '뼈대 있는 집안의 여식인지라 도의상 마음대로 시집갈 수 없다'고 한다. 그러면서 부모의 허락을 받아야 하니, 대신 부모님께 말을 전하여 허락을 받아 달라고 한다. 즉, 중간에 혼인 당사자와 무관한 매파(媒婆) 역할을 하는 전달자를 내세운 것이다. 전언과 허락을 구한다는 그녀의 말 속에는 저승 역시 이승과 동일하게 윤리도덕의 지배를 받고 있다는 당시 사람들의 사고를 표현한 것이다. 다른 한편으로는 죽은 귀신이지만 혼인에 따른 예법을 지켜야 한다는 관념적 윤리가 명확하게 재현된 것이다. 여기서 한 가지 또 주목할 점은 원귀(寃鬼)들은 한(恨)을 품게 한 당사자의 꿈에 나타나 한풀이를 하는 것이 일반적인데, 「長洲陸氏女」는 자신과 아무런 관련이 없는 사람인 육모(陸某)를 대변인(傳言者)으로 설정한다는 점이다. 즉, 부모의 꿈에 나타나지 않은 것은 가족 놀이에 입고 갈 옷조차 없는 가난한 집안의 처지를 인정하고 수긍하였기에 가난이 한(恨)일지는 모르지만 부모가 원망의 대상이 아니었기 때문이다.

전통적인 관념에 따른 혼례의 절차를 따르지만, 「李攸」의 경우는 귀신 자신이 직접 반려자를 선택한다. 구혼자가 있었음에도 불구하고 자신은 뒤로 하고 딸들만을 시집보낸 숙부의 처사에 원한을 품고 죽은 여인이, B의 가)에서 보듯, 숙부의 꿈에 나타나 자신의 결혼에 대한 당부의 말을 건네는 가운데 시집을 가야 하는 당위성을 설명한다. 이 과정에서 저승에서 이미 짝이 되도록 되어 있는 자신의 배우자를 미리 찾아 나섰음을 밝히고 있다. 이는 살아서 배우자 선택권 없이 부모의 정혼에 의해 반려자를 맞이하고, 그렇게 죽어 가야 했던 시대상황 속에서 죽은 귀신이 직접 배우자를 찾아 나선다는 점은 배우자 선택권이 없는 현실에 대한 강한 불만의 표출이며, 자유연애와 혼인에 대한 욕구을 표현한 것이다. 그렇지만 기본적인 윤리 도덕까지는 넘어서지 못한다. C의 가)에서 보듯, 도리상 자기가 알아서 시집을 갈 수 없음을 내세워 일종의 매파를 사이에 두는 흡사 산 사람의 혼례 방식인 육례(六禮)의 절차를 취한다.

혼례의 절차는 인간들의 혼례와 다를 것이 없지만, 혼례에 이르는 과정은 차이가 있다. 인간들의 혼례는 예법과 절차 등 현실적이고 형식적인 이유로 인해 혼례 전까지 남녀의 육체적 관계란 어떠한 경우도 불가능하다. 그러나 여자 귀신과 살아있는 남자가 영혼결혼에 이르는 과정은 대부분 먼저 동침을 한 후에 결혼에 이르게 된다. 이러한 사실은 영혼결혼이 결혼이라는 형식적인 이유보다는 남녀의 운우지정(雲雨之情)을 경험하지 못하고 죽은 처녀 귀신에 대한 성적 위로와 배려라는 실질적인 이유가 더 중시되었기 때문이다. 이는 인간과 동일하게 애정을 구가하는 귀신이 욕망을 풀지 못하면 한으로 남게 되고, 한을 품은 귀신은 인간의 주의를 떠돌며 해코지 한다는 오랜 정서를 바탕으로 하고 있다. 때문에 귀신의 원한을 풀어 주는 영혼결혼식은 귀신을 위해서라기보다는 귀신의 해코지로 인해 인간에게 닥칠지도 모르는 불행을 막기 위한 예방 차원의 성격이 강하다고 할 수 있다. 즉, 인간 자신들의 안녕을 위해 원초적인 욕망인 성욕의 미해결로 인해 혹여 인간에게 해악을 끼치는 것을 막는 한편 성적 갈등을 해결한 귀신의 평안한 저승길을 바람의 정서의 표현이 영혼결혼인 것이다.

귀신에 대한 성적 위로가 원만하게 진행되면 별 문제가 없겠지만, 성적 갈등이나 불만으로 자신의 욕정을 충족시키지 못한 귀신들은 인간 세계의 예법까지도 저버린다.

> …(상략). 저는 지금 스스로 이 편지를 써서 심정을 나타내오니 오로지 당신이 좀 읽어보시길 바랍니다. 저는 본래 노래하는 기녀였습니다. 어려서 궁궐에 들어가 맑은 목소리로 노래하고, 기묘한 춤을 추어 사람들의 칭찬을 받았습니다. **가)저에게는 진실로 부인의 덕행과 용모가 없습니다.** 궁중에서 황제의 명령이 있어, 후궁과 궁녀의 일을 관장하는 벼

> 슬아치가 사람을 뽑을 때 저는 궁전 밖으로 돌려 보내지게 되었습니다. 이 때 당신은 젊은이로 술에 취해 시를 잘 지었으며, 저의 이웃에 살았지요. 첩은 구속되지 않았고 그대 또한 방탕하였지요. 그대는 제가 공경하게 제사를 받들어 모실 수 없다는 것을 헤아리지 않고, 갑자기 예로써 아내로 삼았지요. 제가 배필이 되자, 모든 이웃 사람들은 재자가인이라고 하였지요, 매번 꽃 사이에서 함께 걷고, 달 아래에서 서로 마주보고, 붉은 누각에서 장난치고, 비단으로 꾸민 쪽문에서 맹세한 것들을 생각하였지만, 오늘의 일을 기약하지는 않았지요. 슬픕니다. 한 번에 어찌 의리를 끊으셨는지요? 당신이 저를 헌 짚신처럼 버려 거친 들판에 남기고, 저의 고독을 생각하지 않으시고는 홀로 부임하시니, 눈물이 흐르는 것을 막을 수 없었습니다. 당신의 박정함을 생각하고 헤아릴 때 제가 또 어찌 정절을 지킬 수 있겠습니까? 노인의 집에 한 소년이 있는데, 깊이 저를 사모합니다. 그래서 저는 이미 그에게 몸을 맡겼으니, 그대는 그리 아십시오. (하략)….[15]

위의 내용은 「呼延冀」고사로 죽은 아내가 그에게 보낸 편지이다. 자신의 복성을 중속시키기 위해 성(性)에 대해 극히 개방적인 사고를 지니고 있음을 공공연하게 밝힌다. 호연기는 처를 데리고 임지로 가던 도중에 도적을 만나 재물을 다 빼앗기고 빈털터리가 되자, 어쩔 수 없이 한 노인의 집에 처를 맡기고 홀로 임지로 오르

---

15) 『太平廣記 · 卷344』「呼延冀」, 2726-2727쪽. "…(上略). 其書曰; 妾今自裁此書, 以達心緒, 唯君少覽焉. 妾本歌妓之女也, 幼入宮禁, 以清歌妙舞爲稱. 固無婦德婦容. 及宮中有命, 掖庭選人, 妾得放歸焉. 是時也, 君方年少, 酒狂詩逸, 在妾之鄰. 妾卽不拘, 君亦放蕩. 君不以妾不可奉苹蘩, 遂以禮娶妾. 妾旣與君匹偶, 諸鄰皆謂之才子佳人. 每念花間同步, 月下相對, 紅樓戲謔, 錦闈言誓. 卽不期今日之事也. 悲夫! 一何義絶. 君以妾身, 棄之如屣, 留于荒郊, 不念孤獨. 自君之官, 淚流莫遏. 思量薄情, 妾又奚守貞潔哉. 老父家有一少年子, 深慕妾, 妾已歸之矣. 君其知之. (下略)…"

게 된다. 임지로 떠나기 전에 호연기는 노인에게 관청의 기녀출신인 처를 잘 단속해 주도록 부탁하며, 아내와의 이별하는 자리에서 아내는 그에게 "그대가 만약 빠른 시일 내로 저를 맞이하러 오지 않는다면 저는 반드시 이 집을 뛰쳐나갈 것이며, 반드시 저를 받아 줄 사람이 있을 것입니다.(今不期又留我于此. 君若不來迎我, 我必奔出, 必有納我之人也.)"라고 경고한다. 임지에 도착하자마자 호연기는 처의 사망 소식과 함께 그녀의 죽은 혼이 쓴 편지를 받게 된다. 가)에서 보듯, 그녀는 스스로를 "진실로 부덕과 부용이 없는" 여인이라고 평가 내린 뒤, 자신과 호연기의 결합은 일종의 형식에 얽매이지 않는 행위였으며, 남편이 이미 자신을 버렸기에 자신 또한 정조를 지킬 필요가 없다고 한다. 더 나아가 노인의 집에 한 소년에게 몸을 맡기기로 하였으니 그리 알라는 자신의 부정을 정당화하는 일방적 내용을 통보한다. 즉, 주체 못하는 성욕을 해결하기 위해 귀신은 인간 세상의 기본적인 도덕인 신의나 부부간 최소한의 윤리인 정조(貞操)조차 저버린 것이다. 심지어 성욕을 해결하기 위해 귀신들은 시신을 임시로 안치한 기간 중에도 남자의 품속으로 파고들기까지 한다.

A) 진나라 때 무도태수 이중문이 무도군에서 딸을 잃었다. 나이는 18세로 군의 성 북쪽에 딸의 시체를 임시로 매장 하였다. …(중략)…. 장세지가 관청에서 그의 아버지를 모시고 있을 적에 그의 꿈에 나이가 17-8세 되고 얼굴이 아름다운 여인이 나타나더니 스스로 말하길; '저는 전임 태수의 딸인데 불행하게도 일찍 죽었습니다. 마침 지금 살아나게

되었습니다. 마음으로 그대를 사랑하여 서로 만나 인연을 이루기 위하여 이렇게 왔습니다.'라고 하였다. (하략)….[16]

B) 개원 년간에 역주(易州) 사마(司馬) 張果의 딸이 나이 15살 되던 해에 병으로 죽었다. 차마 먼 곳에 묻을 수 없어, 동원의 누각 아래에 잠시 매장하였다. …(중략)…. 그 아들이 늘 누각 속에 살았다. 날이 저물어 이내 문밖으로 나가다가, 한 여인을 보게 되었는데, 얼굴이 풍만하고 아름다웠으며, 밖으로부터 안으로 들어왔다. 유는 달아날까 걱정하며, 곧장 그녀를 앞으로 부르자, 기뻐하며 다정하게 대하였다. 머물러 잠자리를 함께 하니, (여자는) 정이 끈끈해지고 행동거지가 유순하였다. 유는 (그녀를) 너무도 사랑하고 아끼었다.[17]

C) …(상략). 구혼하는 자가 있어 자신의 딸은 모두 출가시켰지만 그러나 질녀에게는 미치지 못하였다(시집을 보내지 못하였다) 질녀는 그것을 한스러워하다가, 원한을 품고 죽었다. …(중략)…. 계유 질녀의 빈소(시신 임시보관소)에서 옷자락이 나왔다. …(중략)…. 여자는 (꿈에 나타나) 주부에게 말하길: "저는 외숙께서 시집 보내주지 않고, 다만 자신의 딸들만을 사랑하시어 제가 있는지 알지 못함을 원망하여, 그래서 기각 막혀 죽었습니다. 이제 신께서 저를 서리에게 시집가라고 말씀하셨기에 고로 잠시 그를 끌어들여 동침하였습니다.[18]

---

16) 『太平廣記 · 卷319』「張子長」, p2524. "晉時, 武都太守李仲文, 在郘喪女. 年十八, 權假葬郘城北. …(中略)…. 侍從在廨中. 夢一女, 年可十七八, 顏色不常. 自言前府君女, 不幸早亡, 會今當更生, 心相愛樂, 故來相見就. (下略)…."

17) 『太平廣記 · 卷330』「張果女」, 2618쪽. "開元中, 易州司馬張果女, 年十五, 病死. 不忍遠棄, 權瘞于東院閣下. …(中略)…. 其子常止閣中, 日暮仍行門外, 見一女子, 容貌丰麗, 自外而來. 劉疑有相奔者, 卽前詣之, 欣然款浹. 同留共宿, 情態纏綿, 擧止閒婉. 劉愛惜甚至."

18) 『太平广記 · 卷330』「季攸」, 2645쪽. "…(上略). 有求之者, 則嫁己女, 己女盡而不及甥. 甥恨之, 因結怨而死, 殯之東郊. …(中略)…. 則于廢墟墓訪之. 時大雪, 而女殯室有衣裾出. …(中略)…. 女則下言(下言原作不値, 据明鈔本改.) 于主簿曰: 吾

A)의 「張子長」, B)의 「張果女」, C)의 「季攸」에서 귀신들은 모두 시신을 임시로 보관하는 기간 동안 욕정을 해결하기 위해 남자를 적극적으로 찾아 나서 소기의 목적을 달성하고 있다. 성욕의 해결이라는 목적 달성은 동일하지만, 이를 해결하는 과정에서 남자에게 접근하거나 남자를 취하는 방식에서는 각기 다르다. A)는 자신들이 이승 사람이 아닌 귀신 신분이지만 부활했음을 밝힐 뿐만 아니라 남자가 마음에 들어 인연을 맺고자 찾아 왔다며 적극적으로 애정을 표시함으로써 동침으로 이어진다. B)는 미모에 끌린 남자의 마음을 움직여 동침에 이르게 되며, C)는 저승에서 기왕에 시집가기로 되어 있는 그 남자와 미리 동침하게 되었다며, 동침을 위한 자신의 적극성을 보여주고 있다. 이렇듯 성욕을 해결하기 위해 잠자리의 대상 남자를 적극적으로 찾아 동침을 하지만, 이는 대부분 한 순간의 스쳐간 바람처럼 일회성 정사에 그친다. 그러나 남자를 유혹한 후 일회성 동침으로 끝나지 않고 남자와 지속적인 관계를 유지하는 경우 원한의 해소와 위로의 차원에서 떠나 또 다른 욕망을 위해 남 모르게 못된 짓을 하는 부정적인 방향으로 전개된다. 이는 불의(不意)의 사고로 죽은 사람이 변한 악귀(惡鬼)나 여귀(厲鬼)가 왕왕 인간에게 해를 끼친다고 여기는 중국인들의 귀혼 관념에 기초한 인귀연 고사의 외연확대이다.

恨舅不嫁, 惟怜己女, 不知有吾, 故气結死. 今神道使吾嫁與市吏, 故輒引與之同衾. 旣此邑已知, 理須見嫁.

2. 욕망에 몸부림치지만 성적 유희일 뿐

1) 미색과 미덕의 대립

내적 수양을 통한 자아 완성과 완성된 자아를 바탕으로 지도자의 길을 걷도록 요구한 전통적인 남성 중심의 수신관은 여성에게도 고스란히 강요되었다. 강요는 표면적 아름다움 보다는 내면적 아름다움인 부덕을 강조하는 형태로 나타났다. 그래서 아름다운 여인보다는 모의(母儀)·현명(賢明)·인지(仁智)·정순(貞順)·절의(節義)·변통(辯通)을 갖춘 현명하고 어진 여인을 이상적인 여인의 미덕으로 간주하였다.[19] 『列女傳』에 제시된 이러한 6가지 미덕과 대립적인 것이 "얼패(孼嬖)"아다. 이는 미모에 의지하여 부귀영화를 구하는 현명하지 못한 여인을 지칭하는 말이며, "女色禍水(沉魚, 落雁, 閉月, 羞花 모두가 紅顔薄命)"라는 말에서 볼 수 있듯이 아름다운 여인에 대한 거부의 표현이다. 미인에 대한 지나칠 정도의 거부는 남성 중심의 사회에서 보여주는 표리부동한 이중적인 측면이 강하다. 즉 화목한 가정을 꾸며 조상의 업적을 계승하고, 훌륭한 자식을 양육하여 가문의 영광이 전승되도록 해야 한다는 이유와 현실에 존재하는 자신과의 사이에 존재하는 괴리

19) 한(漢)대 성제(成帝) 때의 관록대부인 유향(劉向)이 조비연 형제가 임금의 총애를 믿고 권세를 부리는 것을 보고 『列女傳』을 지었는데, 여기서 여인의 덕과 선악이 국가의 안정·혼란과 관계가 있다고 했다. 이를 송나라 왕회(王回)가 모의(母儀)·현명(賢明)·인지(仁智)·정순(貞順)·절의(節義)·변통(辯通)·얼패(孼嬖) 등 7개 유형으로 분류하고 104명의 행적을 통해 가장 이상적인 여인상을 제시하였다.

의 표출이다. 즉, 과거의 계승과 밝은 미래를 위해서는 미덕을 갖춘 반려자가 절대적으로 필요하지만, 가슴 밑바닥에 꿈틀거리는 아름다운 여인에 대한 본능적 욕망은 남자에게 중대한 갈등의 영역이었다. 허나 개인보다는 집안이나 사회 집단의 윤리 도덕이 선행되었기에 개인적 욕망은 항상 뒷전으로 치부되었다. 그래서 여인들 또한 이러한 사회적 요구에 의해 얼굴을 꾸미기 보다는 부덕을 쌓는데 심혈을 쏟았고, 이런 이유로 현실사회에서 어진 덕과 총명함을 지니고 있는 여인들은 대부분 용모나 자태가 평범하였다. 반면 얼굴이 빼어난 여인은 자신의 미모만을 믿고 자만하여 방종하기 때문에 덕이 부족하여 가정과 국가에 재난과 불행을 가져올 가능성이 높은 것으로 간주되었다. 당면한 현실에서 평생의 반려자를 구해야 하는 제약은 재색을 겸비한 아름다운 반려자에 대한 미련의 탈출구로 귀신이 존재하는 비현실적인 공간을 찾게 되었다. 인귀연(人鬼戀) 고사가 귀신의 미색을 첫머리에 둔 반면에 귀신의 미덕에 대한 묘사는 잠재적일 뿐만 아니라 언급조차 하지 않는 이유이기도 하다.

여인에게 아름다운 미모는 남자에 의해 인생이 결정되는 사회에서 최대 자본인 동시에 남자를 유혹하는 가장 치명적인 무기가 된다. 그래서 사서(史書)에 기록된 음탕하거나 질투하는 부정적인 여자들 중 적지 않은 여인들이 미려한 자태를 지니고 있는 것으로 묘사되고 있다. 인간세상의 이러한 여성관이 현실에만 국한되지 않고, 저승까지 연장되어 요망한 짓거리를 행하는 여자 귀신

대부분이 아름다운 외모를 지닌 것으로 묘사되고 있다.

A) 한 밤중에, 여자가 나타났는데, 나이는 15-6세 정도였으며, 자태와 안색 복식이 천하에 비길 데 없이 아름다웠으며, 곧 생과 부부가 되었다.(夜半, 有女子年, 可十五六, 姿顔服飾天下无双, 來就生爲夫婦.)『搜神記』[20]

B) 한 여자가 문을 나와 바라보는 것이 보았는데, 나이는 대략 16-7세 정도로, 용모는 단정하고 의복은 곱고도 깨끗하였다.(見一女子出門望. 年可十六七, 姿容端正, 衣服鮮潔.)『太平廣記·卷319』「周臨賀」

C) 몰래 창문을 통해 엿보니, 한 여인이 보이는데, 얼굴과 자태가 우아하고 예뻤다.(竊于窓中窺之, 見一少女, 容態閒婉.)『太平廣記·卷326』「張孫紹祖」

D) 두 여인이 이르렀는데, 얼굴과 자질이 매우 특이하여 두 사람 다 신선과 같았다. 붉은 색과 색의 비단옷을 입고 있었는데, 옷에서 향기가 사람의 코를 찔렀으며, 모두 나이는 20세 정도였다.(二女已至, 容質甚異, 皆如仙者, 衣紅紫絹穀, 馨香襲人, 俱年二十餘.)『太平廣記·卷326』「劉導」

E) "도중에 한 부인을 만나게 되었는데, 자색이 빼어나게 아름답고, 단장은 요염함이 넘쳐났다."(途中見一婦人, 姿色殊麗, 瞻靚艷泆.)『太平廣記·卷333』「裴徽」

F) "한 부인이 서쪽으로부터 와 막 성곽으로 들어오는 것을 보았는데,

---

20) 동일한 이야기가『太平廣記』권316 ["忽夜半有女子, 可年十五六, 姿顔服飾 天下无双, 來就生爲夫婦"(갑자기 한 밤중에 한 여인이 나타났는데, 대략 나이는 15-6세 정도였으며, 자태와 얼굴 그리고 복식이 천하에 비길 데 없이 아름다웠으며, 곧 담생과 부부가 되었다)]에 있다.

자태와 얼굴이 빼어나고 아름다웠으며, 나이는 대략 열여덟 아홉 정도였다."(見一婦人從西來, 將入郭, 姿色殊絶, 可年十八九.) 『太平廣記·卷334』「王玄之」

G) "한 여인을 보게 되었는데, 곱게 단장하고 화려한 옷을 입었으며, 가시덤불을 헤치고 넘어오고, ……, 최서생은 어린 하인을 시켜 가까이 가서 엿보고 오라 했더니, 열댓 살이나 될까말까 한 절세미인이라고 하였다."(見一女人, 靚粧華服, 穿越榛莽.……, 崔使小童逼而覘之, 乃二八絶代之姝也.) 『太平廣記 · 卷339』「崔書生」

H) "한 여자가 있었는데 나이는 대략 열여덟 아홉 정도였다. 요염하고 곱기가 비할 데 없었다. 두옥과 마주하여 음식을 먹었다."(有一女, 年可十八九, 妖麗無比. 與竇對食.) 『太平廣記·卷343』「竇玉」

A)에서 H)까지 중국 고대 민간고사의 총집이라고 할 수 있는 『수신기』[21]와 『태평광기』등에 수록된 인귀연 고사에 묘사된 귀신의 용모는 하나같이 미인 그 자체이다. 여자 주인공(女鬼)의 외모에 대해 하나 같이 동일한 묘사 방식을 지니고 있다. 흡사 요조숙녀(窈窕淑女)처럼 재주와 용모가 빼어나 남자와 짝하기에 부족함이 없는 아름다운 여인의 전형적인 모습이다. 나이는 15-6, 많으면 18-9정도로 다소 차이가 있지만, 기본적으로 아름다운 미모에 자태마저 빼어날 뿐만 아니라 심지어 요염하다. 흡사 중국소설

21) 『搜神記』에 귀신을 모티브로 한 이야기들은 권 16, 17에 집중되어 있으며, 주로 죽은 귀신이 이승의 사람에게 해를 입히거나, 저승으로 데려가거나, 원한을 갚거나, 못다 한 사랑을 이루는 등이 있다. 특히 인간과 귀신의 애정이야기인 못다 한 사랑을 이루는 이야기는 「紫玉韓重」, 「駙馬都尉」, 「談生妻鬼」, 「魯充幽婚」 등이다.

속에 묘사된 재자가인(才子佳人)의 여자주인공처럼 아름답게 묘사됨으로서 미추(美醜)의 관념에서 만큼은 이승과 저승을 동일시하거나 최소한 차별화 하지는 않고 있음을 보여주고 있다. 아름다움에 대한 추구와 소망은 인간의 기본적인 욕망이며, 이러한 기본적인 욕망은 보다 근원적인 욕망인 성욕과 밀접하게 관련되어 있다.

『태평광기』의 70여개 인귀연 고사 중에서 상당수의 이야기는 남녀의 일시적인 인연(因緣)을 통한 동침의 형식을 빌리고 있다.[22] 이 중 「吳祥」, 「長孫紹祖」 등의 고사에서는 아름다운 여인과 한차례 정사를 나눈 후에 여인에 대한 아쉬움을 떨치지 못한 남자가 다음날 다시 찾아 나서지만 도리어 전날 밀회를 나누었던 장소가 "무덤(有一冢也)"이거나 "자그마한 분묘(一小墳也)"임을 알고서 참담한 심정으로 돌아선다. 「李陶」, 「劉導」, 「王玄之」 등의 이야기에서 남자는 그가 만난 여자가 귀신임을 명확히 알면서도, 여자 귀신과 한바탕 정사를 나눈 후에 아쉬움을 떨치지 못하지만 이별을 고한다. 이는 미색에 대한 원초적 동경의 표현이다.

아름다움이나 요염함은 필연적으로 남성이라는 상대가 전제될 때 그 의미를 갖는다. 즉, 남자를 유혹하거나 유혹하지 않아도 남자가 먼저 유혹의 손길을 뻗치게 하는 동기를 부여한다.

A) 길에서 한 부인을 만났는데, 그녀의 얼굴은 빼어나게 아름답고, 단

22) 吳光正, 앞의 책, 278-279쪽 참조.

정한 것을 보니 요염함이 넘쳤다.…(중략)…. 아름다운 말로써 부인을 희롱하는데, 부인은 처음에는 안색을 바꾸지 않았으며, 서너 차례 말을 주고받는 사이에 그 집에 이르게 되었다. 배휘를 청하여 집안으로 들어갔다.23)

B) 양준은 들판에 나가 한 부인을 만났는데 얼굴이 빼어나게 예쁜지라 그녀에게 수작을 걸어 야합하게 되었다.24)

C) 그 부인이 곧 성곽으로 들어가려는데 자태와 얼굴이 빼어나게 아름답고 나이는 열여덟 아홉 쯤 되어 보였다. …(중략)…. 왕현지가 시험삼아 부인에게 수작을 거니, 그녀는 결국 흔쾌히 수락하였다. 그리하여 (그의 집에) 유숙하며 서로 매우 친하게 지냈다.25)

남자가 일면식도 없는 지나가는 여인에게 A)의 희롱("以艷詞相調")과 B), C)의 수작("挑之")을 걸게 되는 전제 조건은 당연히 여인의 미모 때문이다. 이들 간의 야합(野合)은 미모에 현혹된 남자의 적극적인 구애행위의 결과이다. 부부가 아닌 남녀가 서로 정을 통한다는 야합은 이미 부적절하며 비정상적인 관계의 시작이자, 결론 역시 비정상적으로 끝날 것임을 전제로 한다. 아름다움과 요염함은 남자를 유혹하는 필요 충분 조건일 뿐 그 이상도 그 이하도 아니다. 미색에 유혹된 남자와 여인의 동침은 일회성이건

23) 『太平廣記 · 卷333』「裵徽」, p.2646. "途中見一婦人, 容色殊麗, 瞻靚艷泆, …(中略)…. 婦人初不易色, 齊獻酬數四. 前至其家,邀徽相過."

24) 『太平廣記 · 卷334』「楊準」, p.2650. "因出郊野, 見一婦人. 容色殊麗. 准見挑之, 與野合."

25) 『太平廣記 · 卷334』「王玄之」, p.2652. "見一婦人, 從西來, 將入郭, 姿色殊艶, 可年十八九. …(中略)…. 王試挑之, 女遂欣然, 因留宿, 甚相親昵."

지속성이건 귀신에 의한 성적 유희의 관계 이상으로 발전하지는 못하며, 미색에 유혹된 남자는 비정상적인 관계로 인한 동침의 대가를 지불하게 된다.

A) 후한 때 여남군 여양현 서문정에 귀매(鬼魅)가 있었다. 나그네가 서문정에 머물러 잠을 자면 대부분 죽었다. 그렇게 죽은 사람은 혹 머리털을 잃거나 정기(精氣)를 빼앗겼다. 여남군 태수의 부관(시봉연)인 의록현 사람 정기가 쉬게 되었다. 서문정에서 6-7리쯤 떨어진 곳에서 어떤 아름다운 부인이 정기에게 수레에 태워줄 것을 요청하였다. 정기는 처음에 곤란해 하다가 나중에는 그 부인을 수레에 태웠다. 그들이 서문정에 들어서자 빠르게 누각 아래로 내달렸는데, 정자를 지키던 이졸(吏卒)이 누각에 오를 수 없다고 아뢰자, 정기가 이르길: "나는 아무것도 두렵지 않느니라."하였다. 이때는 또한 날이 어두워진터라, 마침내 누각에 올라 부인과 함께 잠을 자게 되었고, 날이 채 밝기도 전에 출발하였다. …(중략)…. 정기는 (그 곳을) 출발하여 몇 리쯤 가는데, 배가 아파왔고, 남돈현의 이양정에 이르자 배가 심하게 아파하더니 죽어 버렸다. (이 이후론) 누각에 오르려 하는 사람이 다시는 없었다.(出『風俗通』)[26]

B) 당나라 때 양준은 송성 사람으로 명문가의 선비였다. 교외로 나갔기에 한 부인을 만나게 되었는데, 얼굴이 빼어나게 예쁘지라 그녀에게 수작을 걸어 더불어 야합하였다. 한 달 남짓 지나도록 매번 서재로 와서 또 양준을 이끌고 가려 했으나, 양준은 결코 따라나서려 하지 않았다. (그리지) 갑지기 참을 수 없을 정도로 가슴이 아팠다. 이내 이르길:

26) 『太平廣記・卷317』「鄭奇」, pp.2508-2509. "後漢時, 汝南汝陽西門亭有鬼魅, 賓客宿止多死亡, 或亡髮失精. 郡侍奉 掾宜祿鄭奇休. 去亭六七里, 有美婦人乞寄載. 奇初難之. 然後上車. 入亭. 趨至樓下. 吏卒白樓不可上, 奇曰; "我不惡也." 時亦昏冥, 遂上樓, 與婦人接宿, 未明發去. …(中略)……. 奇發, 行數里, 腹痛, 到南頓利陽亭, 加劇物故. 樓遂無敢復上.(出風俗通)"

'반드시 부득이하다면, 마땅히 그대를 따라 갈 터인데, 어찌하여 고통스럽게 (저를) 처리하시는지요.?'라고 하자, 그 아픈 병이 마침내 나았다. 곧장 부인을 따라 십여 리를 가다가 한 집에 이르렀는데, 정원과 집은 분명하였으나, 대문은 낮고 좁았다. 부인이 양준을 위해 음식을 차렸는데, (그녀는) 매번 한번 들어 그릇을 다 비워버렸다. (양준은) 마음속으로 그것을 이상하게 여기었으나, 또한 귀신인 줄은 몰랐다가, 그 후에 비로소 알게 되었다. 매번 양준이 갈 때에는 방문을 닫았는데, 시체처럼 침상에 누워있기를 6-7일 하다가 비로소 깨어났다. 이와 같이 2-3년이 지나자, 양준의 형이 양준에게 이르길: 너는 사람의 자식이 되어서 마땅히 조상의 업적을 이어 받아야 하거늘 어찌하여 귀신과 더불어 짝이 되려하느냐? 하였다. 양준은 부끄럽고 두려워 출가하여 검은 승복을 입자, 귀신은 마침내 오지 못하였다. 그 후에 양준은 원래의 평범한 옷을 갈아 입고, (관리로) 선발되어 현의 치안을 관리하는 관리가 되었으며, 다른 평범한 여인과 결혼을 하였다. 일 년 후 관청에서 문안을 처리하는데, 갑자기 부인(귀신)이 대문으로부터 들어오는 것을 발견하였다. 얼굴은 대단히 화난 기색이었기에 양준은 황급하고 두려워 계단을 내려와 목숨을 구걸하였다. 부인이 이르길: '이번에는 당신을 용서할 방법이 없습니다.'라는 말을 마치고는 그를 때렸는데, 양준은 질병에 걸려 이내 죽었다.(출『광이기』)[27]

A)의「鄭奇」고사는 "여인과의 동행 ⇒ 동침 ⇒ 사망"이라는 모

27) 『太平廣記·卷334』「楊準」, p.2650. "唐楊準者, 宋城人, 士流名族. 因出郊野, 見一婦人. 容色殊麗. 準見挑之, 與野合. 經月余日, 每來齋中, 復求引准去. 准不肯從, 忽而心痛不可忍, 乃云: 必不得已, 當隨君去, 何至苦相料理. 其疾遂愈, 更隨婦人行十餘里. 至舍, 院宇分明, 而門戶卑小. 婦人爲准設食, 每一擧盡碗. 心怪之, 然亦未知是鬼. 其後方知. 每准去之時, 閉房門, 尸臥床上, 積六七日方活. 如是經二三年. 准兄渭准曰: 汝爲人子, 當應紹績. 奈何忽與鬼爲匹乎? 准慚懼, 出家被緇服, 鬼遂不至. 其后准反初服. 選爲縣尉, 別婚家人子. 一年后, 在廳事理文案, 忽見婦人從門而入, 容色甚怒. 准惶懼, 下階乞命, 婦人云: 是度無放君理. 极辭搏之, 准遇疾而卒.(出『廣异記』)"

티브를 중심으로 이미 서문정에서 잠을 자면 죽는다는 사실을 알면서도 미모에 현혹되어, 귀신과 함께 정자에 올라 동침함으로써 결국 죽음이라는 대가를 치르게 된다. B)의 「楊準」고사는 "미녀와의 만남 ⇒ 야합 ⇒ 여인의 동행요구와 남자의 일차 거절 ⇒ 여인의 압박과 남자의 동행 ⇒ 형의 충고와 출가 ⇒ 출사(出仕)후 결혼 ⇒ 여인과의 재회 ⇒ 남자의 죽음"이라는 다양한 모티브로 엮어져 있다. 만남과 이별 재회와 앙갚음이라는 복선식 구조로 구성되어 있지만, 결국 "미녀 귀신과의 동침과 죽음"이라는 기본적인 이야기의 틀 안에서 여인의 미모에 반해 수작을 걸고 야합한 결과 죽음이라는 대가를 치르게 된다. 남자가 적극적으로 여자를 희롱하거나 여자 귀신이 적극적으로 남자를 유혹하여 잠자리를 갖게 되든지 간에 남자는 죽기 아니면 죽을 만큼 심하게 앓다가 겨우 살아난다. 결국 아름다운 귀신 역시 모든 귀신처럼 인간에게 결코 이로울 것이 없는 존재임을 표면에 내세워, 인간 세계의 미녀 또한 아름다운 귀신처럼 음탕하고 사악한 존재로 나라와 집안을 망하게 하는 죄악의 구렁텅이로 간주하는 미덕과 미색에 대한 남성들의 이중적 가치관을 반영한 것이다.

부녀을 상조한 전통 사회에서 여성이 일단 아름답고 요염하면 반드시 남자가 유혹하던지 아니면 여자 스스로가 남자를 유혹하여 남자를 해치게 된다고 여기었다. 때문에 만약 덕을 연마하는데 주의하지 않으면 쉽사리 사악의 상징이 되어, 결국 사람을 해치고, 집안을 해치고, 심지어 나라에 재앙을 끼친다고 보았다. 아름답지만 덕을 갖추지 못한 귀신은 배척의 대상이 되지만, 못 생겨도 덕을 가진 여인은 칭송의 대상이 되는 미색과 미덕의 대립적 구도를 통해, 아름다움을 전제로 남자를 유혹하는 귀신은 당연히 배척의 대상이자 인간과 함께 할 수 없는 존재라는 당위성을 제시하고 있다. 아름다운 여인이든 귀신이든 미덕이 없는 미색은 모두가 해악을 만들고 재앙의 근원이 될 가능성을 지닌 존재라는 전통적인 여성관이 이승과 저승에 모두 적용된 것이다.

2) 환생을 위한 가당치 않은 몸부림

귀신이 미모로 남자를 유혹하여 잠자리를 갖는 것이 단지 성적 욕구 불만을 해소하기 위한 차원을 넘어 남모르는 목적을 달성하기 위해서이다. 즉, 인간으로의 환생을 위한 수단으로 남자와의 잠자리를 활용하며, 우리는 이것을 못 된 짓거리라고 한다. 남자와의 잠자리를 통한 환생이나 부활은 우주만물의 생성원리인 음양의 분리와 조화로부터 양정(陽精=양기)을 인간 생명력의 원천으로 간주하는 사고에 기반을 두고 있다. 이승의 기운이자 남자의 기를 상징하는 양정의 보충을 통한 부활은 환혼반생(還魂返生)의 강렬한 소망을 지닌 여자 귀신들의 환생에 관한 이야기의 출현으로 이어졌다. 귀신들의 환생에 대한 강력한 소망은 인간으로의 환생을 통해 행복을 찾기가 주된 모티브이다. 『搜神後記』중의 「徐玄方女」[28]가 그 대표적인 이야기로 "여인의 현몽 ⇒ 환생협조 당

28) 王國良 著, 『搜神後記研究』, 文史哲出版社, 民國67년, 61-62쪽

부 → 환생 ⇒ 환생 후 행복하기"라는 모티브를 통해, 자신에게 주어진 본래의 수명을 다하지 못하고 억울하게 죽은 귀신의 재생과 행복 찾기가 이루어진다.[29] '환생과 행복하기'라는 모티브를 지닌 귀신의 환생고사는 『수신후기』이후 지속적으로 출현하며, 『태평광기 · 권330』의 「張果女」 역시 「徐玄方女」와 유사한 모티브를 지니고 있다.

> 개원년 간에 역주(易州) 사마(司馬) 張果의 딸이 나이 15살 되던 해에 병으로 죽었다. 차마 멀리에 버릴(묻을) 수 없어, 동원의 누각 아래에 잠시 매장하였다. (장과는) 후에 鄭州 長史로 자리를 옮기게 되었는데, 돌아와 장사지내기에는 길이 멀었기에 마침내 남겨 두었다. 얼마 후에 유을(劉乙)이 그의 후임이 되었는데, 그의 아들은 늘상 누각에 머물렀다. 날이 저물어 이내 문밖으로 나가다가 한 여인을 보게 되었는데, 얼굴이 풍만하고 아름다웠으며, 밖으로부터 안으로 들어왔다. 유는 도망갈까 걱정하며, 곧장 그녀를 앞으로 부르자, 기뻐하며 다정하게 대하였다. 머물러 잠자리를 함께 하니, (여자는) 정이 끈끈해지고 행동거지가 유순하였다. 유는 (그녀를) 너무도 사랑하고 아끼었다. 나중에는 저녁에 문득 왔다가 새벽이 되면 가버렸다. 몇 달이 지난 뒤에 (그녀가) 유에게 이르길:'저는 전임 장사마의 딸로 불행히도 요절하였으며, 가까이 이 누각에 묻혔습니다. **가)**(저의) **운명은 마땅히 다시 살아나 그대와 잘 맞을 겁니다.** 삼일이 지나면 그대는 (관을) 발굴하시어, 호흡하기를 천천히 기다리십시오. 절대로 좌우로 보거나 놀라 상하게 하지 마십시오.'하며, 그녀가 묻힌 곳을 가리키며 사라져 버렸다. 유는 기간이 되자 너무도 기뻐하며, 오로지 신변의 종 한 명과 밤에 파기 시작하였다.

---

29) 양기를 흡수하여 환생하는 「徐玄方女」고사에 관한 내용은 朴完鎬, 「민간고사에 표출된 인간의 굴절된 욕망」(中國小說論叢 第25集 80-84쪽)참조.

깊이가 4-5척에 이르러 옻칠한 관을 찾았고, 서서히 그것을 열어 살펴보니, 여인의 안색이 선명하였고, 사지는 온기가 있었다. 의복과 두발 장식은 모두 훼손되지 않은 상태였으며, (그녀를) 들어 침대에 올려놓으니, 가느다란 숨기운이 있었다. 오래지 않아 입에 움직임이 있기에 약간의 미음(죽)을 먹이자 조금씩 삼켰다. 날이 밝기를 기다리자 부활하였으며, 차츰 일어나 말을 할 수 있게 되었다. 며칠이 지나 부모님들이 아실까 염려되어, 글을 익히기에 누각을 나서기 불편하다는 핑계로 끼니때마다 음식을 누각으로 보내주도록 부탁하였다. 을은 아들의 이상함을 의심하여, 아들을 누각 밖으로 손님을 배웅하도록 하고는 몰래 그 방을 살펴보았다. 여자가 있는 것을 발견하고는 그녀에게 그 연유를 물으니 (그녀는) 모두 다 이야기하였다. 관은 아직 침대 위에 있었다. 유을은 여인에게 탄식하며 말하길: '이는 기왕 저승에서 가장 감동을 주는 일인데, 어찌하여 좀 더 빨리 우리들에게 알리지 않았느냐?' 하고는 여자를 집안에 숨겨버렸다. 아들은 여자가 보이지 않자 너무도 놀라워하였다. 아버지가 이르기를: '이는 음양 간의 특별한 만남으로 천년 동안 있을 수 없는 일이다. 나에게 무슨 근심이 있는지 말 하거라?' 하고는 숨긴 것을 꾸짖었다. 그리하여 사람을 보내 정주에 가서 (이 일을) 모두 장과(張果)에게 알리도록 하였다. 인하여(이를 기화로) 결혼을 청하니, (여자의) 부모는 슬픔의 감정이 놀라움과 기쁨으로 바뀌었으며, 곧장 날을 정하고 결혼에 동의하였다. 마침내 아름다운 짝이 되어 후에 여러 자식을 낳았다.30)

---

30) 『太平廣記・卷330』「張果女」, pp.2618-2619. "開元中, 易州司馬張果女, 年十五, 病死. 不忍遠棄, 權瘞于東院閣下. 后轉鄭州長史, 以路遠須複送喪, 遂留. 俄有劉乙代之. 其子常止閣中, 日暮仍行門外, 見一女子, 容貌丰麗, 自外而來. 劉疑有相奔者, 卽前詣之, 欣然款浹. 同留共宿, 情態纏綿, 擧止閒婉. 劉愛惜甚至, 后暮輒來, 達曙方去. 經數月, 忽謂劉曰: 我前張司馬女, 不幸夭沒, 近殯此閣. 命當重活, 與君好合. 后三日, 君可見發, 徐候气息, 愼無橫見惊傷也. 指其所瘞處而去. 劉至期甚喜, 獨與左右一奴夜發, 深四五尺, 得一漆棺. 徐開視之, 女顔色鮮發, 肢体溫軟, 衣服汝梳, 無汗坏者. 擧置床上, 細細有鼻气. 少頃, 口中有氣, 灌以薄糜, 少少

위의 「張果女」 고사를 간단히 정리하면, “여인의 출현 ⇒ 몇 달 동안 지속된 동침 ⇒ 여인의 고백과 환생 예고 ⇒ 여인의 환생 ⇒ 남자 부모에게 들킴 ⇒ 여인의 부모에게 청혼 통지 ⇒ 행복하기”라는 모티브로 구성되어 있다. 비록 억울하게 죽었지만 환생하여 좋은 배필이 될 것이라는 여인의 고백 가)를 통해 환생과 행복하기가 실현된다. ‘환생과 행복하기’는 부활을 원하는 귀신에겐 가장 만족할만한 구체적인 체현이라고 할 수 있지만, 부활을 위한 모든 노력들이 성공하지는 않는다. 성공을 위해서는 불합리하지만 최소한 타당한 전제 조건이 따른다. 「徐玄方女」에서는 원래 수명이 80 이었음에도 억울하게 죽었다는 이유가, 「張果女」에서는 억울하게 병사했다는 이유가 전제된다. 이러한 부활 모티브는 후대 문학 작품 특히 소설 속에서 생사를 넘나드는 애정을 표현하는 수단으로 활용되었다. 그러나 환생을 시도하는 대부분의 귀신들은 여러 가지 이유로 실패하게 된다.

A) 한 대에 담생이라는 자가 있었는데, …(중략)…. 어느 날 밤 나이가 15-6세 가량 되는 한 여인이 나타났는데, 용모와 복식이 천하에 둘도 없었는데, 와서는 담생과 부부가 되었다. 그녀가 말하길: ‘저는 사람과 다르니, 불로 저를 비추지 마십시오, 3년 후에 비로소 비추어 볼 수

能咽, 至明復活, 漸能言語坐起. 數日, 始恐父母之知也, 因辭以習書, 不便出閣, 常使繼賚食詣閣中. 乙疑子有异, 因其在外送客, 竊視其房, 見女存焉. 問其所由, 悉具白, 棺木尙在床下, 乙与妻歔欷曰: 此旣冥期至感, 何不早相聞? 遂匿于堂中. 兒不見女, 甚惊. 父乃謂曰: 此旣申契殊會, 千載所無, 白我何傷乎? 而過爲隱蔽. 因遣使詣鄭州, 具以報果, 因請結婚. 父母哀感惊喜, 則剋日赴婚, 遂成嘉偶, 后産數子. (原缺出處. 明鈔本, 陳校本俱作出『廣异記』)”

있을 따름입니다.'하였다. 서로 부부가 되어 아들 하나를 낳았는데, 이미 2살이 되었다. 더 이상 참을 수가 없어, 밤에 그녀가 잠들기를 기다렸다가 몰래 그녀를 비추어 보았다. 그녀의 허리 아래로는 이미 살이 돋아나 사람과 같았으며, 허리 위는 단지 해골이었다. 부인이 깨어나 마침내 말하길; '그대는 저를 배신하셨어요! 저는 거의 부활할 수 있었는데, 어찌하여 일 년을 참지 못하고 결국 비추어 보았는지요?'하였다. 담생은 사죄를 하였다. (여인은) 울음을 그치지 못하며 '그대와는 비록 대의가 영원히 단절되었지만, 그러나 나의 아들을 생각하니, 가난하여 스스로 아이를 데리고 함께 생활할 수 없을 터, 잠시 저를 따라 가시면 그대에게 물건을 주겠습니다.' 하였다. 담생이 그녀를 따라 가니, 화려한 집으로 들어가는데, 기물은 모두 범상하지 않았으며, 그것을 남겨두고 가버렸다. (하략)….[31]

B) 진나라때 무도(武都) 태수인 이중문은 무도군에서 딸을 잃었다. 딸은 18세로 무도군의 성 북쪽에 임시로 매장을 하였다. 장세지가 대신 군(의 태수)이 되었다. 세지의 아들은 字가 자장이었는데, 나이는 20세로 관아에서 시종(벼슬아치)을 담당하였다. 꿈에 한 여인이 나타났는데, 나이는 대략 17-8세 정도였으며, 안색이 평범하지 않았다. 스스로 '전임 태수의 딸로 불행하게도 죽었는데, 지금 다시 살아날 수 있을 것입니다. 마음으로 그대를 좋아하여 서로 만나 인연을 이루기 위하여 이렇게 왔습니다.'라고 하였다. 이와 같기를 5-6일 밤, 홀연히 낮에 (여인이) 나타났는데, 의복과 향기로운 향기가 빼어났으며, 마침내 부부가 되었다.

---

31) 干寶 原著, 黃滌明 譯註, 『搜神記全譯』卷 19「談生妻鬼」, 454-455쪽. "漢談生者, 年四十, 無婦, 常感激讀「詩經」. 夜半, 有女子年可十五六, 姿顔服飾天下無雙, 來就生爲夫婦. 之(而)言曰; "我如人不同, 勿以火照我也. 三年之後, 方可照耳." 與爲夫婦, 生一兒, 已二歲. 不能忍, 夜伺其寢后, 盜照視之. 其腰已上, 生肉如人, 腰已下, 但有枯骨. 婦覺, 遂言曰; "君負我! 我垂生矣, 何不能忍一歲而竟相照也?" 生辭謝. 涕泣不可復止, 云; "與君雖大義永離, 然顧念我兒, 若貧不能自偕活者, 暫隨我去, 方遺君物." 生隨之去, 入華堂室宇, 器物不凡, 留之而去."

누워 짐을 자면 옷은 보두가 흙이 붙어 있었는데, 마치 처녀와 같았다. 나중에 중문이 하녀를 파견하여 그녀의 무덤을 살피게 하였는데, (세지의 집 앞을)지나가다, 세지 부인에게 문안을 여쭈려고 관아에 들어가던 중 한 켤레의 신발이 자장의 침대 아래에 있는 것을 발견하고는 신발을 취하여 목 놓아 울며 무덤을 파헤쳤다고 부르짖었다. (하녀가) 신발을 가지고 돌아와 이것을 중문에게 보여주자, 중문은 경악하며, 사람을 보내어 세지에게 묻길: '그대의 아들이 어떠한 연유로 죽은 딸아이의 신발을 가지고 있는가?'하였다. 세지가 (아들을) 불러 묻자 아들은 일의 자초지정을 갖추어 진술하니, 이중문과 장세지는 모두 괴이하다고 말하며, 관을 열고 살펴보니, 여자의 몸은 이미 살이 생겨나 안색은 옛날과 같았으며, 단지 오른발에만 신발이 신겨져 있었다. 자장의 꿈에 여인이 이르길: '나는 생명을 얻을 수 있었는데, 이제 (저의 무덤이) 파헤쳐졌으니, 지금 이후로는 결국 죽어 살이 문드러져 생명을 얻을 수 없게 되었습니다. 만가지 한스러운 마음 마땅히 어찌 말로 다 하겠는지요!" 하며 울며 떠나버렸다.[32)]

A)는 남자와의 동침 후 사람의 형체를 완성해 가지만, 3년이 되기 전에는 불로 비추지 말라는 그녀의 충고를 망각하고 단순한 호기심으로 약속을 어긴 담생에 의해 여자의 꿈은 물거품이 되고 만다. 즉, 반드시 지켜야 하는 금기를 지키지 않은 남자의 단순한

32) 『太平廣記・卷319』「張子長」, p.2524. "晉時, 武都太守李仲文, 在郡喪女. 年十八, 權假葬郡城北. 有張世之代爲郡, 世之男字子長, 年二十, 侍從在廨中. 夢一女, 年可十七八, 顏色不常. 自言前府君女, 不幸早亡, 會今當更生, 心相愛樂, 故來相見就. 如此五六夕, 忽然晝見, 衣服薰香殊絶, 遂爲夫妻. 寢息衣皆有洿, 如處女焉. 后仲文遣婢視女墓, 因過世之婦相問. 入廨中, 見此女一只履, 在子長床下, 取之啼泣, 呼言發冢. 持履歸, 此以示仲文. 仲文惊愕, 遣問世之: 君儿何由得亡女履也? 世之呼問, 儿具陳本末, 李張并謂可怪. 發棺視之, 女体已生肉, 顏姿如故, 唯右脚有履. 子長夢女曰: 我比得生, 今爲所發, 自爾之后, 遂死肉爛, 不得生矣. 万恨之心, 當夏何言? 泣涕而別.(出『法苑珠林』"

호기심이 환생을 가로막는 원인이 된 것이다. B)는 꿈에 나타난 여인이 자신의 신분을 밝히고 부활을 이야기하며 남자와 부부의 인연을 맺지만, 죽은 딸의 신발이 발견되는 것을 계기로 여자귀신의 가족들에 의해 무덤이 파헤쳐짐으로써 귀신의 부활은 물거품으로 변한다.

A)와 B)는 귀신 자신에 의한 환생 활동이 적극적이라는 점은 동일하지만, 환생이 실패하게 된 원인은 근본적인 차이를 두고 있다. A)는 남자에게 반드시 지켜줄 것을 당부한 금기의 설정을 당사자가 위반하는 내적인 요인에 의해 실패로 끝난다. 금기의 설정은 해서는 안 된다는 당위성과 함께 지켜지기 어려울 것이라는 복선을 내재하고 있다. 즉, 여인의 환생은 궁극적으로 실패할 것임이 전제된 것이다. 내적 요인에 의해 실패한 A)의 「談生妻鬼」 고사와 달리 B)는 외적 요인에 의해 실패한다. 순조롭게 진행되던 여인의 환생 활동은 여인의 신발에 얽힌 예기치 못한 오해로 인해 당사자와는 무관하게 여인의 부모에 의해 무덤이 파헤쳐짐으로써 실패하게 된다. 결국 귀신은 한을 품은 체 꿈에 나타나 "나는 생명을 얻을 수 있었는데, 이제 저의 무덤이 파헤쳐 졌으니, 지금 이후로 결국 죽어 살이 문드러져 생명을 얻을 수 없게 되었습니다. 만가지 한스러운 마음 마땅히 어찌 말로 다 하겠는지요(我比得生, 今爲所發, 自爾之后, 遂死肉爛, 不得生矣. 万恨之心, 當復何言?)"라고 하며, 환생하지 못한 천추의 한을 토로하고는 사라진다. 여인의 부모라고 하지만, 부모 역시 당사자가 아닌 제삼자이

자 외적 요인이며, 삼자의 개입에 의해 환생은 실패한다. 남녀의 애정이 당사자의 의지에 의해 해결되지 않고, 제삼자가 개입되는 것은 "정이란 어디서 일어나는지 알 수 없지만 한번 다가오면 깊어져, 산 사람을 죽일 수도 있고, 죽은 사람을 살릴 수도 있다."라는 남녀의 사랑 공식이 단서를 제공한다. 귀신에게 이미 마음을 준 당사자는 그녀가 귀신이라는 사실을 알고도 정에 이끌려 그녀를 어떻게 하지 못한다. 때문에 귀신을 제압할 줄 아는 능력을 소유한 제삼자는 귀신의 환생이라는 특정 목적을 저지할 뿐만 아니라, 근본적으로 인간과 귀신의 관계를 단절시킴으로써 음양의 경계를 분명히 하는 판관의 역할까지 수행한다. 이는 좋지 않은 일이나 사고로 죽은 사람은 그 영혼마저도 악하게 되기에 그의 시체는 같은 종족의 시체들과 함께 매장하지 않고 별도의 장소에 매장하였던 오래 옛날부터 전해오는 민간인들의 습속[33]이 관념화되어 원귀(冤鬼)에 대한 철저한 경계로 표현된 것이다.

원귀는 재앙을 초래하기에 위로를 통해 화근(禍根)을 해소시켜주던지 그렇지 않으면 원귀를 제거해야 한다는 관념이 중국인들의 사유체계 속에 상당히 깊게 자리 잡고 있는 듯하다. 즉, 억울하게 죽은 자식이나 지인(知人)의 영혼결혼은 상당히 적극적이었지만 인간으로 환생하려는 귀신의 어떠한 시도도 결코 묵인하거나 용서하지 않았기 때문이다. 소기의 목적을 달성하려는 귀신과 이를 막으려는 인간[34]의 갈등사이에 요절한 여자 귀신은 아름다움

33) 李仰松, 「談談仰韶文化的甕棺葬」, (『考古』 6期), 1976年.

과 공포의 면모를 동시에 지닌 존재였다. 귀신이 소망하는 목적을 달성하려고 할 때나 목적을 달성할 때는 천하의 미모를 드러내지만, 실패하거나 방해를 받으면 공포 그 자체로 변한다. 이러한 귀신의 형상은 당(唐)대나 송(宋)대 이후 지괴와 신괴류 소설에서 흔히 발견할 수 있으며, 그 원류는 성적 위로를 서사모식으로 한 인귀연 고사로부터 출발한다.

3. 나가는 말

인간은 인간 자체의 정신적 결핍으로 인해 결핍이 없는 꽉 찬 완전한 것을 요구하게 된다. 이러한 욕구를 바탕으로 반드시 모종의 사물이 없어지거나 존재하지 않는 것으로부터 이야기나 사건들이 시작된다. 만약에 사건들이 모두 원래 그대로라고 한다면 이야기는 전개되지 않는다. 손안에 있든지 아니면 손에 잡힐 듯한 사물이 눈앞에서 사라지는 순간 사람들은 아쉬워하며 안타까워하거나 심지어 고통스러워한다. 반면, 다시 손에 쥐게 되거나 눈앞에 나타날 때 흥분(감동)하게 된다. 욕망은 사람들이 어떠한 것을 완전히 점유하거나 소유하지 못한 상태로부터 야기된 것이며, 이러한 고사가 사람들에게 만족을 주는 원인의 하나인 것이다.

---

34) 송대 화본소설과 명·청대 의화본 및 문언소설에서 귀신의 요망한 짓거리나 환생을 저지하려는 제3자는 도술로 귀신을 제압할 수 있는 능력을 지닌 도사나 승려로 구체화 되며, 그와 귀신의 대결 구도로 전개되는 이야기는 반드시 인간의 승리로 귀결된다.

이런 점에서 부덕과 현명함을 지니지만 평범한 용모를 지닌 여인과 아름답지만 부덕을 지니고 못한 귀신은 완전한 것을 요구하는 인간의 기본 심리에 적합하지 않다. 귀신이 결코 인간에게 이롭지 못한 존재라는 인식으로부터 아름답지만 인간이 아니라는 이유로 배척의 대상이 된다.

시종일관 성적인 문제가 이야기의 중심인 『수신기』와 『태평광기』의 인귀연 고사에서 미녀 귀신과의 하룻밤 잠자리는 미인을 추구하는 남자들의 기본적인 욕구를 충족하는 측면이자, 성적 욕구 불만을 원한으로 품은 미녀귀신의 한풀이 차원이라는 점에서 쌍방의 욕구불만과 결핍이 해소되는 측면을 지닌다. 그러나 귀신은 귀신일 뿐 인간이 아니라는 이유로 쌍방의 비정상적인 동침에서 남자는 윤리적 도덕적인 지탄이나 비난을 받기는커녕 홀렸다는 동정까지 받는다. 때문에 남자에 대한 귀신의 특별한 해코지가 없음에도 불구하고 일탈된 행위의 당사자인 남자는 책임에서 자유롭지만, 여자귀신은 제거의 대상이 되었다. 같은 이유로 미모를 이용하여 남자를 유혹하고 잠자리를 통해 남자의 정기를 흡수함으로써 환생을 도모하는 그 어떤 귀신도 소기의 목적을 달성하지 못하고 실패한다. 결국 귀신은 귀신일 뿐 인간이 될 수 없다는 인간과 귀신의 명확한 구별을 바탕으로 한 인간 승리 문화의 표현인 것이다. 물론 권선징악(勸善懲惡)이라는 기본적인 정서에 의해 인간으로서의 정의를 실현하지 못하고 애욕에 집착하는 인간은 그에 상응하는 대가를 치루지만, 인간 승리의 기본적인 구도는 변함이 없다. 이러한 유형의 이야기들은 『수신기』나 『태평광기』 등에 수록된 민간고사 뿐만 아니라 당·송 이후 문언소설이나 송대 화본소설 중 연분(烟粉)[35] 및 청대의 『聊齋志異』에 이르기 까지 지속적으로 출현한다.[36] 인귀연이라는 기본적인 틀을 바탕으로 남자를 유혹하거나 남자의 정기를 탈취하여 인간으로 환생하려는 귀신(요괴 포함)과 이를 저지하려는 인간과의 대결구도는 사회적 가치관의 변화와 대중들의 심리적 수요에 따라 낭만적인 요소의 첨가와 더불어 생동감 넘치게 표현되어진다. 즉 여자귀신의 성적 위로가 주요 테마였던 초기 인귀연 고사들이 점차 여자귀신에 의한 남자의 성적 위로로 바뀌어 지면서 여자귀신의 형상 역시 성적 욕망을 추구하는 입장에서 남성들의 생리적 심리적 물질적 수요를 충족시켜주는 대상으로 바꾸어진다. 이에 대한 논의는 이후 다른 지면을 통해 살펴보고자 한다.

---

35) 胡士瑩 著, 『話本小說概論』, 中華書局, 1982년, 111쪽 참조. "人鬼幽期的故事. 如『京本通俗小說』中的「碾玉觀音」, 『古今小說』中的「楊思溫燕山逢故人」, 『警世通言』中的「錢舍人題詩燕子樓」, 「金明池吳清逢愛愛」."

36) 明대의 "三言 二拍"에는 7편의 인귀연 고사가 있으며, 청대 浦松齡의 소설인 『聊齋志異』에는 모두 17편의 인귀연 고사가 있으며, 특히 『聊齋志異』의 고사들은 이전의 인귀연 고사를 바탕으로 하지만, 귀신 자신의 성적 욕망 해소 차원이 아닌 몰락한 서생의 정신적 방황을 위로하는 차원에서 여자귀신과의 애정을 다루고 있다.(吳光正, 앞의 책, 283-289쪽 참조)

참고문헌

李惠芳 著,『中國民間文學』, 武漢大學出版社, 1996년

劉守華 著,『中國民間故事類型研究』, 華中師範大學出版社, 2002년

吳光正 著,『中國古代小說的原型與母題』, 社會科學文獻出版社, 2004년

萬晴川 著,『中國古代小說與方術文化』, 中國社會科學出版部, 2005년

張振軍 著,『傳統小說與中國文化』, 廣西師範大學出版部, 1996년

胡士榮 著,『話本小說概論』, 中華書局, 1982년

王國良 著,『搜神後記研究』, 文史哲出版社, 1978년

干寶 原著, 黃滌明 譯注,『搜神記 全譯』, 貴州人民出版社, 1996년

艾伯華(德) 著,『中國民間故事類型』, 商務印書館, 1999년

石奕龍 著,『中國民俗通志-喪葬志』, 山東教育出版社, 2005년

金長煥·朴在淵·李來宗 譯注,『太平廣記詳節』, 學古房, 2005년

조성을 옮김,『중국사상개론』, 이론과 실천, 1990년

하야시미나오 지음/ 이남규 옮김,『고대중국인이야기』, 도서출판 솔, 1998년

유달림/ 강영매(외) 옮김,『中國의 性文化』, 범우사, 200년

장인성/ 임대희 옮김,『중국역대陵寢제도』, 서경(출), 2005년

安炳國 譯註,『귀신설화집성』, 국학자료원, 2003

정재서「神話說話研究」, 서울대박사학위 논문, 1987년

嚴明,「文言小說人鬼戀故事基本模式的成因探索」·『文藝研究』, 2006년 제2기

라인정,「人鬼交媾說話 연구」·『語文研究』, 제24집, 1993년

중국 차문화

PART 02

염 숙

제3장 중국 차문화

제 3 장

중국 차문화

인류가 차를 마시기 시작한 것은 오랜 역사동안 질병을 치료하거나 예방하는 만병통치약적인 약의 효능이 있었기 때문이었다. 약 5,000년 전인 기원전 2,737년에 고대 중국의 신농(神農)씨가 초목의 식용과 약용을 알아내기 위해 하루에 100가지의 풀잎, 나뭇잎을 씹어보다가 독초를 맛보고 중독이 되자 차 잎을 씹었더니 그 독이 풀어져 그때부터 차를 마셨다고 한다. 당나라 육우가 쓴 『다경』에도 신농이 "차를 오래 마시면 뭇 사람으로 하여금 힘이 있게 하고 마음을 즐겁게 한다. (神農 食經 茶茗又服 人有稅志)"고 한 말이 있다. 이후 수나라 문제가 먹었더니 효험이 있어 많은 사람들이 다투어 차를 마시게 되었다. 이처럼 차는 중국에서 발원되어 중국의 유구한 역사와 문화 속에서 발전되어왔음을 살펴보고자 한다.

제1절 차문화 기원기

1. 삼황오제의 차문화

삼황오제 시대는 차문화의 기원기로 이 시대의 생활방식은 농경, 목축, 어로, 수렵, 채취 등이었다. 중국 고대인들은 삼황오제의 성인(聖人)들에 의해 문화를 소유하게 되었다고 믿었다. 특히 불의 사용은 식(食)문화를 비롯해 도자문화를 발전시켰다. 차의 기원에 관한 일원설에 의하면 삼황오제 시대는 중국에서 가장 먼저 차나무를 발견하고 재배하였으며, 차나무를 이용과 가공법들이 발전하며 차 마시는 풍습이 생겨났던 시기이다.

후한(後漢)시대 저술된 『신농본초경(神農本草經)』에는 "신농이 백여 가지 종류의 풀을 먹다가 어느 날 72가지 종류의 식물의 독(알카로이드)에 중독되었다. 신농은 주변에 있던 찻잎을 먹고 이들 독을 해독하였다.[1]"고 기록하고 있다. 또한 육우의 『다경』에서도 "차를 마실 것으로 사용한 것은 신농씨로부터 기원했다."고 기록되어 있으며,[2] 상고로부터 차인들을 소개하면서 삼황인 염제 신농씨를 첫머리에 언급하고 있다.[3]

『신농식경(神農食經)』에는 "차를 오래 마시는 사람은 힘이 있

---

1) 『神農本草經』 "神農嘗百草 一日遇七十二毒 得茶乃解"

2) 『茶經』 「六之飮」 "茶之爲飮 發乎神農氏."

3) 『茶經』 「七之事」 "三皇炎帝神農氏."

게 하고 마음을 즐겁게 한다.[4]"고 기록되어 있다. 이처럼 신농 때(기원전 2737년경) 차는 식약동원(食藥同源)으로 사용되었으며, 인체에 많은 효능을 미쳤음을 후대의 기록들을 통해 알 수 있다.

2. 하(夏)·상(商)·주(周) 시대의 차문화

중국 문명은 황하유역에서 일어나 하·상·주 시대를 거치면서 읍제(邑制)국가에서 고대국가의 형태를 띠면서 발전하게 된다. 하 왕조는 중국 최초의 국가 성립시기로 보고 있으며 그에 관한 문헌 기록[5]과 고고학적 연구[6]를 통해 밝혀지고 있다. 상 왕조는 하남성 안양현(安陽縣)의 소둔(小屯)촌 부근에 있는 고대 상(商)나라 왕조 도읍의 유적인 은허(殷墟)를 발굴함으로써 실재의 왕조로 확인되었다. 특히 상대의 문자는 한자의 기원이 되며, 상대의 문화를 이해하는 데 열쇠가 되고 있다.

상(商, 기원전 1711년 ~기원전 1066년)왕조는 농경사회로 운남 지역에 살고 있던 복족(茯族, 운남성 경계 내에 살고 있던 사람)들은 상왕(商王)에게 작은 개를 받쳤다는 기록이 있다. 이 기록을 통해서 보면 상대부터 운남 지역의 특산물이었던 차(茶) 또한 공납(貢納)했다는 것을 알 수 있다. 기원전 1115년 중국 최고(最古)의 사서

4) 『茶經』「七之事」"神農食經 茶茗久服 令人有力 悅志"

5) 사마천 『史記』,「夏本紀」,『孟子』 등

6) 현재 중국의 학자들간에는 하왕조의 문화는 하남 예서(豫西)지역의 용산문화 말기와 하남성 언사현 이리두(河南省 偃師縣 二里頭) 문화 초기로 보고 확실하게 인정하고 있다.

(史書)인 주공단(周公旦)의 『이아(爾雅)』, 「석초편(釋草篇)」에 "가(檟)는 쓴 도(苦荼)다.7)" 라고 기록하고 있다. 이는 가(檟)와 도(荼)의 글자가 차에 대한 이칭(異稱)임과 도(荼)의 글자가 고대 차에 대한 것을 알 수 있는 최초의 기록이다. 가(檟), 고(苦), 도(荼) 〔異見이 있으나 차(茶)의 뜻으로 해석하는 견해가 많다.〕 가 언급되어 있는데, 이를 근거로 보면 적어도 3,000여 년 전에 차가 있었다고 말할 수 있다.

주 무왕(周 武王)은 기원전 1066년에 남방 8개의 작은 나라를 거느리고 상(商)의 주왕(紂王)을 토벌하고 주 왕조를 세웠다. 동진(東晉) 상거(常璩)의 『화양국지(華陽國志)』 「파지(巴志)」에서 "주 무왕(周武王)이 주(紂)를 토벌하고, 파(巴. 사천성 동부를 말함) 촉〔蜀, 주대(周代)의 제후국으로 지금의 사천성 성도 일대에 있었음〕 의 군대를 전부 얻었고 ……. 물고기, 소금, 동, 철, 붉은 색의 옻칠, 차(茶), 꿀 등을 모두 조공품으로 받았다. 또한 인공재배 다원이 있어 차를 생산했다.8)" 라고 기록되어 있다. 또한 남안(南安, 사천성 낙산)과 무양(武陽, 사천성 팽산)에서 명다(名茶)가 생산된다고9) 기록되어 있다.

파촉지사(巴蜀之師)는 사천(四川), 운남(雲南), 귀주(貴州) 3개 성의 8개 소수민족들로 구성되어 있으며, 그 중 복족 사람들은

---

7) 『茶經』, 「一之源」, 「七之事」, "周公爾雅 檟苦荼"

8) 常璩, 『華陽國誌』,「巴志」"周武王伐紂 實得巴蜀之師 … 魚鹽銅鐵丹漆茶蜜靈龜. … 皆納貢之 … 園有芳蒻香茗"

9) 常璩, 『華陽國誌』, 「蜀志」, "南安武陽皆出名茶"

운남성 경계 내에 살고 있었다. 오늘날 운남성의 여러 민족 중 포랑족(布朗族), 합와족(哈瓦族), 덕앙족(德昻族)은 모두 복족인의 후예로 알려져 있다. 따라서 운남은 차의 고향으로 이미 3천여 년 전 상주(商周) 시대부터 운남의 복족 사람들이 차를 재배하고 생산하였음을 알 수 있다.

『시경』, 「빈풍(豳風), 칠월(七月)」에는 "씀바귀 캐고 가죽나무 땔감 베어[10]"라는 기록이 있다. 『시경』, 「邶, 谷風(골바람, 동풍)」에는 "차를 누가 쓰다고 했나. 그 맛은 냉이처럼 달다.[11]"라고 기록되어 있다. 사마천의 『사기(史記)』에는 "기원전 1066년 서주의 파촉(巴蜀, 지금의 중경, 성도부근)지방에서는 차의 재배가 행해졌다." 라고 기록되어 있다. 이를 통해 볼 때 상·주 시대에 차가 지배계층에서 이용되고 있음을 알 수 있다.

춘추전국시대는 정치적으로 혼란해지면서 주 왕실의 통제력은 크게 약화된 반면 제후간의 쟁탈전이 심화되었다. 변방의 제후들은 주변을 개간하는 등 자기발전을 꺼하는 패자(覇者)가 되어 영토국가로 발전하는 단계로 도입(導入)하고 있었다. 또한 강대국의 제후들을 중심으로 연합하면서 사상과 문화적으로는 전성기를 맞이하였다. 차를 마시는 일도 파촉 지방에서 황하 중하류지역인 제나라까지 전파되어 갔다. 이는 『다경』「칠지사」, 『안자춘추(晏子春秋)』에는 "안영이 제나라 경공의 재상으로 있을 때 식사

---

10) 『詩經』, 「豳風, 七月」, "채도신저(采荼薪樗)"
11) 『詩經』, 「邶, 谷風」, "誰謂荼苦 其甘如薺"

시 현미밥과 세 마리의 새 구이, 다섯 개의 알, 차 나물을 먹었다.[12]" 라는 기록을 통해 알 수 있다. 안영의 검약을 실천하는 모습을 그의 식단에서도 보여주고 있는데, 그는 갖옷 한 벌을 30년이나 입었으며, 견거(遣車)는 한 대였다고 한다.[13] 이처럼 여러 문헌들을 통해 하 · 상 · 주(夏 · 商 · 周) 시대의 차문화를 살펴볼 수 있다.

제2절 차문화 태동기

1. 진대의 차문화

하 · 상 · 주(夏 · 商 · 周) 시대를 거쳐 진대에는 차문화가 태동기를 맞이한다. 진은 기원전 381년에 사천분지에 있는 두 개의 반이적(半夷狄) 국가들을 합병하였다. 또한 전국시대의 정치적 혼란을 극복하고 시황제는 중국 최초의 통일제국인 진을 세웠다. 중국을 통일한 진은 효공(孝公) 이래 상앙 등 법가를 등용하여 여러 개혁을 단행하였다. 시황제는 강력한 이민 정책을 실시한 결과 진대의 변방지방 문화 〔파촉 지방의 차문화〕 와 중원지방 문화는 상호 교류하였다. 아울러 문자의 통일과 도량형의 통일, 교통 · 운

12) 『茶經』, 「七之事」, "晏子春秋 嬰相齊景公時 食脫粟之飯 炙三弋五卵 茗萊而已"
13) 『禮記』, 「檀弓下」, "晏子一狐裘三十年 遣車七乘 …"

수로의 확장 등 일련의 통일적 집권체제의 정책은 춘추전국시대의 분열적 요소를 제거하고, 중앙과 변방 문화를 융합시키는 계기를 마련하였다. 또한 지금의 베트남 북부의 월국(越國)을 속국으로 삼았으며, 대운하 건설은 동서간의 이동, 교류뿐만 아니라 남북간의 이동도 가능하게 하는 통로를 마련하였다. 그 결과 베트남에 차가 전파되었고, 위수[14] 유역의 생산력과 인구는 크게 증가하였다. 사천지방의 성도(成都) 평야에서도 진의 기술자들이 경이로운 수준의 관개 시설을 건설하였다. 이로 인해 사천지방의 차문화는 중원지방과 주변으로 전파되어 지역 간 교류가 활성화되었음을 짐작할 수 있다. 하지만 진나라는 문화적 다양성의 여지를 거의 허용하지 않은 중앙집권체제 제국이었다. 청나라 고염무(顧炎武) 『일지록(日知錄)』[15]에는 "진나라가 촉을 정복한 뒤에 비로소 차를 마시게 되었다.[16]"라고 기록되어 있다. 중국의 영어 명칭인 'China'

14) 중국 청해성(칭하이 성, 青海省)의 위수티베트족 자치주[玉樹藏族自治州] 동남부에 있는 현(縣)으로 1952년 위수티베트족 자치주가 세워졌다. 자치주와 현의 정부는 제구(結古)이며, 예부터 역로(驛路)가 지나던 곳으로 칭하이 성에서 쓰촨 성[四川省]과 시짱 자치구[西藏自治區 : 티베트]로 가는 교통요지이자 칭하이 남부, 쓰촨 서부, 시짱 동부에서 나는 물자의 집산지이다. 현청소재지 제구는 칭하이 남부에서 제일가는 종교 중심지이며 유적지로는 유명한 결고사(제구사, 結古寺)와 차라 불경을 티베트에 전해준 문성공주(文成公主) 사당이 있다.

15) 중국 청나라의 고염무가 지은 수필체의 소론류(小論類). 경학 · 정치 · 사학 · 도덕 · 언어학 · 풍속 · 천문 · 지리 따위의 15항목으로 분류하였으며, 고증의 정확함과 날카로운 통찰 · 비판으로 고증학의 근본으로 삼고 있다. 1695년에 간행되었다. 32권.

16) 金明培譯著, 『中國의 茶道』, 明文堂, 서울, 2001, 21쪽.

는 진나라의 이름에서 유래하였는데, 이는 중국이 2000년 이상 세계에서 가장 영속성 있는 정치 체제였음을 입증하는 대목이다.

2. 한대의 차문화

7년간의 초한전쟁(楚漢戰爭)은 유방의 승리로 한 제국을 세우고 경제 부흥에 힘써 상업을 장려하였다. 한의 최전성기를 이룬 무제(武帝, 기원전 141년~187년)는 대외적으로 흉노를 성공적으로 견제하였으며, 장건(張騫)을 서역으로 보내 동서교통로를 연 것은 대흉노관계의 부산물이었다. 동남쪽으로는 복건과 광동 지방을 영토화 하였으며, 북부 베트남을 정복하고, 쓰촨, 귀주(貴州, 구이저우) 지방과 또한 랴오둥과 한반도를 경략했다. 이 시기에 우리나라에도 차가 전래되었음을[17] 알 수 있다.

한 왕조에 들어오면서 차에 관한 직접적인 기록을 볼 수 있다. 서한(西漢) 선제(宣帝, 기원전 74년~기원전 49년) 때인 신작 3년(기원전 59년)에 명문장가인 왕포(王褒, 사천성 익주사람)가 어떤 과부로부터 전남편이 거느린 양혜(楊惠)라는 편료(便了, 차를 다루는 노비)를 1만 5천 냥에 사들이면서 『동약(僮約)』이라는 노비매매문서를 작성하였는데, 이 계약서에는 "무양(武陽)에 가서 차를 사오는 일과

17) 『青木正兒全集』8권, 東京, 春秋社, 262(1986), 金明培, 『한국 식문화 학회지』제1권, 56「한국 茶道의 구조적 특성」(1986) - 이 차는 아오끼(青木正兒, 1887~1964) 박사가 고구려 고분에서 전차로 발견해 가지고 있다고 한다. 『三國史記』제37권, 雜誌 제6, "三國有名未詳地方에 고구려의 지방이름 구다국(句茶國)"을 적고 있다.

손님이 오면 차를 달여서 대접하는 일과 차구를 깨끗이 씻을 의무가 있다.(武陽買茶 烹茶盡具)"[18]라고 편료의 할 일이 적혀 있다. 이처럼 무양 일대에는 이미 차가 상품화되어 시장이 형성되었으며 소비 중심지로 음다 풍습이 성행하였고 전문적인 다기를 사용하였다. 또한 차사(茶事)를 전담하는 노비가 있어 한대에 차가 문화의 형태로 나타났음을 알 수 있다. 또한 기원전 168년 서한(西漢)시대 마왕퇴(馬王堆, 기원전 180년～기원전 140년 사이의 묘) 1호와 3호[19]에서 차를 담은 상자의 것으로 보이는 죽간의 글씨가 새겨진 순장품이 출토되었음[20]을 통해 차문화가 고고학적으로 확인되고 있다.

『운남성차엽진출구공사지(雲南省茶葉進出口公司志)』를 보면 "기원전 109년에 한무제(漢武帝)는 상강(賞羌)을 진왕으로 봉하고 신왕에세 인징을 하사하였으며 진왕은 익주군(益州郡)을 설치하고 진지현을 다스렸다"고 기록하고 있다. 익주군은 지금의 운남으로 한나라 때 차의 재배와 생산 및 확산된 음차문화를 알 수 있는 자료이다. 삼국시대(三國時代, 3세기) 오진(吳晉)의 『오진본초(吳晉

---

18) 짱유화(姜育發),「茶文化와 儒敎」『율곡학회』, 2003, 9쪽.

19) 마왕퇴(馬王堆)는 1972년～1974년에 발굴된 중국 후난 성 창사 시에 있는 고고학적 유적지로 안장 모양의 두 개의 언덕에 서한의 무덤 3기가 포함되어 있다. 이들 무덤은 장사국의 대후, 그의 처와 아들의 것으로 추정되었다. 대부분의 유물은 후난 성 박물관에 전시되어 있다.

20) 첫 번째와 세 번째 무덤에서 나온 유물 가운데「고, 일사(一墟)」와「고사」라는 글이 새겨진 죽간(竹簡)과 목간(木簡)이 발견됐다. 고는 자(痂)의 다른 글자체로서 고사란 곧 차통(茶筒)으로 밝혀졌다.

本草)』에서 "고채(苦菜)는 일명 차(荼)라고 부르고 다른 하나는 선(選)이라고 부르며 또 하나는 유동(游冬)이라고 부르는데 익주군 골짜기와 산릉선에서 난다. 겨울에도 죽지 않으며 3월 3일에 따서 말린다."라고 기재되어 있는데, 오진이 말한 차(荼)자는 글자의 뜻에 따르면 곧 찻잎으로 운남에서 한(漢)나라 시기에 많은 차를 생산하였다는 것을 알 수 있다.

동한(東漢) 때 화타(華佗, ?~208)는 『식론(食論)』에서 "차를 오래 마시면 생각하는 일에 유익하다.[21]"고 말했다. 청나라의 유계장(劉繼莊)은 『광양잡기(廣陽雜記) 3권』의 『조후유사(趙后遺事)』라는 소설에서 "서한의 성제(재위 기원전 33년~서기 7년)가 붕어한 후 조비연(趙飛燕)은 꿈에 성제를 보았는데, 그의 분부에 따라서 차를 올리고자 하였으나, 좌우의 신하들이 조비연은 평소 황제에게 근신치 못하니 그가 올리는 차를 마셔서는 안 된다고 상주하여, 꿈속에서 비명을 지르다가 시자(侍者)의 도움으로 깨어났다.[22]"라고 이야기했는데, 이를 통해 차 마시는 풍습을 엿볼 수 있다. 『다경』「칠지사」에 인용된 사마상여『범장편(凡將篇)』에는 20여 가지의 여러 약재들을 소개하며, '천탁(荈詫)'은 차로 한(漢)나라 때에 약용의 관점에서 이용하였음을 알 수 있는 최초의 기록이다.[23] 양웅은 『방언(方言)』[24]에서 '설(蔎)'이라는 차의 이름을 소

21) 『茶經』, 「七之事」 "華佗 食論 苦茶久食 益意思"

22) 金明培譯著, 『中國의 茶道』, 明文堂, 서울, 2001, 22-23쪽

23) 『茶經』, 「七之事」, "司馬相如 凡將篇 烏喙 桔梗 芫華 款冬 貝母 木蘗 蔞芩草 芍藥 桂 漏蘆 蜚廉 雚菌 荈詫 白斂 白芷 菖蒲 芒硝 莞椒 茱萸"

개하고 문학적 관점에서 차를 기록하였다. 이를 통해 음다 풍속은 적어도 서한시대인 전한(前漢) 이전에 이미 음다문화로 정착했음을 알 수 있다. 또 양웅(揚雄)은 『방언(方言)』에서 "촉나라 사람들은 차를 가맹(葭萌)이라고 불렀다.(蜀人爲茶曰葭萌)"라고 말했다. 가맹이란 상거(常璩) 『화양국지』, 「파지」에 의하면 "진(秦) 말대(末代) 촉왕(蜀王)에게는 가맹(葭萌)이라는 남동생이 있었다. 봉호(封號)가 저후(苴候)였던 그가 살았던 성읍은 가맹(현재 廣元市 境內)이라 불렀으며, 이후 한대(漢代)에 이르러 가맹군(葭萌郡)이라 불렀다."고 기록하고 있다.

기원전 53년~기원전 50년 『사천통지(四川通誌)』에는 아주(雅州)의 몽산(蒙山)에서 생산되는 모든 차를 몽정차라 한다고 적혀 있다. 서기 25년~220년경 호거사(壺居士)의 『식기(食忌)』에는 "차를 상복하면 신선이 된다. 부추와 함께 마시면 살이 오른다.[25]"라고 기록되어 있다. 동한 시대의 허신(許愼)은 『설문해자(說文解子)』에서 "천(荈)은 명(茗)이고 도(荼)는 차의 싹(芽)이다."라고 기록하고 있다. 동군록(桐君錄)』에는 "서양(西陽), 무창(武昌), 진릉(晉陵)에서 모두 좋은 차가 난다. 파동(巴東)에서는 향이 좋은 차가 있다. 끓여 마시면 졸음을 없앤다.[26]"고 기록되어 있는데, 여기에서 진릉은 상주(常州)를 의미한다. 위 기록을 통해 장강 하류 의흥(宜興)에

---

24) 『茶經』, 「七之事」, "揚雄方言 蜀西南人 謂茶曰蔎"

25) 『茶經』, 「七之事」, "壺居士『食忌』苦茶久食 羽化 與韭同食 令人體重"

26) 『桐君錄』, "西陽武昌晉陵 皆出好茗 巴東別有眞香茗 煎飮令人不眠"

서 차가 났음을 알 수 있고, 한나라 때 이르러 차 마시는 풍습이 이미 시작되었음을 알 수 있다. 이는 동한시대에 생활권이 황하유역에서 양자강 중류로 옮겨지면서 파촉 지방의 차 문화가 양자강 중류와 화중지방으로 옮겨가게 되었음을 알 수 있다.

또한 한 왕조 시대에 유교를 국교화했으며, 중국 문화가 유교적 전통으로 확립된 시기이다. 이 시대의 문인들은 학문을 논하고 사상적 의미를 부여하면서 차를 생활화함으로서 중국 최초로 차가 문화적·사회적 기능의 의미를 갖게 되었다.

제3절 차문화 형성기

1. 삼국시대의 차문화

3세기 초 통일 제국이었던 한 제국은 내부 분열과 북방 민족의 침입으로 붕괴된다. 이후 신흥 세력으로 호족의 지지를 받은 조조(曹操)의 뒤를 이은 조비(曹丕)는 위(魏)를 세우고, 유비(劉備)는 사천성 성도에 촉을 세우고, 손권(孫權)은 오나라를 세운다. 삼국시대는 한족(漢族)의 세력이 주변으로 뻗어 나감과 동시에 북방의 민족들이 중국내에 들어와 활발히 활동함으로 이민족의 중국화가 이루어진 시기이다.

육우의 『다경』 「칠지사」 중 부손(傅巽)의 「칠회(七誨)」에서 '남중의 차 씨'를 언급한 것에서 찾을 수 있다. 남중은 사천성 대도하

(大渡河) 이남과 운남, 귀주 두 성에 상당한다. 이는 삼국시대에 들어오면서 파촉지방의 차가 장강의 상류에서 하류로 동점(東漸)하고 있음을 알 수 있다.[27)]

221년경 나관중은 『삼국지연의』, 「도원결의(桃園結義)」 편에서 촉(蜀)의 유비가 어머니를 위해 비싼 차를 사는 부분과 황건적에게 차와 보검을 빼앗기는 부분을 묘사하였다. 삼국지의 내용 중에서도 효성이 지극한 유비는 어머니에게 차를 사드리고자 2년간 자리와 발을 짜서 꼬박 모았지만 차 한통을 사기 어려웠다는 내용이 있듯이, 차는 매우 귀한 물건으로서 주로 황족이나 귀족의 전유물로 이용되었다.

1988년 12월 26일 운남일보를 보면 운남의 「다사(茶事)」라는 글 가운데는 "공명(孔明) 다산(茶山)은 삼국시대에 제갈공명이 맹해 남유산을 지날 때 병사들이 풍토가 맞지 않아서 눈병이 났었는데 제갈공명이 지팡이를 산위에 꽂았더니 즉시 차나무로 변하여 잎이 자라났으며, 사병들은 잎차를 따서 끓여 마시고 병이 나았다. 이 후 남유산을 공명산이라고 불렀다고 진해진다. 또 보이현의 동남쪽에 무영수산(無影樹山)이 있었고 그 망지산은 공명이 화살을 두는 곳이었으며 산에는 제풍태가 있고 산위에 큰 차나무가 있는 것은 무후가 종자를 선사한 것이어서 이민족들은 제사 지낸다고 말하고 있다. 운남의 6대 다산의 하나인 유락산(攸樂山)도 공명산이라고 부르고 있으며 주민들은 매년 음력 7월23일에 공명

27) 치우지핑 저, 김봉건 역 『다경도설』, 이른아침, 2005, 254쪽.

의 탄생을 기념하기 위하여 공명등(孔明燈)을 걸어놓은 행사를 거행하는데 다조회(茶祖會)라고 부른다고 전해지고 있다"고 기재되어 있다. 이후, 차의 재배는 점차 보편화되기 시작하였고, 양자강 이남의 강남지방과 변방국가로 확대되어 나갔다.

삼국시대 위나라의 『잡자(雜子)』에는 "천(荈)은 명(茗)의 다른 이름이다.[28]"라고 차에 관한 기록이 있다. 230년 전후 위(魏)나라 장읍이 지은 『광아(廣雅)』에는 "형주와 파주에서는 찻잎을 따서 떡 모양의 덩이차를 만든다. 경화된 잎은 쌀죽을 섞어 병차(餠茶, 떡차)를 만든다. 차를 마시고자 할 때는 먼저 붉게 구워서 가루를 내고 자기그릇에 담아 끓는 물을 붓는다. 그리고 파, 생강, 귤 등을 함께 끓여 먹는다. 그것을 마시면 술이 깨고 잠이 오지 않게 한다.[29]"라고 기록되어 있다. 이는 최초의 제다법과 음다법에 대한 기록이다. 사천일대에서 병차를 만들었는데 경화된 잎의 경우 쌀죽을 섞어 만들었다. 또한 자기 그릇(도자기)을 사용하였고 당시의 음다문화는 덩이차인 병차를 가루 내어 끓여 마시기도 하고 또 다른 방법으로 파, 생강, 귤 등을 함께 끓여 마시기도 하였다. 차의 효능도알 고 있었음을 알 수 있다. 266년~269년경 육우 『다경』「칠지사」에 인용된 『오지(吳志)』「위요전(韋曜傳)」[30] 의 기록

28) 『잡자(雜子)』"荈 茗之別名也".

29) 『茶經』, "廣雅云 荊巴間採葉作餠 葉老者 餠成以米膏出之 欲煮茗飮 先炙令赤色 搗末置瓷器中 以湯澆覆之 用葱薑橘子芼之 其飮醒酒 令人不眠"

30) 『茶經』, 「七之事」"吳志 韋曜傳 孫皓每饗宴 坐席無不率以七升爲限 雖不盡入口 皆澆灌取盡 曜飮酒不過二升皓初禮異 密賜茶荈以代酒"

에서 볼 수 있듯이 오나라 황실에서는 이미 차를 음용하고 있었음을 알 수 있다. 이는 '荼荈'이란 글자를 사용하고 있으며, 황실에서 차생활을 하고, 향연 때도 차가 등장하였음을 알 수 있다.

2. 양진남북조시대의 차문화

양진남북조시대는 중국 차문화의 형성기라고 말할 수 있으며, 문벌귀족 시대이었다. 이 시기에 북조의 이민족과 남조의 한족들의 대결은 민족과 문화의 대립과 갈등을 보였다. 하지만 5호(五胡)의 적극적인 한화정책과 한족들의 이민족 문화의 자극으로 남북조는 문화 전반에 새로운 계기를 마련하게 되었다. 북조의 문화는 이민족의 문화와 한족의 문화가 융합되어 새롭고 소박한 양상을 띤 반면 남조의 문화는 우아하고 자유분방하였다. 적극적인 불교수용[31]과 도교와 청담사상이 유행[32]하여 차문화에 지대한 영향을 주었으며, 중국의 사상을 다양화와 심화시키는데 공헌하여 학문과 예술과 문화 발전에 이바지하였다. 양진남북조시대의 차문화를 육우(陸羽, 733년~804년) 『다경』「칠지사」편에 서술된 차에 대한 기록을 통해 살펴보고자 한다.

31) 달마대사는 인도에서 중국에 선종(禪宗)을 소개하였으며, 고구려와 백제에도 이때 불교를 전파한다.

32) 유교의 엄격함과 무미건조한 훈고학에 대한 염증과 사회적 불안감은 당시의 지식인들에게 현실도피와 허무주의를 갖게 하였다.

1) 양진시대의 차문화

(1) 서진(西晉)의 차문화

서진(265년~317년) 시대는 진(晉)나라의 초기시대로 진의 설립(265년)으로부터 이민족의 침입으로 수도였던 뤄양과 장안이 함락(317년)되기 전까지의 시기를 일컫는다. 서진 시기의 차문화는 육우의 『다경』「칠지사」에 인용된 차에 관한 이야기를 통해 그 의미를 파악할 수 있다.

부함(傅咸)의 『사예교(司隷教, 290년~294년경)』에서 낙양 시장에서 일어난 일들을 모은 것으로 사천의 노파가 차죽을 만들어 파는데 관리들이 와서 다구들을 부수자 다음엔 병차를 만들어 팔았더니 차를 팔게 했다. 같은 차 제품을 팔았는데도 마실 차〔茶粥〕는 못 팔게 하고 병차는 팔게 하는 것을 보고 부함이 이를 이상히 여겨 물었던 내용을 기록하고 있다. 이는 당시 사회에서의 차에 대한 인식의 정도를 반영한 것이다.

차 끓이는 것을 노래한 시 중 가장 일찍 지어진 것으로 좌사(左思)의 「교녀시(嬌女詩, 265년~300년경)」, 장맹양(張孟陽)의 「등성도루(登成都樓, 280년~289년경)」에서 "향기로운 차는 육정(六情)의 으뜸이요 넘치는 맛은 구주에 퍼지네." 라는 차에 대한 찬양 시, 홍군거(弘君擧)의 『식격(食檄)』은 다회(茶會) 때 좋은 차인 말발이 있는 가루차 석 잔을 내어 마신 후 다른 식물들을 낸다고 상황을 묘사하고 있다. 풍찬노숙(風餐露宿) 중에서 마신 한 잔의 차는 무상의 즐거움(無想之樂)이었다는 내용이 포함되어 있는 『진사왕기사(晉四王起事, 290년~06년)』, 고대부터 4세기 중반까지 파촉과 운남(일부)의 차문화 뿐만 아니라 역사와 풍습을 기록한 지방지로 촉나라 역사에 관해선 진수의 정사에 버금가는 신뢰성을 갖고 있는 사서(史書)인 상거(常璩)의 『화양국지(華陽國志, 317년경 이전)』 등이다.

서진의 차문화를 느낄 수 있는 작품으로 두육(杜育, ?~311)의 『천부(荈賦)』가 있다. 이것은 '부(賦)'의 형식을 띤 차의 노래로는 최초의 작품이다.

> "신령스러운 산은 유독 큰 산이라
> 기이한 것들이 다 모였다네.
> 그곳에서 자라는 찻잎은 골짜기마다 가득하다네.
> 풍성한 땅에서 양분을 먹고
> 하늘에서 내리는 감로를 마신다네.
> 초가을 농사 일 한가로울 때
> 짝을 짓고 무리 지어 차를 따러 가네.
> 물은 민강의 것으로 그 맑게 흐르는 물을 뜬다네.
> 그릇은 陶器로 택하는데 동쪽모퉁이에서 나오는 것이라네.[33]
> 바가지를 취하는 것은 공유[34]가 취하던 방식이라네.
> 첫 탕을 이루니 거품이 피어 떠오르네.

---

33) 이는 월주요로 육우도 『茶經』, 「四之器」에서 "晉杜毓 『荈賦』所謂 器擇陶簡 出自東隅 甌越也"라고 두육의 『천부』를 소개하며 월주요가 상품임을 입증하고 있다.

34) 공유(公劉)는 주나라 부족의 후직의 증손으로 향연 때 표주박으로 술잔을 삼은 '작지이포(酌之以匏)'의 음주방식을 후대에 전했다.

빛나기는 흰 눈이 쌓인 것 같고
환하기는 봄빛 같다네.[35)]”

이처럼 서진시대에 차를 소재로 한 문학작품뿐만 아니라 차에 대한 인식이 신체적 건강과 함께 정신적인 즐거움을 주고 있음을 알 수 있다.

⑵ 동진(東晋)의 차문화

동진(317년~420년)시대는 진나라 후반기에 해당하는 왕조로 6조(六朝) 가운데 하나로 그들의 차문화를 살펴보면, 오직 참된 차(眞茶)를 얻어 박절한 번민의 심정을 풀려는 마음을 절실하게 표현한 유곤(劉琨)의 「여형자남연주자사연서(與兄子南兗州刺史演書, 318년경)」, 오흥 태수 육납(陸納)의 청조절속(淸操絶俗)한 삶을 지향하는 모습과 진대인들의 풍아(風雅)를 보여준 내용이 담겨 있는 『진중흥서(晉中興書, 330년~385년경)』이다. 온화한 성품의 환온은 잔치 때마다 차와 과일을 냈다는 『진서(晉書)』[36)]의 기록이 있다.

생전에 차를 즐겼고 사후에도 집에 와서 생전에 즐겼던 하후개(夏候愷)에 관한 내용의 『수신기(搜神記)』, “일찍 딴 것을 차(茶)라 부르고, 늦게 딴 것을 명(茗)이나 천(荈)이라 한다. 촉 사람들은

35) 두육(杜毓), 『천부(荈賦)』 “靈山惟岳 奇産所鍾 厥生荈草 彌谷披崗 承豊壤之滋潤 受甘靈之霄降 月惟初秋 農功小休 偶結同旅 是采是求 水則岷方之注 挹彼淸流 器擇陶簡 出自東隅 酌之以匏 取式公劉 惟玆初成 沫沈華浮 煥如積雪 曄若春敷”

36) 『진서』는 유일하게 황제가 친히 편찬한 편장을 가진 정사(正史)로 후세에 관방에서 역사서를 제작하는 모범을 수립했다.

고차(苦茶)라고 한다.[37]" 라고 기록되어 있으며 고대 차에 대한 명칭들을 茶, 茗, 荈, 苦茶라 하여 차를 따는 시기별로 구분하여 차의 명칭들을 밝히고 있는 곽박(郭璞)의 『이아주(爾雅注)』, 집안의 고총에 차를 올리고 보답을 받은 내용으로 동진 말 유경숙(劉敬叔)이 지은 『이원(異苑)』이다.

현실 사회에서 차의 덕을 노래하며 차문화의 기여를 나타내고자 한 『광릉기로전(廣陵耆老傳)』, 한말부터 동진에 이르는 동안의 풍류에 관한 일들을 기술한 것으로 임첨(任瞻)이 차에 관해 묻는 내용의 『세설(世說)』, 선사(禪寺)에서 수행 음료였음을 알 수 있는 『진서』의 「예술전」, 우홍이 단구자를 만나 단구자의 묘 앞에 차를 올린 후 많은 야생차를 땄다는 내용의 왕부(王浮) 『신이기(神異記)』 등이 있다.

동진시대에서 나타난 문헌들의 내용도 문인들의 청조절속(淸操絶俗)한 삶을 차로 나타냈으며, 제례의식과 선승들의 수도의 음료로 사용하고 있음을 알 수 있다.

2) 남북조시대의 차문화

주변 이민족들로부터 새롭고 풍부한 문명을 받아들여 융합시키면서 이를 바탕으로 중국문화의 전성기였던 한(漢)보다도 더 빛나는 문화제국을 준비하는 시기였다.

---

37) 『茶經』, 「七之事」 "郭璞 『爾雅注』云 樹小似梔子 冬生 葉可煮羹飮 今呼早取爲茶 晩取爲茗 或一曰荈 蜀人名之苦茶"

남북조시대 선종과 함께 차는 수행의 음료요, 정신 음료로 차 문화의 위치를 알 수 있는 석도열(釋道悅)의 『속명승전(續名僧傳)』, 차로 부를 축적하고 이로 인해 사회병폐 야기되어 나라의 체면을 손상시킨다고 기록한 『강씨가전(江氏家傳)』, 당시 천(荈)은 늦게 딴 차가 아니라 차의 이명으로 사용되었음을 알 수 있는 산겸지(山謙之)의 『오흥기(吳興記)』이다. 남조의 사실(史實)을 기록한 것으로 담제도인이 신안왕 유자란과 예장왕 유자상두 왕자에게 최상의 특별한 차를 대접하였다고 기록한 『송록(宋錄, 454년~493년경)』, 시를 통해 차로 시름을 달래려는 뜻을 표현하고 있는 왕미(王微, 415년~443년)는 「잡시(雜詩)」이다. 여기서 '가(檟)'는 차의 고칭(古稱)이며 이칭(異稱)으로 사용하고 있음을 알 수 있다.

현재 내용이 전해지지 않고 있으나 포조매영휘저(鮑照妹令暉著) 「향명부(香茗賦, 424년~464년경)」, 차의 검소한 성품을 반영한 지도자의 삶의 모습을 엿 볼 수 있으며, 제례 시 차를 올렸다는 현존하는 기록 중 가장 오래된 남제세조무황제유조(南齊世祖武皇帝遺詔, 493년) 「무제본기(武帝本紀)」이다. 양(梁)나라 유효작(劉孝綽)의『사진안왕향미등계(謝晉安王餉米等啓)』에서는 명동식찬(茗同食粲)으로 차도 밥과 같이 매우 중요하다고 말하고 있고, 도홍경(陶弘景)의 『잡록(雜錄)』은 신체적인 측면과 정신적인 측면에서 차의 이로움을 말하고 있다.

『후위록(後魏錄)』에서 왕숙은 "차는 우유의 종이 되는 것을 견디지 못한다(茗不堪與酪爲奴)"고 대답함으로 차가 지닌 정신세계를 엿볼 수 있는 부분이며, 『동군록(桐君錄, 401년~500년경)』에는 가루차를 마시는 풍속과 차의 효험 등을 기록하고 있다. 이상에서 살펴보았듯이 양진남북조시대는 차가 단지 마시는 음료만이 아닌 정신문화로서 자리잡아가고 있음을 알 수 있다.

제4절 차문화 발전기

1. 수대의 차문화

한말에서 양진남북조까지 약 4세기의 혼란한 시기를 북주의 외척인 양견(楊堅)이 수 왕조를 세우면서 막을 내린다. 수(隋, 581년~618년) 왕조는 비록 짧은 역사를 가지고 있으나 경제 · 문화에 있어서는 새로운 시대를 열었다. 수의 건국은 양진남북조시대에 일어났던 북방의 이민족과 남방의 한족 간의 사회 · 문화 교류로 동질화현상을 촉진시켰다. 또한 내몽골을 복속시키고 수마트라의 조공을 받았으며, 수양제의 화북과 화중을 연결하는 대운하건설 등은 동서뿐만 아니라 남북 교류와 주변국과의 교류를 촉진시켰다. 중국을 재통일시킨 수문제는 양진남북조시대 동안 오랜 전란을 겪고 있을 때 심한 두통을 앓았다. 꿈속에서 한 노파의 지시대로 차를 마셔 효험을 보았는데, 이로부터 천하의 모든 사람들이 차 마시기를 즐기게 되었다는 기록이 있다.[38] 수양제에 의해 주요 5대 강의 하류를 남북으로 연결하는 대운하를 개통하여 강남(화중)의 음다 풍습이 화북의 문화에 영향을 미치게 되었으며 동서 간 차문화의 교류에서 남북 간 차문화 교류로 확대되었다.

당 이전의 차문화는 단편적이고 대중적이지 못했지만, 수문제의 두통과 관련하여 차가 약용으로 사용되면서 차 마시는 습관이 대중 음다문화로 정착하고 있었다.

2. 당나라의 차문화

수양제의 암살이후 잠시 군소국가로 분열된 중국은 태원(타이위안, 太原) 지방에서 북주의 군벌 이연(李淵, 당 고조)이 그의 차남 이세민(李世民, 태종)의 도움으로 당 왕조를 건국했다. 당 태종은 대내적으로 여러 제도를 정착시키고 대외적으로도 대제국의 위모를 과시했다. 이는 정관의 치(貞觀之治)로 중국 전제군주정치의 모범이 되고 있다. 당나라는 차문화사에 있어 발전기로 수·당을 잇는 통일왕조가 형성되고, 운하를 통한 활발한 남북교류가 이루어지면서 차에 대한 인식도 변화되기 시작하였다. 오랫동안 남쪽 지역에 치우쳐 있던 차문화는 중국 전역으로 확산되었고, 이는 통일국가의 문화융합이라는 관점에서 중요한 의미를 지닌다고 말할 수 있다.

---

38) 『東茶頌』 草衣意恂, "開皇傳醫腦異事" 독일 브레트슈나이데르(Bretschneider)는 모문석(毛文錫)의 『다보(茶譜)』에 수록되었다는 開皇傳醫腦異事를 그의 논문 「*Botaniconsinicum*」에 음다기원의 고증 자료로 인용하고 있다.

7세기경부터 차를 재배하는 지역이 사천지역에서 강남, 호북, 절강 등으로 확산되었고, 과세품목으로 차는 기호음료로 자리 잡게 되었다. 특히 경제 발전으로 외국과의 교류가 빈번해진 시기에 다성(茶聖)으로 불린 육우(陸羽, 733년~804년)가 최초의 차문화 서적인 『다경』을 저술하였다. 그에 의하면 차는 정행검덕(精行儉德) 정신을 기르고 정신수양을 하는 중요한 수단으로 간주되었다.

또한 중국에 불교가 유입되고 융성하면서 차는 불교와 연계되어 불교의 이미지를 함유하게 되었고, 대중적 문화행위로 보편화되었으며, 음용위주의 차로 변화하기 시작하였다. 이후 차 마시는 행위는 고도의 문화행위로 발전하였다. 당 중엽 이후 양자강 중하류 다원은 차 생산량이 크게 증가하였으며, 차 제조 기술도 최고의 수준에 도달하였다.

호주의 자순차(紫筍茶)과 상주의 양선차(陽羨茶)는 진상품이 되었으며, 당대 후기 사천지역은 물론이고 강남 지역에 차만을 재배하는 전업(專業) 농가가 많았음을 다음 기록을 통해 알 수 있다. "강남 백성들의 생업 중에 차를 심는 것을 업으로 하는 이가 많았다.[39]" "기문현 … … 산이 많고 밭은 적다. 물이 맑고 땅이 비옥하다. 산에는 또한 차를 심어서 높고 낮건 산에 땅이 없을 정도이다. 천리 내에 차를 업으로 하는 이가 7~8할이다.[40]" 이처

39) 『全唐文』卷967, 園戶盜賣私茶奏, "江南百姓營生茶以種茶爲業"

40) 『全唐文』卷802, 祁門縣新修閶門溪記, "祁門縣 … … 山多而田小 水淸而地沃 山且植茗 高下無遺土 千里之內 業於茶者七八矣"

럼 차는 대단위로 재배되었으며 상품으로 개발되었고 전업적인 경영형태로 변화되었다. 이러한 시대적 상황에서 음다문화는 일반화되어 갔다. 『구당서(舊唐書)』「이옥전(李玉傳)」에는 "차는 쌀이나 소금과 같이 일상적인 음식물이 되었다. 어느 곳을 가도 차 마시는 풍습을 볼 수 있다. 또 차는 쌀이나 소금과 달리 피로를 없애고 질병을 치료하는 효과가 있어 매우 중요한 음식이 되었다. 특히 민간에서 자주 마시고 있다.[41)]"라고 기록하고 있다.

양화(楊華)의 『膳夫經手錄(선부경수록)』에는 "개원(開元, 713년~741년) 천보(天寶, 742년~756년) 사이에 점차 차가 있었다. 지덕(至德, 756년~757년) 대력(大曆, 766년~779년)에 드디어 많아졌고 건중(建中, 780년~783년 · 덕종)이후 성행하였다. 오늘날 관서(關西), 산동(山東), 여염(閭閻) 마을이 모두 차를 마신다. 여러 날 음식을 먹지 못하는 것은 괜찮으나 하루라도 차가 없으면 안 된다.[42)]"라고 기록되어 있다. 이처럼 당 왕조는 중국 역사에서 차뿐만 아니라 전반적인 면에서 발전하는 시기였다.

1) 당대 차문화 발전 요인

첫째, 경제 안정과 교통의 발달요인을 들 수 있다. 당대의 산업 발달은 상업의 발달을 촉진시켜 풍부한 강남 물자가 운하를 통해 화북으로 운송되고 장강 유역의 많은 상업도시가 발달하였다. 당

---

41) 『舊唐書』, 「李玉傳」 "茶爲飮物 無異米鹽 於人所資 遠近同俗 旣袪竭乏 難舍斯須 田閭之間 嗜好尤甚"

42) 楊華, 『膳夫經手錄』, "至開元天寶之間 稍稍有茶, 至德大曆遂茶 建中已後盛矣."

시 수도 장안은 인구 100여만의 국제도시로서 많은 외국 유학생과 상인, 승려, 여행자 등이 모여들었으며, 이는 양진남북조시대의 남북융합에 이은 동서세계 문화의 융합이었다.

당의 국제무역은 국내 산업의 발달과 대외발전에 힘입어 활기를 띠었으며, 당은 세계제국이라 칭하기에 충분한 영토 및 세력을 확장하였다.[43] 흉노정벌에 의한 비단길 확보는 서역〔서방〕과의 각종 교류 확대를 가져왔다. 수양제가 건설한 운하는 남북 무역량의 증가와 문화의 교류에 결정적 역할을 하였으며, 특히 항주는 중국 남방의 차 집산지로 발전하였고,[44] 남방의 음다문화는 차가 생산되지 않는 북방으로 전파되었다.

봉연(封演)의 『봉씨문견기(封氏聞見記)』에는 "차는 강회지역[45]에서 운송되었다. 많은 종류의 차는 산적(山積)되어 배나 수레로 운송되었다.[46]"라고 기록되어 있다. 이러한 교통의 발달은 중국 전역으로 차 문화가 확산되는 계기가 되었으며, 이는 수・당을

---

43) 당나라는 돌궐을 복속시켜 위구르를 지배하에 두었으며, 투르크족과 탕구트족(西夏)을 복속, 토번(土蕃), 고창국(高昌國)을 멸하므로 동서무역로를 확보하게 되었고, 동서간의 문화교류를 촉진하였다. 남으로는 참파(Champa, 고대 인도차이나 왕국으로 2~17세기에 존속)와 진랍의 조공을 받았고, 인도네시아 지방의 수리비자야왕조와 교통을 열어 불교, 미술 등 인도계통의 학문과 지식을 접했으며, 동으로는 신라를 원조하여 백제와 고구려를 멸망시켰다. 당과 교류한 일본은 당 문물을 수입하였고, 그 기초 위에 다이카 개신을 단행함으로써 고대국가로 발돋움하게 되었다. 민석홍. 나종일. 윤세철『세계문화사』서울대학교출판부, 117쪽.

44) 王旭烽, 『茶的滋味』, 未來書城, 2004, 183쪽.

45) 장강과 회하유역.

46) 封演, 『封氏聞見記』, "其茶自江淮爾來 丹車相繼 所在山積 色額頗多"

통한 중국문화의 융합이라는 의미를 가지고 있었다.

둘째, 불교 선승(禪僧) 및 도교의 역할로 불교는 한대(漢代)에 중국에 수입되어 수·당을 거치면서 흥성하였다. 그 가운데 선종(禪宗)의 흥왕(興旺)은 차문화가 대중화되는데 많은 영향을 끼쳤다. 불교와 차의 결합은 중국 불교와 중국 차문화의 결합과 융합이라는 특징을 창출하였다. 이때에 선승(禪僧)들의 생활과 활동에 따라 차에 대한 효능이 점차 확산되기 시작하였다. 승려들의 수행과 사원 운영의 필요에 따라 사원에서도 차의 재배와 제조에 관심을 가지게 되었으며, 명산(名山)에 명찰(名刹)이 있고 명찰(名刹)에 명차(名茶)가 있는 상호보완관계를 형성하였다. 승려들의 음다풍습은 민간인들에게 전파되었으며, 사원의 경제 상황은 조정의 경제나 세속 지주의 경제를 압도할 정도로 성장하였다. 이를 바탕으로 차문화는 불교의 여러 의식 속에서 예술로 승화되었다.[47]

불교에서 음다문화가 발달할 수 있었던 요인으로는 수행 뿐만 아니라 승려들의 식사 계율도 들 수 있다. 당시 출가승들은 채식중심(菜食中心)인 식사를 매일 두 끼씩 하였다. 두 끼 식사 이외의 간식은 '비시식계(非時食戒)'에 어긋나는 것이라 계율을 어기지 않으면서 부족한 식사량을 보충하는 간식[48]이 필요했다. 음다 풍

---

47) 王玲, 『中國茶文化』, 中國書店, 1995, 36쪽.

48) 이 간식은 '약석(藥石)'으로 차를 마실 때 함께 먹는 식품류를 '다약(茶藥)'이라 불렀다.

습은 계율을 어기지 않고 음식물을 보충하기 위한 하나의 방편이었다.[49] 또한 의식행사가 발달한 불교에서 차는 의식에 많이 사용되었다. 차를 마시는 것은 본래 중국 토속적인 것이었지만, 불교와 연계되면서 불교가 가지는 이미지를 함유하게 되었다. 이후 차가 하나의 문화로 자리 잡는데 불교는 결정적인 요인으로 작용하게 되었다. 불교, 특히 선종의 발전과 차 문화의 발전은 밀접한 연관성을 가지고 있었으며, 불교가 중국화의 길을 걷고 있을 때 차 역시 종합 문화로 완성되어 갔다.

『봉씨문견기』에는 "개원 연중에 태산 영암사의 강마(降魔)선사가 선종의 사상과 교리를 부흥시킬 때 저녁도 먹지 않고 잠을 쫓기 위해 힘썼는데 차 마시는 것은 허락하였다. 그 후 사람들은 차를 품에 지니고 도처에서 차를 끓여 마셨다. 이로부터 점차 사람들 사이에서 차 마시는 풍습이 대중화 되었다.[50]"라고 기록되어 있다. 불교의 융성으로 승려들은 세금과 부역을 면제받았으며, 많은 사람들이 승려가 되었다. 이로 인해 국가의 재정이 힘들어지자, 845년 무종(武宗, 재위 841년~846년)은 타락을 이유로 불교를 탄압하기 시작하였다. 그는 약 4만 여개의 크고 작은 사원들을 폐지하였고, 승려 20,500명을 환속시켰다. 승려들은 환속한 이후에도 계속 차를 마셨으며, 이를 통해 민간인들에게 음다풍습을

49) 孔令敬, 『中國茶 · 五感の世界』,東京, 日本放送出版協會, 2002, 58쪽.

50) 封演, 『封氏聞見記』"開元中 泰山靈岩寺有降魔禪師大興禪宗 學禪務於不寐 又不夕食 皆許其飮茶 人自懷夾 到處煮飮 宗此轉相倣效 遂成風俗"

전파하였다. 당 현종과 무종때는 도교가 당 왕실의 특별한 보호 속에 발달하여 도교의 도사들도 차문화 발전에 기여하였다. 도교의 도사들 역시 수행을 위해 차를 가까이 하였고 차의 물질적 효용은 장생불사와 양생(養生)을 추구하는 도교 외단(外丹)의 발전 과정과 불가분의 관련을 맺고 있기 때문이다. 사마천의 『사기(史記)』에 보면 진시황 뿐만 아니라 진시황 한 사람만이 아니라 선진 시대에서부터 이어져 온 전제군주들의 한결같은 염원이 불사의 약(불로초)을 구하려 한 것을 알 수 있다[51]. 도교의 연단술(煉丹術)은 동한(東漢)을 거쳐 양진남북조에 이르러 전성기를 이루었다. 양진 시기 갈홍(葛洪)의 『포박자(抱朴子)』에 보면 "나의 목숨은 나의 손에 달려 있지 하늘에 매어 있는 것이 아니다(我命在我不在天)"고 하여 단약[52]을 만들어 복용하면 장수할 수 있다는 기대가 매우 컸음을 내비치고 있다.[53] 그러나 금석류 단약(금단)이 유해

51) 사마천의 『사기(史記)』를 보면 진시황을 비롯하여 제나라의 위왕(威王)과 선왕(宣王), 연나라의 소왕(昭王) 등도 불로초를 구하러 바다건너 삼신산(三神山)으로 사람을 보냈고, 한무제는 방사(方士)들을 신봉하여 단사(丹沙)로 황금을 만들어 그 황금 기물로 음식을 먹으면 연년익수(延年益壽)한다는 것을 믿었다는 기록이 있다.

52) 약재의 재료들을 보면 단사(丹沙), 황금(黃金), 수은(水銀), 여러 가지 버섯(諸芝), 다섯 가지 옥석(五玉), 운모(雲母), 명주(明珠), 웅황(雄黃), 석중황자(石中黃子), 석계(石桂), 석영(石英), 석뇌(石腦), 석유황(石硫黃), 석이(石飴), 증청(曾靑), 송진, 복령, 지황, 맥문동, 목거승(木巨勝), 중루(重樓), 황련(黃蓮), 석위(石葦), 저실(楮實), 상시(象柴) 등 25종을 거론하고 있다. 이들 가운데는 매우 유해한 중금속류가 포함되어 있음을 볼 수 있다.

53) 청대 조익(趙翼)의 『22사찰기(二十二史札記)』에 보면 실제 당(唐)의 황제 가운데 태종, 헌종, 목종, 경종, 무종, 선종 등 여섯 왕의 죽음은 금석류 단약의 복용과 유관하다고 추단하고 있다. 이는 단약을 복용하면 강한 생리 반응을

함을 알게 되면서 금단을 대체하여 나타난 것이 바로 초목류 약(藥)으로 차가 그 역할을 대신하고 있음을 볼 수 있다. 동한의 허신이 저술한 『설문해자(說文解字)』에서 "약은 병을 치료하는 풀(藥, 治病草)"이라 하고 있다. 사마천의 『사기』에서도 도교 경전의 하나인 「산해경(山海經)」에 식물류 53종, 동물류 65종, 광물류 3종을 기록하고 있다. 이처럼 차문화의 역사를 보면 도교에서 금단이 초목류 약인 차로 대체되는 시기가 진대(晉代)로 볼 수 있다. 『다경』 「육지음」과 「칠지사」에서는 진대(晉代)부터 차의 효능이 많은 이들에게 거론되고 있음이 확인되고 있다. 이는 당시의 시대적 상황이 말미암은 바가 크다고 볼 수 있다.[54] 당 왕조에 들어오면서 도교의 외단의 추구는 초목류 약이 보편화하고 기호화(嗜好化)하는 과정에서 차(茶)가 매우 특별한 작용을 하며 선차(仙茶)의 성격을 갖게 된 것이다.

셋째, 차의 전문서적 『다경』출현이다. 차의 대중적인 보급으로 차를 끓이는 방식의 정립과 그 필요성이 요구되었으며, 이런 상황에서 『다경』은 교양 기본 서적이 필요하다는 시대적 배경 속에서 탄생되었다. 다성(茶聖)으로 숭앙받고 있는 육우는 세계 최초의 차 경전인 『다경』을 저술하였다. 『다경』은 당시부터 사람들에게 널리 읽혀져 차 문화의 독자적인 발전의 이정표가 되었다. 이러한

일으켜 생명의 위험까지 초래했기 때문이다.

54) 북제(北齊)의 안지추(顔之推)를 비롯한 초목류 약을 권고하는 이들은 일상의 기거(起居)를 주의하라고 권고하며 목숨은 하늘에 달려 있다(性命在天)고 하고 있다.

다서의 출현으로 음다풍습이 문화의 한 영역을 확립하게 되었다.

넷째, 지식인들의 음다문화 확산과 시풍만연(詩風蔓延)은 수대(隋代)로부터 답습하였던 당대(唐代)의 과거제도는 새로운 지식계층을 형성하게 되었다. 조정에서는 수험생들과 한림관(翰林官)들의 노고를 치하하기 위해 차와 다과를 내렸으며, 객잔에서 시험대기중인 학사들에게도 차를 내렸다. 이처럼 과거제도 때 전국에서 모여든 많은 지식인들이 자연스럽게 차 문화를 접할 수 있는 계기를 만들었으며, 이들을 통해 차 문화는 전국으로 전파되었다. 당대(唐代)의 많은 문인들이 배출되면서 시풍(詩風)이 만연(蔓延)했으며, 그 속에서 차문화도 함께 꽃을 피우게 되었다.

다섯째, 공차와 각차 및 전매제도로 당 중기 이전까지 차는 징세의 대상이 아니었다. 차의 소비가 점차 증대되고 국가의 재정이 고갈되는 상황에 이르자 새로운 세원(稅源)을 모색하는 과정에서 차에 대한 과세가 시작되었다.[55] 당대 중기 안사(安史)의 난 이후 당 조정의 지배력이 약화되고 번진(藩鎭)이 할거하여 중앙 재정이 궁핍하여지자, 당은 새로운 물품〔대나무(竹), 나무(木), 차(茶), 칠(漆) 등〕에 대해 징세를 하기 시작하였다. 즉, 780년 이들 품목에 대해 1/10 세금을 부과하여 상평본전(常平本錢)으로 확보하려 하였다는 것이 차 과세에 대한 최초의 기록이다.

---

55) 중국에서 차 마시는 풍속이 점차 확산되어 당 중기 이후에는 전국적인 범위로 확대되었는데, 이후 차는 사회, 경제와 일반인의 생활 속에서 비중 있는 위치를 확보하였다.

차 전매제도는 835년 왕애(王涯)에 의해 시행되었다. 왕애가 주장한 차법의 주요 내용은 차나무를 관장(官場)의 관리 하에 두는 것과 민간의 차나무를 관장으로 옮겨 심는 것이었다(移茶樹官場法). 이는 중국 역사상 최초의 차 전매시행이며, 이후 차세법의 모태로서 중요한 의미를 지니게 되었다.

공차(貢茶)는 차의 명산지에서 황제와 조정 관리들에게 진공하던 차로 주(周)나라 시기부터 시작되었으나, 당대에는 이를 제도적으로 확립하였다. 당의 공차제도는 대종(代宗, 재위 762년~779년) 대력 5년(大曆 5년, 770년) 공다원(貢茶園)을 지금의 장흥(長興)인 고저(顧渚) 지방에 설립하면서 시작되었는데,[56] 이후 공다원의 수와 공차량은 지속적으로 증가하였으며, 황제에게 받치던 차가 14종에 달하였다.

배문(裵汶)의 『나술(茶述)』에 "진상하는 공차는 고저(顧渚), 기양(蘄陽), 몽산(蒙山)에서 나는 것이 상품이고, 수양(壽陽), 의흥(義興), 벽간(碧澗), 치호(緇湖), 형산(衡山)이 그 다음이며, 파양(鄱陽), 부량(浮梁)이 가장 하품이다.[57]"라고 기록되어 있다. 이를 통해 알 수 있는 점은 공차제도의 시행을 위해 다원과 제다과정을 관리하는 감독관이 있었으며, 관리감독을 통해 제다 기술은 더욱

---

56) 陳宗懋 主編, 앞의 책, 18~19쪽.

57) 裵汶, 『茶述』, 116쪽(이하 裵汶의 『茶述』, 蘇廙의 『十六湯品』, 毛文錫의 『茶譜』, 丁謂의 『北苑茶錄』, 蔡襄의 『茶錄』, 甌陽修의 『龍茶錄後序』, 宋徽宗의 『大觀茶論』, 態蕃의 『宣化北苑貢茶錄』, 朱權의 『茶譜』, 趙汝礪의 『北苑別錄』, 陸樹聲의 『茶寮記』는 짱유화 편역 『中國古代茶書精華』, 남탑산방, 2000, 참조)

발전하는 계기가 되었다는 사실이다. 차의 품질 개선과 재배기술의 발달 그리고 생산량의 증가를 통해 당시에 음다 문화가 대중화되었음을 알 수 있다. 그러나 공차제도의 부작용은 '다농(茶農)의 반란' 및 명대의 '단차 폐지령'을 가져왔다. 각차(榷茶) 제도는 관부에서 과세 또는 전매제도를 통해 찻잎의 유통과정을 관장하고 세수를 올리고자 하는 제도인데, 차에 대한 세금은 당나라 때부터 생겨나 송대 각차법으로 정착하게 되었다. 처음에는 찻값의 1할(780년에 1/10세 부과)을 세금으로 징수했으며, 차츰 세금의 비율이 높아졌다. 이로 인해 백성들의 원성이 커지자 784년 세제를 폐지하였으나, 793년 수재 및 가뭄으로 피해가 커지고 국가경제가 피폐해지자 이재민들을 돕기 위해 세제를 부활하였으며, 차를 취급하는 상인이 지나가는 길목에서 세를 징수하였다. 하지만 혜택은 이재민들에게 돌아가지 않았다.

『구당서』, 「식화지(食貨志)」에는 "천하의 차(茶)·칠(漆)·죽(竹)·목(木)에서 10분의 1의 세금을 거둬 들었다.[58)]"라고 기록되어 있다. 『구당서』, 「문종본기(文宗本紀)」에는 대화 9년(835)에 처음으로 찻잎 전매제도가 제정되었다고 기록되어 있다. 835년 왕애(王涯)는 국가 재정을 회복하고자 이차수관장법(移茶樹官場法)을 만들어 세금을 충당하려 하였으나, 다농들이 극렬하게 반대하였으며, 이는 결국 '감로지변(甘露之變)[59)]'으로 이어지게 되었다.

58) 『구당서(舊唐書)』, 「식화지(食貨志)」 唐文宗建中元年(780년) "稅天下 茶漆竹木十取一"

당 조정은 각지의 고급명차를 매년 헌납 받았고, 절강호주(浙江湖州)의 고저산(顧渚山)에 공다원(貢茶院)이라 부르는 궁정 전용의 자순차를 생산하는 공장을 설립하였다.

여섯째, 건원 원년(建元 元年, 758년)에 조정의 제사 이외에는 술을 사용하지 못하도록 하는 금주령(禁酒令)이 내려졌는데, 이는 차 소비가 급증하는 계기가 되었다. 조정에서는 신하들에게 하사품으로 차와 다과가 포함되기 시작하였으며, 외국 사신들에게도 차를 하사함으로써 중국의 차 문화가 변방으로까지 확산되는 계기가 되었다.

일곱째, 기후변화와 인구의 증가를 들을 수 있다. 당나라 때 온난한 기후는 농작물 생산에 많은 영향을 주었으며, 특히 차 수요자들이 많아지면서 기후가 온난한 지역에서는 많은 차가 생산되고 소비되었다. 온난한 기후가 계속되면서 몬순 현상이 약화되었고 가뭄이 심해졌는데, 이는 9세기경 당나라의 붕괴 원인이 되었다. 특히 당나라가 붕괴하기 전 약 60년 동안 여름 몬순이 약해져 가뭄이 장기간 지속되었다.[60] 아시아 몬순은 많은 양의 열과 수

---

59) 중국 당나라 문종 태화(太和) 9년 (835년) 때에 이훈(李訓), 정주(鄭注) 등이 일으킨 사변으로 극심한 횡포를 부리넌 환관(宦官)들을 제거하려 하였으나 실패하였다. 당시 재상이었던 왕애(王涯)가 각차법(榷茶法, 차에 부과하는 세법)을 시행하자 과세에 항거한 민중들이 봉기를 일으켰는데 이때 왕애 집을 방문했던 노동(盧仝, 약795년~835년)은 왕애(王涯)의 일가와 함께 변을 당했다.

60) 중국에서 가장 찬란한 역사를 자랑하던 당나라가 멸망한 것은 급격한 기후변화 때문이었다는 독일 과학자들의 연구 결과가 나왔다. 독일 포츠담 지질학연구소 제랄트 하우크 연구원이 이끄는 지질 조사단은 중국 남부 광둥(廣

증기를 지구상의 인구밀집 지역에 운반하는 역할을 한다.[61]

당나라 때 겨울철에 눈이 안 내린 해가 무려 열아홉 번이나 되었으며, 따뜻한 기후로 농업·목축업의 경계선이 북상하면서 변방의 자급자족 경제가 가능해졌고, 북방 유목민의 남하 빈도수가 줄어들었다. 그러다가 당나라 후기에 기후가 냉하고 습해져 북방 유목민족이 생존의 위협을 겪자 중원의 농업지역으로 남침하면서 당나라는 멸망하게 되었다.

당 정관 초년(貞觀 初年, 629년)부터 개원 28년(開元 28년, 740년)까지 중국의 가구 수는 300만호에서 841만호로 거의 두 배 이상 증가했다. 그런데 중국에서는 인구의 증가가 안사의 난과 겹치면서 식량부족 현상이 초래되었다. 이로 인해 당나라 조정은 미개발된 남쪽 지역으로 인구를 이동(제2차 인구이동)시켜 남중국을 개발하기 시작했다. 이는 차 생산지 확산 및 차 생산량의 증가를 가져왔다.

여덟째, 주변 지역으로 차문화 전파와 차마무역이다. 현종 때

東)성 연해도시 잔장(湛江) 후광옌(湖光岩) 국립지질공원에서 퇴적암의 성분을 연구한 결과 중국에 강력한 겨울철 계절풍이 존재했음을 확인했다. 지난 1만5000년 동안 지구에는 '겨울철 계절풍이 강력하고, 여름철 계절풍이 약한' 현상이 3번 출현한 바 있다. 앞서 2번은 빙하기에 나타났고, 나머지 1번은 서기 700년~900년 사이 발생했다. 이는 바로 당나라 중기와 말기에 해당하는 시기다. 강력한 겨울철 계절풍이 생겨나면서 강수량이 크게 줄고, 춥고도 메마른 날씨가 중원 대륙을 덮쳐 해마다 가뭄이 생겼다. 식량 부족 현상이 일어나면서 농민 봉기가 잇따라 당나라 멸망을 가속화했다는 설명이다. 독일 연구진들은 이 같은 연구 결과를 영국의 과학전문지 '네이처'에 발표했다.

61) '기후변화가 중국 왕조를 몰락시켰다?' 2008년 11월 7일자 「사이언스」(v. 322, pp.940~942; v. 322, pp.837-838)에는 지난 1800년간 여름 몬순의 강도변화가 중국 왕조의 붕괴에 영향을 미쳤다는 연구 결과가 발표되었다.

봉연(封演)의 『봉씨문견기(封氏聞見記』에는 "남쪽사람들은 자주 차를 마셨지만 북쪽의 사람들은 처음에 차를 마시는 사람이 많지 않았다. 개원(開元) 중기 산동에서 장안에 이르기까지 많은 찻집에서 차를 끓여 팔았다. 길을 가는 사람들은 돈을 지불하고 차를 사서 마셨다. (……) 새벽부터 밤까지 마시는 것이 일반적인 풍습이 되었다. 차를 마시는 풍습이 중원에서 유행하여 변방까지 전파되었다.[62)]"라는 기록이 있는데, 이는 당대에 차문화가 성행하고 있었음을 의미한다.

봉연(封演) 의 『봉씨문견기(封氏聞見記』에는 "차는 오래 전부터 마셔왔지만, 지금처럼(唐) 차가 흔하지는 않았다. (지금 사람들은) 매일 밤늦도록 차를 마셨는데 이제는 풍속이 되었다.(按此古人亦飮茶耳, 但不如今人溺之甚)[63)]"라는 기록이 있다. 이를 통해 차문화는 일반 서민들에게까지 일반화되기 시작하였음은 알 수 있다.

티베트와 신장과 몽골 등에서는 유목민들의 목축업은 발달하였으나, 기후 조건 등으로 농산물이 부족하여 신선한 야채 공급이 절대적으로 부족하여 비타민 C가 결핍되어 괴혈병이 발생하였다. 이로 인해 비타민 C를 다량 공급해주는 차가 생명의 음료 역할을 하였다.

전쟁의 방식이 보병 위주에서 기병 위주로 전환되면서 말의 품

62) 封演, 『封氏聞見記』 卷6, "南人好飮之 北人初不多飮 開元(713~744)中 … … 自鄒齊(山東)滄(河北)棣州(山東)漸至京邑 城市多開店鋪 煮茶賣之 不問道俗 投錢取飮 … 窮日最夜 殆成風俗 始與中地 流與塞外"

63) 封演, 『封氏聞見記』 卷6, (『中國茶文化經典』, 32쪽)

질은 전쟁의 승패를 결정하는 중요 요인이 되었다. 이로 인해 우량종의 말 공급이 절대적으로 필요했던 중국은 티베트와 신장과 몽골 등 변방국으로부터 말을 수입하고 대신 차를 공급하면서 차를 변방국에 대한 통제 수단으로 사용하였다. 이를 차마무역(茶馬貿易)이라 불리게 되었다.

차마무역에 관한 내용은 명나라 주국정(朱國禎)의 『용당소품(湧幢小品)』의 기록을 통해 알 수 있는데,[64] 당 태종 때 문성공주(文成公主, 623년경~680년)[65]는 서장(西藏, 티베트)의 송첸캄포와 혼인하여 당의 음다 풍습과 불경 등을 전하였다. 이후 차와 불교가 융합하여 티베트의 음다 문화뿐만 아니라 사회·경제 분야에서도 활발한 교류를 촉진시켰다.

또 중종 때인 경운 원년(景雲 元年, 710년) 금성공주(金城公主)를 적덕조찬(赤德祖贊)에게 출가시킴으로 한족의 문화와 짱족의 문화 교류를 한층 강화시켰다. 이처럼 서북의 소수민족들에게 음다 풍습이 전파되면서 중원의 차와 변방의 말을 교환하는 차마무역

---

64) 주국정(朱國禎)의 『용당소품(湧幢小品)』 "貞元三年 回紇一再遣使要求和親 德宗接受臣寮勸說 準許將咸安公主下嫁 回紇合骨咄祿可汗 合骨咄祿自稱子婿 回紇對唐 自然也成子國 兩者之間 一度出現一個關系和交往更加友好 密切的時期 据此 後來一般都認爲我國茶馬交易 大致始于貞元中期或稍後"

65) 당 태종의 조카딸(문성공주)로 토번이라 일컫는 티베트 송첸캄포 왕의 제2황후이다. 그녀는 640년 당나라를 떠나 그 다음 해 티베트에 도착하여 평화조약의 일부로 얄루 왕 송첸캄포와 국혼을 치렀다. 문성공주는 독실한 불교신자였으며, 송첸캄포의 제1황후 브리쿠티 데비와 함께 티베트에 불교를 소개했다. 문성공주(文成公主)는 티벳으로 많은 분야의 장인들과 각종 씨앗, 서적 등을 갖고 가서, 한족(漢族)의 농업기술, 고급건축기술, 역법(曆?), 의학, 문학, 음악 등을 티벳에 전했고, 불교의 발전을 촉진시켰다고 전한다.

이 출현하였다.

이조(李肇) 『당국사보(唐國史補)』의 기록에 의하면[66] 이때 당나라의 차는 주변국으로 확산되었음을 알 수 있다.

2) 당대의 차산지와 다관의 등장

(1) 차산지

육우 『다경』, 「팔지출(八之出)」에 의하면 8개 차구와 1개 군(郡), 42개 주(州), 44개 현(縣)에서 차가 생산되었다. 8개 차구는 산남(山南), 회남(淮南), 절서(浙西), 검남(劍南), 절동(浙東), 검중(黔中), 강남(江南), 영남(嶺南)으로 오늘날 호북(湖北)·호남(湖南)·섬서(陝西)·사천(四川)·안휘(安徽)·절강(浙江)·강소(江蘇)·귀주(貴州)·강서(江西)·복건(福建)·광동(廣東)·광서(廣西) 등 13개 성(省)을 포함하고 있는데, 운남(雲南)을 제외하고 현재 중국의 주요 차산지가 거의 모두 언급되었다.

당나라 명차(名茶) 생산지에 대한 문헌으로 『다경』과 『당국사보(唐國史補)』, 『선부경수록(膳夫經手錄)』, 모문석(毛文錫)의 『다보(茶譜)』 등이 있다. 대종(代宗)은 770년 공다원을 고저산에 세워 일정 양의 특급차를 만들어 조정에 진상하도록 하였다. 당나라에 이르러 차를 공물로 진상하는 공차제도와 다원을 관리하는 관료

66) 이조(李肇)의 『당국사보(唐國史補)』"常魯公使西蕃 烹茶帳中 贊普問曰 此爲何物 魯公曰 滌煩療渴 所謂茶也 贊普曰 我此亦有遂命出之 以指曰 此壽州者 此舒州者 此顧渚者 此蘄門者 此昌明者 此灉湖者"

가 생겨났다. 대표적인 공차는 몽정산의 석화(石花)를 비롯하여 절강성 호주 장흥현의 고저자순차(顧渚紫筍茶)와 강소성 상주 의흥현의 자순차(紫筍茶)인 양선차(陽羨茶) 등이다.

(2) 다관 등장

당대부터 유행하기 시작한 음다 풍습은 송대에 더욱 확산되어 일반인들이 자유롭게 담소하며 차를 마실 수 있는 다관(茶館)이 등장하게 되었다. 봉연의 『봉씨문견기』에는 "도시에는 차를 파는 많은 점포들이 있다. 다양한 사람들이 돈을 지불하고 차를 마신다.[67]"라고 기록되어 있는데, 이를 통해 다관은 당대에도 유행했던 것을 알 수 있다. 이후 다관은 송대에 규모가 더욱 커지고 흥행하였다. 이후 다관은 술과 여관업(花茶坊, 水茶坊)까지 겸하게 되었다.

3) 투다(鬪茶)의 기원과 예도(藝道)

(1) 투다의 기원

상주(常州) 의흥현(宜興縣)에서 생산된 양선차(陽羨茶)를 자순차라고도 하였는데, 이는 호주 고저산에서 생산되는 고저자순차와 함께 공차(貢茶)였다.

백거이의 「두 고을이 함께 차 모임을 갖는다는 소식을 듣고」에서는 매년 두 고을에서는 처음 생산되는 햇차에 대한 품평회를

---

67) 封演, 『封氏聞見記』 "京邑城市 多開店鋪 煎茶賣之 不問道俗"

가졌음을 알 수 있다.

이 시는 당 경종 보력 2년(826년) 봄 '다산경회(茶山境會)'라는 모임을 통해 두 고을에서 생산되는 햇차로 품평회를 열었다는 사실을 밝혀주고 있다. 이는 차 겨루기의 일환으로 당대(唐代)에서부터 오대(五代)에 이어 송대(宋代)에 투다(鬪茶)가 본격적으로 성행하였다는 의미이다. 또한 봉연의 『봉씨문견기』 등에는 당시의 차 마시는 정경들이 묘사되어 있었는데, 이는 차가 단순한 기호식품의 수준을 넘어 서로 우열을 가리기 위해 품평회 및 차 마시기 대회를 여는 단계인 다예(茶藝)로 발전했음을 의미한다.

(2) 차(茶)와 예(藝)

차문화의 발전은 도자문화의 발전을 촉진시켰다. 당대에 들어오면서 차(茶)는 신체적 건강뿐만 아니라 정신 수양과 정신세계에서 예(藝)의 경지로 승화되어 시 · 서 · 화를 통해 표현되었다. 차에 관한 시를 읊었던 시인으로는 이백(李白), 두보(杜甫), 백거이(白居易), 두목(杜牧), 유종원(柳宗元), 노동(盧仝), 교연(皎然), 제기(齊己), 피일휴(皮日休), 원진(元鎭) 등이 있다. 차에 관한 그림을 그린 화가로는 염입본(閻立本)의 「숙익잠란형도(肅翼賺蘭亭圖)」 「투다도(鬪茶圖)」, 장훤(張萱)의 「명황화락도(明皇和樂圖)」, 작자불명의「궁락도(宮樂圖)」, 주방(周昉)의 「조금철명도(調琴啜茗圖)」등이 있다.

4) 다도(茶道)의 성립

당대의 다도는 예술적 재능과 공훈으로 추앙받던 유명한 안진경(顔眞卿, 709년~784년)[68]이 『다경』1권[69]을 지은 지 13년(733년)만에 육우에게 묘희사(妙喜寺) 경내에 삼계정(三癸亭)[70]이라는 다정(茶亭)을 기부함으로써 달성되었으며, 차를 올바르게 마시는 법도가 세상에 전파되었다. 그리고 8세기 중엽(764년)에 중국의 다도(茶道)는 하나의 체계를 갖추게 되었으며 육우가 『다경』에서 밝힌 정행검덕(精行儉德)은 중국의 다도사상인 중용검덕(中庸儉德) 정신으로 후세에까지 이어지고 있다. 석교연(釋皎然)의 시, 「飮茶歌 · 誚崔石使君」에는 차를 한 잔 한 잔 마실 때마다 마음과 영혼이 맑아져 도의 경지에 이른다고 기록되어 있다.

봉연의 『봉씨문견기』에는 차 마시는 풍습이 성행된 이유로 육

68) 안진경(顔眞卿, 709년~784년)의 자는 청신(淸臣). 안사(安史)의 난과 이희열(李希烈)의 난 때 큰 공을 세웠으나 난중에 순국했다. 공훈과 예술적인 재능으로 인해 사람들의 추앙을 받았다. 그는 해서 · 행서(行書) · 초서(草書)에 모두 능했다. 해서는 장엄하고 웅장하며 기세가 툭 트여서 마치 단정한 선비를 보는 것 같다. 그가 남긴 필적과 첩(帖)의 서체는 힘차면서도 급작스럽게 꺾이는 등 변화무쌍하며 전서체(篆書體)와 주문(籀文)을 겸비했다. 소동파(蘇東坡)는 안진경의 서예와 두보(杜甫)의 시, 그리고 오도현(吳道玄)의 그림을 최고의 모범이 된다고 평했다. 안진경의 서예는 후대의 유공권(柳權) · 양응식(楊凝式) · 소식 · 황정견(黃庭堅) · 미불(米芾) · 채경(蔡京) · 조병문(趙秉文) · 동기창(董其昌) · 왕탁(王鐸) · 유용(劉墉) · 전풍(錢澧) · 하소기(何紹基) 등에게 매우 큰 영향을 미쳤다.

69) 『다경』 1권은 상원 원년(上元 元年, 760년)에 『차기(茶記)』라는 이름으로 나왔다.

70) 삼계정(三癸亭)이라 이름 붙인 이유는 삼계(三癸)란 계축세(癸丑歲, 773년)의 겨울 10월 계묘삭(癸卯朔, 1일)에 착공하여 계해(癸亥)에 준공되었다.

우가 다도를 성립시킨 공적을 다음과 같이 적고 있다."홍점의 언론 윤색으로 말미암아 이에 다도가 크게 행해졌다. 왕공이나 선비들은 마시지 않는 사람이 없다. … … 옛사람들도 차를 마셨지만 지금의 사람들처럼 그렇게 심하게 빠지지는 않았다. 날이 다하고 밤이 새도록 마셔 거의 풍속을 이루었으니, 가운데에서 시작하여 변방으로 퍼져 나갔다.[71]"라는 기록들은 차가 기호음료에서 이미 정신음료인 '다도(茶道)'로 발전하였음을 알 수 있다.

5) 당대의 차도구 문화

당대에는 사회적 안정과 경제적 번영으로 도자문자의 예술이 꽃을 피우게 되면서 차도구의 발전도 가져왔다. 수나라 때에 10여개 정도였던 요(窯)가 20여개의 요(窯)로 늘어났다. 특히 차 마시는 풍습이 성행하여 차 도구와 주자(注子, 차나 술을 담아 사용한 주전자 일종) 등 새로운 도자 형태가 등장했다.

당의 도자기는 몸체가 넉넉하게 벌어지고 밑바닥이 편편하게 커서 안정감이 있다. 흙이 지니고 있는 부드러움을 조형에 살리고 있어 풍요로운 느낌이 특색이다. 특히 형요 백자는 하얀 표면이 눈처럼 부드러움을 지녔다.

유색(釉色)에서는 삼채기(三彩器)가 유행했으며, 귀족생활의 취향에 따라 칠기와 당삼채(唐三彩)[72] 및 도자기의 다구들이 발

---

71) 封演, 『封氏聞見記』 "因鴻漸之論廣潤色之 于是茶道大行 王公朝士 無不飮者 … … 古人亦飮茶耳 但不如今人溺之甚 窮日盡夜 殆成風俗 始于中地 流于塞外"

72) 당대에 장안과 낙양 부근에서 제작된 것으로 녹색, 갈색, 백색, 황색, 남색

달하였다. 당삼채 등 도자문화가 페르시아 문화의 영향을 받아 전반적인 발전을 이룩하였으며, 금속착색제의 연구가 시작되어 성과를 거두었다. 흑자(黑磁)도 발전하면서 화유자(花釉磁)[73]가 만들어졌다.

남방은 청자, 북방은 백자〔南靑北白〕가 거의 완벽한 상태로 생산되었다. 월주요의 청자의 명성은『다경』에서 살펴볼 수 있다.[74] 육우는 찻잔으로 월주요의 청자가 좋다고 기록하고 있으나, 형요(邢窯)의 백자도 유명하였다. 당대에는 특히 다완이 크게 유행하면서 찻그릇 제작의 수준을 발전시켰다.

6) 육우와『다경』

(1) 육우의 생애[75]

육우(733년~804년)의 자는 홍점(鴻漸), 이름은 우(羽), 호는 경릉자(竟陵子) 또는 상저옹(桑苧翁)으로 당 개원 21년(733년) 복주(復

등의 저화도 유약으로 명기에 채색한 기법으로 당대에는 저화도 유약의 놀라운 발전을 알 수 있다.

73) 당말에 칠흑(漆黑)의 유약을 씌운 유례와 함께 청백색의 불투명한 유약을 흘러내리게 한 방식의 흑유자기.

74)『다경』,「四之器」"碗 越州上 鼎州次 務州次 岳州上 壽州洪州次 或者以邢州處越州上 殊爲不然 若邢瓷類銀 則越瓷類玉 邢不如越一也 若邢瓷類雪 則越瓷類冰邢不如越二也 邢瓷白而茶色丹 越瓷靑而茶色綠 邢不如越三也"

75)『문원영화(文苑英華)』권793.「육문학자전(陸文學自傳)」,『신당서(新唐書)』권196.「육우전(陸羽傳)」, 이조(李肇),『당국사보(唐國史補)』,「육우득성씨(陸羽得姓氏)」,『태평광기(太平廣記)·호상(好尙)·육홍점(陸鴻漸)』, 신문병(辛文房),『당재자전(唐才子傳)』권3.「육우(陸羽)」,『고금성현도고(古今聖賢圖考)』, 중국인명대사전, 대만상무인서관, 민국 79년간. 참조.

州) 경릉(竟陵, 현재 호북 천문현)에서 태어났다. 육우는 태어나자마자 버려져 용개사(龍蓋寺) 지적선사(智積禪師)에 의해 양육되고 불학(佛學)을 공부했지만, 그는 특히 유교경전과 시문 창작에 깊은 관심을 갖게 되었다.

천보 3년(744년)인 11살 되던 해에 그는 사원을 나와 극단에 가입하고 연극을 배우기 시작하여 잡기(雜技), 무술, 인형극, 참군희(參軍戲) 등을 연기했다. 천보 5년(745년) 14세 때 골계희(滑稽戲)의 극본이라 할 수 있는 『학담(謔談)』세 편을 저술했다. 경릉 태수 이제물(李齊物)을 만났다. 육우의 뛰어난 연기와 해박한 지식을 아낀 이제물은 시문 짓는 법을 직접 가르쳐주었으며, 은사(隱士) 추부자(鄒夫子)를 육우에게 소개하여 가르침을 받도록 했다. 천보 11년(752년) 20세 때 예부원외랑(禮部員外郎) 최국보(崔國輔)가 경릉 사마(司馬)로 좌천되어 오자 그와 교류하였다. 또한 그는 이백(李白)·두보(杜甫)·안진경(顔眞卿)과 같은 명사들과 왕래하면서 더욱 유명해졌다.

당 중엽 안사(安史)의 난 이후 육우는 초계(苕溪, 지금의 절강성) 오흥현(吳興縣)에 은거하면서 시승(詩僧) 교연(皎然), 은사(隱士) 장지화(張志和) 등과 교류하며 막역하게 지냈다. 육우는 20~24세 각지를 돌아다니면서 많은 정보를 수집했으며 때론 직접 차 산지에 기거하며 차를 따고 만들어 보았다.

육우는 영태 원년(765년) 33세 때 『다경(茶經)』초고를 완성하였다. 영태 2년(766년) 34세 어사대부(御史大夫) 이계경(李季卿)의 초

청으로 다회에 참석하였다. 이때 이계경이 예를 행하지 않자 육우는 이를 몹시 부끄럽게 생각하고『훼다론(毁茶論)』을 지었다. 대력 2년(757년) 35세 때 이서균(李棲筠)에게 의흥차(義興茶)인 양선차(陽羨茶)를 공차로 건의하자 이서균이 처음으로 만 량을 올렸다.[76] 대력 8년(773년) 41세 때 안진경의『운해경원(韻海鏡源)』편찬에 참여하여『다경(茶經)』,「칠지사」편의 차의 역사를 보충 편집하였다. 11월 묘희사(妙喜寺) 경내에 삼계정(三癸亭)이 낙성(落成)되었다. 대력 10년(775년) 43세 때『다경(茶經)』3권을 수정하였다. 건중 원년(780년)인 48세 때『다경(茶經)』을 완성하여 출판하였다. 그는 적지 않는 저작을 남겼으나, 애석하게도 대부분 유실되었고, 지금까지 전해오는 것들 중 주요한 서적은『다경(茶經)』이다. 그는 생전에 전국을 유람하면서 유명한 많은 샘물들을 맛보았다. 육우의 선천적인 결함(추한 용모, 말더듬, 고아), 강한 개성, 치열한 정감, 사람을 놀라게 하는 재능과 기량, 그리고 갖은 우여곡절의 삶, 실천 정신, 사리사욕이 없는 마음, 소탈한 기개와 도량은 그가 다도(茶道)를 창립할 수 있었던 내적 조건이었다. 육우는 시대의 요구에 의해 태어났고,『다경(茶經)』역시 시대의 요구에 의해 저작되었다. 이로써 중국의 차는 음용 음료로서 새로운 경제 자원으로 활용되었고, 그 가치는 일종의 습 ・취미에서 수양・문화의 차원으로 승화되었다. 또한 당시에 '도(荼)'와 '다(茶)' 등을 혼용하여 쓰다가 육우는『다경』에서 차의 용어를 '다(茶)'자

76) "棲筠從之 始進萬兩"

로 일관성 있게 쓰면서 '다(茶)'자가 확고한 지위를 확립하게 되었다. 『봉씨문견기』에는 "초(楚) 출신의 육우(홍점)가 차를 논하였다. 차의 공효와 차를 끓이고 건조시키고 법제하는 방법 등 24가지를 언급했다. 그런 연유로 다도가 유행하여 귀족에서 조정의 역인(役人)에 이르기까지 모두 차를 마시게 되었다.[77)]"라고 기록되어 있다. 육우가 죽은 후 차를 판매하는 사람들은 도토(陶土)로 육우의 상을 만들어 부뚜막 사이에 두고 다신(茶神)인 육우에게 제사를 지내고 있다.

(2) 『다경』의 구성과 내용

『다경』의 원문은 대략 7000자로 이루어져 있고, 상·중·하 3권으로 구분되어 원(源)·구(具)·조(造)·기(器)·자(煮)·음(飮)·사(事)·출(出)·약(略)·도(圖) 10절로 구성되어 있다. 육우의 『다경』은 차의 생산(生産)·음용(飮用)·다구(茶具)·다사(茶事)·다구(茶區) 등을 주제로 차(茶)를 논한 다서(茶書)이다.

차문화 예술은 당나라 때 시작되었는데, 그 형식은 바로 전다(煎茶)였다. 육우는 자음법(煮飮法: 끓여 마시는 법)을 각별하게 강조하였다. 당나라에서 차를 마시는 것은 단지 갈증 해소라는 생리적 측면만 있는 것이 아니라, 문화적이고 예술적인 측면을 지니고 있었다.

77) 封演, 『封氏聞見記』"楚人陸鴻漸爲茶論 說茶之功效 並煎茶焰茶之法 造茶二十四事 … 於是茶道大行 王公朝士無不飮者"

『다경』에서 차의 종류를 추차(觕茶, 거친 차), 산차(散茶, 잎차), 말차(末茶, 고형차를 가루 낸 차), 병차(餅茶, 육우가 『다경』「三之造」에서 7단계의 제조과정을 통해 만들어진 차)로 나누고 있다. 제다방법은 채(採, 찻잎 따기), 증(蒸, 찻잎 찌기), 도(搗, 찻잎 찧기), 박(拍, 차 찍어내기), 배(焙, 불에 쬐어 말리기), 천(穿, 차 꿰기), 봉(封, 건조 후 저장하기)으로 7단계 제조공정(七經目)을 소개하고 있다. 이렇게 만든 병차는 직접 끓여 마시기에는 적합하지 않아 반드시 차를 불에 굽는 고다(烤茶) 과정인 적(炙)・차를 빻는 년(碾)・차 가루를 곱게 거르는 라(羅) 세 단계의 가공 과정을 거쳐야 했다.

또한 물의 중요성을 강조한 음다법을 기록하고 있다. 다탕 품질은 수질[78]과 매우 중요한 관계가 있다. 차를 끓일 때의 물로는 산에서 흐르는 물(山水)이 가장 좋고, 강물(江水)이 다음이요, 우물물(井水)은 가장 좋지 않다. 차에 따라 마시는 방법도 달랐다. 암차(痷茶)[79]는 찻잎을 가루상태로 만들어 병에 넣어 그대로 뜨거운 물에 부어 마시는 방법이며 혼차(混茶)[80]는 찻잎을 처음부터 다른 식물과 함께 끓여 마시는 방법이요, 자차(煮茶)는 물을 끓이다가 찻가루를 넣는 방법으로 육우는 소금을 넣어 마셨다.

물을 끓이는 방법도 체계적으로 소개하고 있다.

---

78) 도륭(屠隆), 『고반여사(考槃餘事)』"차 달이는 물 가리기(擇水)에서 맑고(淸), 가볍고(輕), 달고(甘), 차고(冽), 살아 있어야(活) 신선하고 상쾌한 물이다."라고 기록하고 있다.

79) 『茶經』, 「六之飮」 "乃斫乃熬乃煬乃舂 貯於瓶缶之中 以湯沃焉 爲之痷茶"

80) 張揖, 『廣雅』 "… 葱薑棗橘皮茱萸薄荷之等 煮之百沸 …"

제일비(第一沸)는 물을 끓일 때 고기 눈 모양(魚目)을 띄고 작은 소리를 내며 끓을 때로 이때 적당량의 소금을 넣어 맛을 조절한다. 제이비(第二沸)는 주위가 용솟음치는 샘물처럼 잇달아 올라오면서(湧泉連珠) 끓을 때이다. 이 때 끓는 물을 한 바가지 비축해두고 〔이를 준영(雋永)이라 한다.〕, 대나무 젓가락을 끓는 물 안에 넣어 돌리면서 휘저어 물의 끓는 온도를 균일하게 하여 소용돌이가 형성되면 칙(則)으로 차 가루를 소용돌이 가운데 넣는다. 제삼비(第三沸)는 다탕(茶湯)이 세찬 파도의 물보라처럼 거품을 사방으로 흩어 끓을 때(騰派鼓浪)이다. 이 때 방금 전에 떠놓았던 물 〔준영(雋永)〕을 다시 부어 열기를 조금 식힌다. 이는 다탕의 정화(精華)를 기르기 위한 것이다. 이 때 많은 말발(沫餑)이 생겨난다. 말발이란 차를 끓일 때 발생하는 거품으로 부말(浮沫), 탕화(湯花) 또는 정화(精華))라고도 일컫는다. 옛사람들은 말발이 많은 차를 뛰어난 것이라 여겼다. 『다경』에서는 차의 탕화를 말(沫), 발(餑), 화(花) 세 종류로 나눠 설명하고 있다. 거품이 엷은 것을 말(沫)이라 하고, 두터운 것을 (餑)발이라 하며, 가벼운 것을 화(花)라고 한다. 말(沫)은 물 위에 떠 있는 파란 엽전 같고, 또 술잔 위에 떠있는 국화꽃 같다. 발(餑)은 끓을 때 화(花)와 밀(沫)이 겹쳐지는 것으로 마치 하얀 눈 같다. 탕화가 일어나면 차의 향기가 알맞게 피어나는 상태인데, 이 때 주걱으로 각 주발의 말발을 모두 균일하게 만든 후 차 사발(茶碗)에 담아 음용했다. 화(花)는 둥근 연못에 떠있는 대추 꽃 같고, 맑은 날 푸른 하늘에 피어나는 구름조각 같다. 이와 같이 서로 잘 어우러진 모습은 아름다운 운치를 나타내어 사람들의 눈과 마음을 즐겁게 해준다. 조업(曹鄴)은 「고인기다(故人寄茶)」에서 "푸르고 맑은 가운데 노을의 다리가 부서지니, 향기는 막 피어나는 꽃처럼 가볍게 날린다. 육부(六腑)의 지독한 졸음을 제거하니, 여러 날 아침 시상이 맑게 떠오른다."라고 했으며, 유우석(劉禹錫)은 「서산난야시다가(西山蘭若試茶歌)」에서 "하얀 구름이 사발 안에 가득하고, 꽃처럼 배회한다. 은은하게 코를 찌르니 밤에 잠이 달아난다."라고 했다. 「오지자(五之煮)」를 통해 육우는 차에 소금을 넣어 마셨으며, 그 외의 것을 넣는 것은 도랑에 물을 버리는 곳과 같은 일이라고 했다. 또한 육우는 다탕색(茶湯色)이 연한 황색일 때 최상이고 향기가 좋다고 말했으며, 작다(酌茶, 주걱으로 찻잔에 차를 덜어 내는 것)의 수량에도 일정한 규칙이 있다고 말했다. "일칙(一則)의 차 가루로 세 사발의 다탕(茶湯)을 끓여야 맛이 향기롭고 상쾌하고 강렬하다. 가장 많게는 다섯 사발을 탈 수 있다. 차와 물의 비율을 잘 조절하여 첫 번째로 차를 넣는 것을 일칙이라 하고, 차는 반드시 뜨거울 때를 이용해 연거푸 마셔야 한다. 식으면 '정영(精英)'이 공기 중으로 흩어져 버려 마시면 맛이 좋지 않다." 육우가 창도한 차 제작법과 음용법은 거친 차의 풀 비린내를 제거하였고, 각종 향료와 같이 끓이는 다탕식(茶湯式) 자법(煮法)을 사용하지 않았다. 육우의 음용법인 자다법은 당시의 충음법(沖飮法 : 끓는 물을 부어 우려서 마시는 법)보다 찻잎의 특이한 향기가 더 피어났기 때문에 당송(唐宋) 양 대에 유행하면서 오래도록 내려오게 되었다. 이처럼 당나라 사람의 전다법(煎茶法)은 세전품음(細煎品飮: 정교하게 달여서 차를 음미하는 것)으로 차를 마시는 것을 갈증해소의 단계에서 예술적 향수의 단계로 승화시켰다. 하나하나의 복잡한 공정을 거친 후 다탕 위에 다화가 떠다니는 향기로운 차를 마시며 천천히 음미하는 것은 사람으로 하여금 세상사를 잊고 편안하고 담백하며 안일하고 여유롭게 스스로 만족할 줄 아는 경계에 심취하게 한다. 이는 물질과 정신적 만족으로 마음의 즐거움을 느끼는 것이다.

(3) 『다경』 속에 나타난 다구

당대 이전의 다구를 역사적으로 고찰해 보면 왕포의 「동약」에는 "차를 끓일 때 다구를 갖추었다."라고 기록되어 있다. 이는 이미 전한 말에 다구라는 명칭과 기물이 별도로 갖추어져 있었음을 의미한다. 육우는 『다경』 「칠지사」에 "손호는 향연을 베풀 때마다 참석자들에게 일곱 되의 술을 마시도록 엄명하였는데 … … 위요에게는 예를 다르게 하여 몰래 차를 내려 술을 대신하게 하였다."고 기록하였다. 이를 통해 위요에게도 큰 술잔에 차를 담아 마시게 했음을 알 수 있다.

『다경』 「칠지사」에는 "혜제(惠帝)가 사왕(四王)의 난을 당해 도망갔다가 낙양에 돌아왔을 때 황문(黃門)이 와우(瓦盂, 오지사발)에 차를 담아 황제에게 올렸다."라는 기록이 있다. 이를 통해 당 이전의 차를 마시는 도구는 식기와 혼용하여 사용하고 있었음을 알 수 있다. 육우는 품음법(品飮法)을 창도하면서 『다경』에 다구(茶具)를 24종이나 소개하고, 이를 음다과정에 도입시켜 상세히 기록하고 있다.

육우가 소개한 다구에는 풍로(風爐), 거(莒), 회승(灰承), 탄과(炭檛), 화협(火筴), 복(鍑), 교상(交牀), 협(夾), 지낭(紙囊), 년(碾), 불말(拂末), 나합(羅合), 칙(則), 수방(水方), 여수낭(濾水囊), 표(瓢), 죽협(竹筴), 숙우(熟盂), 차궤(鹺簋), 게(揭), 완(碗), 찰(札), 척방(滌方), 재방(滓方), 건(巾), 분(畚), 구열(具列) 등이 있다.

아울러 대나무로 짠 '도람(都籃)'에 다구들을 담았다. 이 다구 세트는 당시 매우 유행되어 전 사회를 풍미하였다. 봉연은 『봉씨문견기』에 "멀리나 가까이에서 모두 경모해 차를 좋아하는 사람의 집에는 한 세트씩 저장해 놓았다."라고 기록하였는데, 이는 차 도구의 실용성과 정취적 특성을 모두 구현하고 있다는 의미를 담고 있다.

특히 육우는 『다경』에서 각지에서 생산되는 완(碗: 주발)에 대해 상세히 평가했는데, "월주(越州), 악주(岳州)의 것이 좋고, 정주(鼎州), 무주, 수주(壽州), 홍주(洪州)의 것이 좋지 않다."고 기록하고 있다. 육우는 또 월주(越州)의 자기와 형주(邢州)의 자기를 비교했고 월주의 주발을 으뜸으로 여겼으며, 그 이유를 빛깔과 광택 때문이라고 말했다. "월주(越州), 악주(岳州)의 자완은 모두 청색으로 청색은 차가 더해지면 백홍(白紅)색이 된다. 형주(邢州)의 자기는 백색으로 차의 색이 붉게 보인다. 수주(壽州)의 자기는 황색으로 차의 색은 자줏빛이 되고, 홍주(洪州)의 자기는 갈색으로 차의 색이 검게 되니 모두 차에 적합하지 않다." 당시의 병차는 대부분 담홍색으로 육우가 청색의 월주와 악주의 자기를 상품으로 친 것은 다탕색이 청자 빛 아래서 청색 가운데 녹색을 담고 있었고, 사람으로 하여금 손을 떼지 못하게 했기 때문이었다. 이는 당시의 차 마시는 사람들의 심미적 정취에 대한 표현이자 그들의 사상인 천인합일의 정신이 반영된 문화적 상태를 내포한 것이었다. 육우의 『다경』에 소개된 다구는 예스럽고 소박하면서 전아(全我)했다. 다구들의 자재 선택은 신중하고 세심하며 엄격했다. 나무는 일반적으로 푸른 대나무, 귤나무, 영수목, 홰나무, 배나무, 개오동나무, 산수유나무 등 좋은 나무를 사용했다. 질이 낮은 나무는 차의 향을 오염시키므로 사용하지 않았다. 종이 선택도 섬계의 등나무 종이를 사용했고, 건은 굵은 명주 베를 사용했으며, 기구는 사기나 동으로 된 것을 사용했다. 이는 모두 차의 품질에 손상을 끼치지 않기 위함이었다.

(4) 『다경』의 의의

『나경』은 세계 최초의 차 전문서적이며, 가장 체계적이고 종합적인 다서이다.[81] 『다경』은 당대 이전까지의 차 관련 자료를 집대성하고 당시 최상의 제다법과 음다법을 기술하고 있다. 『다경』

81) 다학(茶學)은 『다경』에서 살펴보았듯이 인문학 · 자연과학 · 예술 및 미학 등이 포함된 종합 학문이다.

을 통해 음다 풍습을 보편화하고 정형화함으로써 차문화를 한층 발전, 확산시켜 나아갔다. 『다경』에서 차의 성질이 검소하다는 점 등을 강조하고 있다. 이는 '정행검덕(精行儉德)'의 차 정신[82]으로 다도사상을 전개해 나아갔음을 의미한다. 『다경』이 당시 '다(荼)'·'가(檟)'·'설(蔎)'·'명(茗)'·'천(荈)'과 고어 '도(荼)'를 사용하였으나, 육우는 『다경』에서 차의 용어를 '다(茶)'로 일관성 있게 정리했다. 『다경』에 언급된 차 특성의 백미는 '철고인감(啜苦咽甘)'인데, 이는 마시면 쓰고 목구멍에 넘어가면 달다는 의미로 고진감래의 깊은 철학이 담겨 있다. 지금까지 당나라의 차문화를 살펴보았다. 육우의 『다경』을 통해 당대에 들어와 차문화는 정신문화로 자리 잡았음을 알 수 있었다.

3. 오대십국의 차문화

1) 투다문화의 형성

당나라 때 시작된 투다는 오대십국 때 송대의 차문화가 꽃피울 수 있는 사회적 기반을 조성하였다. 오대십국 시기에 '탕사(湯社)'라는 차모임[83]이 조직되어 투다문화가 서서히 형성되어갔다. 이는 관리나 문인들이 정기적으로 모여 여가생활의 하나로 차 문화

82) 대만의 고웅시다예협회(高雄市茶藝協會)에서 발행된 『다예특간(茶藝特刊)』「창간호」에 "중국의 다예(다도)는 중용검덕을 종지로 삼는다."고 적고 있다. 김명배, 『中國의 茶道』, 明文堂,, 2001, 35~37쪽 재인용.

83) 양나라 화응(和凝)이 916년에 결성한 차 모임이다.

의 교류와 보급, 차의 품질을 비교 시합[84]하는 행사였다.[85] 이 시기는 송나라에 이르러 유행한 투다(鬪茶)가 형성된 시기였으며, 예술로 승화되는 차문화가 생활의 한 부분으로 자리 잡은 시기였다.

2) 연고차와 납면차의 출현

차 문화사적 입장에서 중요한 역할을 수행한 국가는 남당(南唐, 937년~975년)으로 946년 지금의 복건성(福建省)에 있던 민(閩, 909년~946년)을 무너뜨리고[86], 민(閩)에 있던 북원(北苑)지방이 남당에 복속되었다. 과거 민(閩) 지방인 복건의 건안에서 단병차(團餅茶)의 모태인 연고차(研膏茶)[87]를 만들었고, 뒤이어 납면차(臘面茶)[88]를 만듦으로써 중국차사에 큰 족적을 남기게 되었다.[89] 이후 북원지방은 당나라의 정통 차 문화를 계승하게 되어 수많은 명차(名茶)들을 생산하게 되었다.

---

84) 梁子, 『中國唐宋茶道』, 陝西人民出版社, 1997, 157쪽

85) 陸樹聲, 『茶寮記』, p.412. "和凝在朝, 率同列遞日, 以茶相飮, 味劣者有罰, 號爲'湯社'."

86) 布目潮渢 外,『중국의 역사』, 혜안, 2001, 369쪽

87) 北宋의 張舜民 『화만록(畫墁錄)』 "당나라 차의 품종에는 양선차로써 상공품으로 삼았고 건계의 북원은 아직도 드러나지 않았다. 정원 연간(785~805)에 건주자사인 상곤(常袞)이 비로소 찻잎을 찌고 불에 쬐어 말리고 갈아서 연고차라고 하였다."

88) 南宋의 程大昌, 『연번로(演繁路)』續集 卷5, 「臘茶」조 "건안차를 납차라고 이름하는 것은 찻물의 표면에 젖 같은 액이 뜬 것이 녹아난 밀랍을 닮았기 때문에 납면차라고 이름붙인 것이다."

89) 態蕃, 『宣化北苑貢茶錄』, "五代之季 建屬南唐 歲率諸縣民 採茶北苑 初造研膏 繼造臘面"

3) 오대의 다서들

오대에도 많은 다서(茶書)들이 저술되었지만 대부분 유실되어 전해지지 않으며, 남아있는 것도 후대의 서적들 가운데 조각글로 전해지고 있다. 오대의 다서로는 오대의 점다문화를 기록하고 있는 소이(蘇廙)의 『십육탕품(十六湯品)』과 모문석(毛文錫)의 『다보(茶譜)』 등이 있다. 특히 소이(蘇廙)의 『십육탕품(十六湯品)』이 송나라 도곡(陶谷)이 지은 『청이록(淸異錄)』권4 「명천부(茗荈部)」에 수록되어 있는 것으로 보아, 소이(蘇廙)는 당말, 오대 중의 한 사람으로 보이며, 『십육탕품(十六湯品)』도 그 시기에 저술된 것으로 짐작되고 있다.

4) 소이(蘇廙)의 『십육탕품(十六湯品)』

소이(蘇廙)는 『십육탕품(十六湯品)』에서 탕(湯)을 16가지로 분류하고 있다. 소이의 『십육탕품』서두에는 "끓인 물 〔탕(湯)〕 은 차의 생명 〔명(命)〕 이다. 만약 명차라 할지라도 탕을 함부로 사용하면 평범한 가루차와 다를 바가 없다. 차 달이기에 있어 물을 지나치게 끓이거나 덜 끓인 것을 말한 것이 세 종류이며, 차 따르기의 느리기와 빠르기를 말한 것이 세 종류요, 그릇을 표준으로 한 것은 다섯 가지요, 섶나무(땔감)으로 논한 것도 다섯 종류이다.[90]"라고 기록되어 있다.

---

90) 蘇廙, 『十六湯品』"湯者 茶之司命 若名茶而濫湯 則與凡末同調矣 煎以老嫩言者凡三品 注以緩急言者凡三品 以器標者共五品 以薪論者共五品"

소이의 『십육탕품』을 표로 정리하면 다음과 같다.

탕(湯)의 구분	좋은 탕	좋지 않은 탕
탕 끓이기(3 가지)	득일탕(得一湯)	영탕(嬰湯), 백수탕(百壽湯)
탕 따르기(3 가지)	중탕(中湯)	단맥탕(斷脈湯), 대장탕(大壯湯)
탕 끓이는 그릇 (5 가지)	부귀탕(富貴湯)	수벽탕(秀碧湯), 압일탕(壓一湯) 전구탕(纏口湯), 감가탕(減價湯)
탕 끓이는 땔감 (5 가지)	법률탕(法律湯)	일면탕(一面湯), 소인탕(宵人湯) 적탕(賊湯), 마탕(魔湯)

소이는 "불의 공이 쌓이고(火績已儲), 물의 성품이 다하고(水性乃盡), 말(斗) 속의 쌀처럼 (如斗中米) 저울 위에 물고기처럼(如稱上魚) 높낮이가 마땅하게 고르고(高低適平) 과부족이 없는 것을 알맞은 정도이다.(無過不及爲度) 이때 잔에 2돈[91]의 가루차(末茶)를 넣고 팔에 적당한 힘을 주어 탕병의 탕수를 느리기도 빠르지도 않게 속도와 수압을 중용으로 조화롭게 고(膏)를 만든다(茶已就膏). 고가 만들어지면, 두 번째 탕수를 6부 정도까지 부어 차를 완성하는데, 이 때 탕수를 따르는 물줄기는 끊어질 듯 부어도 않되고(若存若亡), 너무 빨리 부어도 안 된다.(萬一快瀉, 茶安在哉)[92]" 고 하였다.

탕기(湯器)로는 금이나 은이 좋지만 사치스럽고 고가(高價)이

91) 한 근(약 596g)의 1/16이 한 냥(兩)이며, 한 냥의 1/10이 한 돈(錢)이다. → 두 돈은 7.45g이다.

92) 蘇廙, 『十六湯品』, 김명배, 『중국의 다서』,명문당, 2000, 81~83쪽 재인용.

고, 구리나 쇠는 값이 싸나 좋지 않다. 도자기(사기)병이 취하기에 넉넉하다고 말하고 있다. 위에서 살펴본 바와 같이 소이의 『십육탕품』에서 음다법은 차를 잔에 담은 후 탕병으로 끓는 물을 붓는데, 탕병의 주구(注口)를 통해 흘러나오는 물줄기의 '강약'을 조절하여 말차를 풀어 마시는 방법이다. 즉, 당대 솥에 물을 끓인 후 칙(則)을 사용해 차를 떠 넣은 후 죽협으로 탕수를 저어 차탕을 만들고 말발을 만들었던 자다법과 송대(宋代) 단차를 갈아 뜨거운 물을 부어 차시(茶匙)나 차선(茶筅)으로 격불하여 마시는 다법으로 유화를 마시는 점다법과는 다르다.

소이의 조차법(調茶法)은 차를 직접 끓이지 않고 탕병에 물을 끓인 후 차가 담긴 찻잔에 끓인 탕수를 탕병의 주둥이를 통해 흘러나오게 하는 방법으로 물줄기의 완급을 조절하여 차를 만들어 마셨다.

소이의 조차법은 음다법(飮茶法)이 당대의 자다법(煮茶法)에서 송대의 점다법(點茶法)으로 이어지는 중간 형태로 상당히 다른 음차법임을 알 수 있다. 물은 너무 지나치거나 설 끓여서도 안 되는 정도의 득일탕으로 탕병의 끓인 물을 느리지도 빠르지도 않게 물줄기의 세기를 조절하여 첫 탕수를 부어 고(膏)를 만든 다음 물을 잔의 6부까지 재차 부어 차를 내어 마시는 방법[93]으로 이는 송대

93) 오늘날 드립 커피를 내는 방식과 비슷하다. 드립커피 내는 방식을 살펴보면 계량스푼을 이용하여 일정량(약 10g)의 분쇄된 커피가루를 종이 필터에 넣고 커피 가루가 편평하게 한다. 첫 번째 탕수가 준비된 드립 전용 주전자를 사용하여 커피가루에 물이 천천히 조화롭게 적시도록 붓는다. 이때 물의 흐름이

점다법(點茶法)의 전신이라고 볼 수 있다.[94]

일정해야 하며 물이 커피가루를 벗어나지 않도록 주의한다. 커피가 물에 적셔 뜸이 들어지면서(15~20초) 물이 커피를 통과한 후 두 번째 탕수를 준비하여 위의 과정을 3회 정도 반복한다.

94) 王玲, 『中國茶文化』, 中國書店, 1995, 55~56쪽

삶과 죽음

PART 03

엄영욱

제4장 노신의 생사관

제5장 한 · 중 두 시인의 죽음의식 연구

제 4 장

노신의 생사관

- 「납함」과 「방황」을 중심으로 -

중국현대작가 중 노신만큼 엄숙하고 고통스럽게 생사에 대해 고민한 사람도 드물다. 생사의 문제는 노신작품에서 으뜸 되는 주제 중 하나였으며 평생 노신의 의식을 사로잡은 과제이기도 했다.

이 죽음에 대한 의식은 노신이 어렸을 때 아버지의 죽음을 목도하면서 시작되었다고 할 수 있다. 일본 유학시기에 노신은 영혼의 유무에 대해 연구한 적이 있는데, 죽음에 있어서 고통이 있느냐 없느냐의 문제는 노신의 사망의식의 맹아였다. 당시 센다이의전 시절 환등기를 보았을 때 그는 중국국민의 마비성과 함께 직접적 혹은 간접적으로 죽음을 체험했던 것이다.

1913년 원세개의 공포정치를 거쳐 20년 초 형제간의 失和 이후 큰 병을 얻은 노신은 1926년 3.18사건 때 애 제자들의 죽음을 겪으면서 큰 충격과 함께 죽음에 대해 깊게 생각하게 되었다. 그

후 구추백, 은부, 유석, 호야빈 등 아끼는 후배 작가들의 사망통지는 노신을 더욱 절망하게 했다. 4.12 정변의 피의 숙청, 북벌군의 지명수배, 30년대 국민당 절강성 당부의 블랙리스트 등은 그로 하여금 끊임없이 죽음에 대해 생각하게 하였다.

그러므로 노신 작품을 읽다보면, 쉽게 눈에 들어오는 것이 허무, 절망, 어둠, 암흑, 적막, 죽음, 비극 같은 단어들인 것도 무리가 아니다. 이 단어들은 장르에 관계없이 그의 어느 작품에서나 쉽게 볼 수 있다. 그래서 노신의 문학을 '어둠의 문학' 혹은 '비극문학'이라 칭하기도 하며, "따라서 어둠에 대한 노신의 천착이 보여주는 특징을 밝혀낼 수 있다면, 그의 독특한 사유 방식을 규명해낼 수 있을 것이다."[1]는 생각을 누구나 하게 되는 것이다.

노신의 사유방식을 이해하는 직접적이고도 확실한 방법의 하나는 그의 작중인물을 살펴보는 것이다. 魯迅 소설의 등장인물은 대부분 병든 사회의 불행한 사람들이다. 그들은 하층계층의 민중들이자 억압받고 소외받은 사람들이다. 더러는 상류계층의 등장인물들도 있지만 노신이 묘사하고자 하는 주요 대상이 아니다. 노신작품에서는 구시대의 암울한 현실과 신해혁명전후부터 제 1차 국내혁명전쟁 전후에 이르는 중국의 반식민지 반봉건의 사회제도 아래 신음하고 있는 농민, 여성, 지식인들의 비극적 삶이 극명하게 그려져 있으며 여기에 노신의 생사관이 직간접적으로 드러나 있다.

1) 고점복, 「루쉰과 어둠의 풍경」, 『중국현대문학』 45호, 60쪽

노신은 「납함」, 「방황」, 「고사신편」 등의 소설과 「야초」, 「잡문」 등 다양한 장르의 작품을 남겼다. 그 가운데 자살 혹은 타살이라는 비극적인 죽음을 맞이하는 주인공들을 쉽게 볼 수 있다. 타살된 「阿Q正傳」의 가난한 농민 阿Q와 「藥」의 혁명가 夏瑜, 자살한 「흰 빛」의 과거시험 낙방생 陳士成과 간접적 타살에 의한 죽은 「祝福」의 무지하고 가난한 시골 여성 祥林嫂와 「孔乙己」의 옛 과거의 낙제 문인 孔乙己, 병사한 「내일」의 單四부인의 유아 宝兒, 「藥」의 華小拴, 「孤獨者」의 고독한 지식인 魏連殳, 「풍파」의 가난한 뱃사공의 딸 阿順, 연고 없이 죽은 「傷逝」의 신여성 子君 등이 그들이다.

1924년에서 1926년의 「야초」의 산생시기와 1936년 노신의 마지막 시기[2], 이 두시기에 노신의 생사관은 더욱 명확히 드러난다. "삶과 죽음"은 「야초」에 일관되어 있는 바, 총 24편 중 18편에 기록되어 있다.[3] 1936년 병석에서 노신은 「죽음」이라는 글을 남겨

2) 이 시기의 「차개정잡문말편」과 「부록」의 1/5의 글은 죽음의 신과 관련이 있다. (凱綏.珂勤惠支 版畵選集. 序目」, 「白莽作「孩兒塔」序」, 「寫於深夜里」, 「半夏小集.十」, 「這也是生活......」, 「死」, 「女弔」, 「寫於深夜里」에서는 암암리한 죽음을 서술하였고 「여조」에서는 죽은 후 복수의 영혼을 부르는 것을 묘사하였다.

3) 영웅의 죽음 대한 "敬奠(추앙)" 「秋夜」, 생명의 비상에 대한 극치의 환희 「복수」, 전사가 "무물의 진영"에서 "壽終(목숨을 바친다)는 「這樣的戰士」, 혹독한 하늘 아래 사멸해버린 비의 정령이 솟아오른다는 「雪」, 새하얀 얼음 계곡 속의 "死火"가 불타고 있다는 「死火」, 조물주가 암암리에 생물을 쇠락시키고 일체의 시체를 보존하게 하지 못하는 「淡淡的血痕中」, "죽은 시체"가 묘 속에서 일어나는 「墓碑文」에서는 그로테스크한 자아 해부의 표현양식으로서 사망세계를 그리고 있다. 「死後」에서는 기이한 상상력에 의탁한 사망 세계를 작품의

불교의 윤회나 영혼의 존재를 부정하였다.

노신이 살았던 시대는 피를 부르는 도살의 시대였다. 노신은 삶과 죽음을 생각해야만 했는데 그것은 순수한 인생 철리의 추상적인 사고가 아니라 실천의 문제이자 사회개혁과 밀접한 관계가 있는 것들이었다. 그는 고통스럽게 현대중국변혁사업 중의 역사적 좌표를 탐색하였으며 점차적으로 '중간물 의식'을 형성, 발전시켰고 "빛과 함께 점차 사라져 간다는"[4] 인생의 명제를 제기하였다. 노신은 세계 본체를 무한한 진화론의 사슬로 표현했고 이 진화론의 고리에서 일체 모든 것은 중간물이라 했다. 모든 것은 시간과 함께 사라진다. 그러므로 영원한 생명도 없다. 시간이 지나면 모든 생물은 흙속에 묻힌다. 묻힘이 없으면 역사의 신진대사가 없다. 심지어 절대적인 영원한 글도 사상도 없다했다. 왜냐하

주요 구성으로 삼고 있으며 「잃어버린 지옥」에서는 地獄, 太平, 三界 등의 불교 용어를 구사하면서 불교의 사망 세계를 상상으로 재구성하고 있다. 이밖에도 過客이 "무덤"을 향하여 걸어간다는 내용의 「過客」라든지 「무너진 선의 전율(頹廢線的顫動)」 등의 작품은 직접적으로 사망세계를 그 구성형식으로 사용하고 있지 않지만, 폐허와 무덤의 묘사를 통한 사망적인 세계의 암시와 황폐한 인간성이 던지는 암울한 시적 풍격이라는 면에서 상통하는 성격을 지니고 있다. 이상에서 살핀 바에 의하면, 「야초」에서 사용하고 있는 내적 표현양식으로서의 사망세계는 현실 풍자를 위한 야유와 비꼬임의 세계, 아이러니의 세계로서의 성격을 가지며, 적나라한 자기 해부와 자아 갈등을 효과적으로 폭로하기 위한 기괴함과 음산함의 세계, 즉 그로테스크한 세계로서의 성격을 갖고 있다. 유세종, 「노신 「야초」의 상징체계 연구」, 한국외국어대학교 대학원, 1993. 2 참조.

4) 「寫在「墳」後面」, 『魯迅全集』 1卷, (北京: 人民文學出版社, 1989), 『魯迅全集』은 1938년 魯迅先生記念委員會(20卷), 1956년-1958년 人民文學出版社(10卷), 1981년 人民文學出版社(16卷), 1989년 1981년판의 再版 등 네차례에 결쳐 간행되었는데, 본 논문에서는 人民文學出版社 1989년 판을 低本으로 삼았다. 286쪽.

면 역사는 하나의 유한적인 형태로 표현되기 때문이다. 끝없는 역사라는 긴 강물 속에서 어떠한 사람의 사상도 하나의 중간물이다. 이러한 의미에서 "삶과 죽음"의 사고는 노신에게 있어 실제적인 인생철학의 선택이었다.

1. 삶에 대한 관점

인류의 역사는 살아남기 위한 생존의 역사이다. 중국 또한 많은 지사들과 선현들이 20세기 중국민족의 생존을 위해 부단히 분투했는데 그것은 바로 중국민족의 "생존과 따뜻한 배부름, 발전"을 위한 것이라 할 수 있다. "생존, 배부름, 발전"은 인간의 가장 기본적인 본능이자 최대의 가치이다. 그러나 봉건중국에서는 이 기본적인 욕구마저 무시, 억압당했던 것이다.

"현재 우리에게 급선무는 첫째, 생존이며 둘째, 보원이고 셋째, 발전하는 것이다. 이 앞길을 가로 막는 것이라면 그것이 옛것이든 오늘의 것이든, 사람이든 귀신이든, 「三墳」, 「五典」이든 百宋千元이든, 天球河圖이든 金人玉佛이든, 세전 환약 산약이든 밀방으로 제조한 고약 단약이든 할 것 없이 보조리 짓밟아 무너뜨려야 한다."[5)]

노신이 여기에서 말하고자 한 것은 인간의 생존권리와 존엄, 그리고 인간의 정당한 욕망이 보장되어야 한다는 것이었다. 당시 중국 사람에게 있어 가장 급선무는 생존하는 것이었는데 그것은

---

5) 「忽然想到5-6」, 「魯迅全集」 3卷, 45쪽.

바로 충분한 물질의 공급을 의미했다. 무릇 곳간이 풍부해야 예도 나오고 합리적인 생각을 할 수 있는 바, 합리적인 인간의 생존방식을 쟁취한다는 것은 즉 "행복한 날을 보내는 합리적인 사람이 된다는 것이다."[6] 그래서 노신은 인간의 욕망을 억압하고 정신을 마비시키는 전통사상의 부정적 요소[7]를 질타했는데, 그의 부르짖음은 봉건전통의 인간의 가치 관념에 대한 대단한 반역이자 도전이며 신 현대인의 가치관념에 대한 일종의 확인이었다.

노신은 "생명을 보존하고 발전"해야 한다는 진화론적 관점에서 출발하여 인간의 자연적인 본능의 욕망을 선양하는 합리적인 도덕을 주장하였다. 그는 "중국인들은 이제까지 '사람'의 가치를 쟁취한 적이 없다."[8]고 일갈하면서 무엇보다도 먼저 "인욕을 말살하는 안빈낙도의 봉건윤리도덕을 깨야한다고 주장했다. 인간의 존엄에 대한 경시와 부정, 인간의 욕망에 대한 억압, 이것이 중국봉건제도와 봉건 윤리도덕의 본질인바, 노신은 이를 다음과 같이 명쾌하게 지적해냈다.

---

6) 「우리들은 어떻게 아버지가 될 것인가」, 「墳」, 『魯迅全集』 1卷, 140쪽

7) 노신은 유가문화와 불교문화에 대하여 이중적인 태도를 취하고 있다. 가치있는 요소는 수용하되 부정적 요소는 파괴해야 한다고 생각했다. 노신은 유가문화의 봉건 등급제도, 효도, 조상숭배, 봉건 절개관, 공자를 존경하는 讀經論을 비판했지만 "入世"와 "參與"의 정신은 긍정하였다. 불교문화의 중용, 박애의 철학과 세상을 피하는 소극적 태도를 등을 비판하였지만 지혜를 계발시키고 민심을 깨우치는 계몽작용은 중시하였다. 노신은 도교의 "無爲", "自然" 사상을 현실을 도피하는 소극적인 사상을 간주하여 "入世"의 난관에 부딪쳤을 때, 일련의 "사기와 기만"을 특징을 하는 "정신 승리법"을 제공한 근간으로 생각하고 통렬히 비판하였다.

8) 「墳. 燈下漫筆」, 『魯迅全集』 1卷. 212쪽.

"노자의 5천 마디의 말은 인심을 거스르지 않으려는데 그 목적이 있다. 인심을 어지럽히지 않기 위해서는 반드시 고목의 마음으로 無爲의 다스림을 세워야 한다. 무위로써 세상을 변화시키면 세상은 곧 태평해진다."[9)]

노신은 이러한 "보수", "내향"의 심리 성격이 "무위"의 또 다른 극 즉, "사기와 기만"에 이르렀다고 봤다. 도교 사상이 포함하는 노장 사상은 유가문화로서 하나의 중요한 보충 작용을 한다. 그 특징의 하나는 바로 "入世"의 난관에 부딪쳤을 때, 일련의 "사기와 기만"을 특징으로 하는 "정신 승리법"을 제공한 것이다."[10)]

중국인들의 실제 생활에서 지배적인 작용을 한 것은 "삶과 죽음에는 운명이 있고, 부귀는 하늘에 달렸다"는 숙명론과 "안빈낙도", "知足常樂"의 傭人철학이다. 소위 "부와 귀는 인간의 욕망이지만 도가 아니면 얻지 말라"[11)]며 "불의로서 얻은 부귀는 나에게 있어 뜬구름과 같다."[12)]는 공맹철학의 도덕 수양론에 대해 노신은 일찍이 다음과 같이 한마디로 지적하였다. "안빈낙도를 권장하는 것은 고금의 치국평천하를 하기 위한 經絡이다."[13)] 20세기 중국에 있어서 "안빈낙도"란 앞에서 노신이 제기한 "생존, 보온, 발전"의 목표를 저해하는 가치 관념인 것이다. 노신은 자신의 생존

---

9) 「墳.악마주의 시의 힘」, 『魯迅全集』 1卷, 68쪽.

10) 졸저, 「노신의 문화사상과 외국문학」, 전남대 출판사, 2006, 64쪽.

11) 「論語, 里人篇)」

12) 「論語, 述而篇」

13) 「花邊文學, 安貧樂道法」, 『魯迅全集』 5卷, 제539쪽.

론에 대해 좀 더 구체적으로 설명하고 있다. “내가 생존해야 한다는 것은 결코 구차한 삶이 아니다. : 소위 따뜻하게 배부르게 먹는다는 것은 결코 사치가 아니다. : 소위 발전이라는 것 또한 방종이 아니다.”[14)]

여기서 노신이 말한 ‘구차한 삶’이란 무엇인가? 인간의 생존이란 동물의 생존과 다르다. 인간은 생물학적 존재이지만 또한 사회적 존재인 것이다. 인간은 태어나자마자 단순한 생물적 단위에서 사회적 단위로 바꾸어진다. 태어난 순간 사회의 한 구성원으로 형성되며 그 사회의 모든 문화, 관습과 사상, 언어의 영향을 받는다. 인간은 자기가 태어난 사회를 떠날 수 없으며 그 사회를 이루고 있는 구성원들과 더불어 살아야 한다. 함께 살아야 하는 이웃, 사회 공동체, 나아가 민족, 국가들은 사회를 이루고 있는 대표적인 단위이다. 이러한 사회단체들이 합리적으로 운영되고 인간다운 삶이 영위되려면 인간만이 갖는 정신적 가치와 사회적 가치, 이상적인 삶의 목표가 있어야 한다. 이것이 일반 동생물과 다른 점이다.

무릇 바람직한 인간이란 개체의 생존, 발전이 반드시 국가와 민족, 자신이 살고 있는 사회의 총체적인 목표와 연결되어 발전해야 비로소 그 가치가 생겨난다. 근대 중국에서 국가, 민족의 생존과 발전은 무엇보다도 우선적 위치를 차지하고 있다. 근대 중국에서 국가와 사회, 민족과 유리된 생존과 발전은 필연적으로 “구차

14) 「華蓋集, 北京通信」, 『魯迅全集』 3卷, 51-52쪽.

한 삶"인 것이다.

그런 의미에서 노신은 30년대 중국의 현대 隱士들을 날카롭게 비판하였다. 그들은 국가와 민족, 사회에 대한 의무와 책임을 방기하였다는 것이다. "태산이 붕괴되고 황하가 범람해도 은사들은 못 본 체, 듣지 않은 체 하였다. 그러나 만일 그 자신이나 다른 동료들에 대한 논의가 있는 날에는 비록 천리 밖에서 한 말이고 반 마디 밖에 되지 않더라도 그들은 귀가 쫑긋해져 우주가 궤멸되는 것보다 더 큰 사건이라도 일어난 듯이 분연히 차고 일어나는데 그것은 바로 이 때문인 것이다."[15]

어떠하든 간에 그들의 생존방식은 구차한 삶인 것이다. 민족과 국가의 존망에는 오불관하고 개인의 이해에 급급한 삶이란 노신의 눈에 구차하기 짝이 없는 삶인 것이다.

노신은 임종 1개월 전 「죽음」이란 글에서 "아무 짝에 쓸모없는 작가나 예술가는 되지 말아라"[16]는 뼈있는 유언을 남겼다. 그는 죽기 열흘 전에도 혼신의 힘을 다해 병상에서 일어나 전국 木刻 전시장에 참석하여 젊은 예술가들은 지도했으며 죽기 이틀 전에도 글을 썼다. 우리는 그런 모습에서 순교자적인 작가의 모습뿐만 아니라 민중과 함께 하는 애민정신을 본다. "기실 혁명은 결코 사람들에게 죽음을 가르치는 것이 아니라, 사람들에게 삶을 가르치

15) 「隱士」, 「且介亭雜文二集」 『魯迅全集』 6卷, 224쪽.

16) 「死」(『中流』 半月刊 第 1卷 2期, 1936. 9. 20), 『且介亭雜文末編附集』, 『魯迅全集』 6卷, 612쪽.

는 것이다."[17] 는 노신의 말에 우리는 진정성을 느끼는 것이다.

또한 우리는「납함「자서」」에서 들려준 나직하지만 깊은 울림을 가진 노신의 음성을 잊을 수 없다. "가령 창문이 하나도 없고 절대로 부술 수도 없는 쇠로 만든 방이 하나 있다고 하세. 안에는 수많은 사람들이 잠들고 있으니 오래지 않아 모두 숨이 막혀 죽을 것이 아닌가. 그런데 혼수에 빠져서 죽음에 이른다면 죽음의 비애를 느끼지 못할 것이잖나. 지금 자네가 큰소리를 질러서 잠이 깊이 들지 않은 몇 사람을 깨워서 그 불행한 사람들에게 도와줄 수 없는 임종의 고통을 맛보게 한다면 자네는 오히려 그들에게 더 미안하지 않겠는가? 그러나 그 몇 사람이 일어난 이상, 결코 이 쇠로 된 방을 부숴 버리는 희망이 없다고 자네가 말할 수는 없지 않은가."[18]

'철의 방의 외침'이라 축약되는 이 구절은 '절망 속에서 외치는 희망'이자 비정상에서 정상을 희구하는 지식인의 외침이다. 노신은 여기에서 깊게 잠들어 깨어나지 못한, 의식이 마마비되어 가사상태에 이른 중국 민중에 대하여 절망적인 환멸감을 드러내면서도 동시에 그것을 뛰어넘고자 하는 지식인으로서의 소명의식, 삶에 대한 의지를 내보이고 있다. 그것은 그의 단편『고향』에 언급된 그 유명한 '길' 만들기와 같은 연장선상에 있다. "본래 땅 위에는 길이 없었다. 걸어가는 사람이 많아지면 그것이 곧 길이 되는

17)「二心集. 上海文藝誌 一瞥」,『魯迅全集』4卷, 297쪽.

18)「自序. 吶喊」,『魯迅全集』1卷, 415쪽.

것이다."[19]

노신에게 있어서 삶이란 희망, 혹은 희망 찾기이며 동시에 실천을 의미했다.

2. 사망의식

노신의 사망의식을 지탱하는 가장 큰 기둥은 진화론이다. 노신은 다윈의 생물 진화론을 바탕으로 하여 하나의 참신한 사망관을 제기하였다. "신생하는 새로운 삶을 위하여 낡고 늙은 것들은 기꺼이 죽어야 한다", "죽음은 슬픈 것이 아니라 기쁜 것이다"라며 생명의 신진대사를 외쳤다. 노신은 진화론을 역사와 사회에 적용시켰을 뿐만 아니라 생사관에도 적용시킨 것이다. 노신의 사망의식은 때로는 비량하게 때로는 죽음에 대한 환희로 나타나는데 무엇보다도 절망 속에서 항전하는 노신의 심사를 반영하고 있다.

소설집 「납함」과 「방황」은 그 기조가 침울, 비량, 우울하다. 노신의 사망의식이 깊게 침투되어 비극적인 정서를 심화시키고 있다. 「납함 「자서」」에서 노신은 깊게 잠들어 깨어나지 못한, 의식이 마비되어 가사상태에 이른 중국 민중과 사회에 대해 절망적인 환멸감을 드러낸다. 잠들어 죽어가고 있는 민중을 향해 외치는 노신의 일명 "철의 방의 외침"은 독자들에게 매우 깊은 인상을 준다. 이것은 노신의 독특한 사망의식의 상징이다. 노신은 절망 속

19) 「故鄕」, 『魯迅全集』 1卷, 485쪽.

에서 희망을, 죽음 속에서 삶을 노래한다.

사망체험의 각도에서 말하자면 소설 「示衆」은 작가의 죽음에 대한 체험이다. 여기에는 20여 년 전 학생시절에 보았던 환등기의 기억이 예술적으로 가공되어 나타나지만 작가의 사망의식이 침투되어 있음을 알 수 있다. 「시중」에 나타난 일본 유학시절의 환등기 사건, 「야초」에 나타난 구경꾼들, 「아큐정전」의 구경꾼들, 잡문 「죽음」, 「깊은 밤에 쓴다」의 구경꾼들- 아이들, 부녀, 학생, 노인, 인력거꾼, 상인, 지식분자, 노동자 등-의 마비된 의식에 대하여 노신은 깊은 분노를 표시하였다. 생명을 빼앗기고 살육당하는 상황에서도 냉담하게 지켜보는, 의식이 마비되어 현실인식을 하지 못하는 그 우매함에서 노신은 민족의 사망관념의 천박함을 보았으며, 민족의 사망의식의 결핍에서 울분과 실망을 금치 못했다.

노신은 아Q가 죽기 전의 마지막 심리상태를 다음과 같이 적나라하게 표현하고 있다.

> "그때 그는 문득 느꼈다.--이건 내 목을 베러 가는 것이 아닌가? 그는 그만 기겁하여 아찔하였다. 눈앞이 캄캄해지고 귀가 윙윙거리며 까무러질 것 같았다. 그러나 그는 완전히 까무러치지는 않았다. 속이 막 바싹바싹 타며 안타깝기도 하였으나 더러는 오히려 태연하였다. 그는 사람이 세상에 살다 보면 때때로 목을 잘리 우는 일도 있는 법이라고 생각하는 것 같았다. ...'이십년 뒤에 또 다시 태어나 ...'. 아Q는 그 와중에 '스승 없이 스스로 통달한다'는 식으로, 이제까지 해본 적이 없는 말을 반 구절 내뱉었다."[20]

20) 「阿Q正傳, 吶喊」, 『魯迅全集』 1卷, 525-526쪽.

아큐는 죽음에 대하여 처음에는 매우 놀라 겁먹는 태도를 보이지만 곧 죽음을 수용하고는 죽음을 삶과 동일시한다. 이러한 모습은 호적의 「差不多先生」에 등장하는 '차뿌뚜어 선생'을 연상케 한다. 이것은 바로 중국전통문화가 만들어낸 현상으로 대표적인 죽음의식의 결핍의 한 예이다. 아무런 이유 없이 죽어감에도 불구하고 그 원인을 규명, 저항하려들지 않고 죽음을 받아들이는 아큐의 모습을 통해 노신은 중국민족의 비겁함, 나약, 마비된 정신을 드러냈는데 여기에서 우리는 작가의 깊은 사망체험을 볼 수 있다.

「약」은 노신의 사망의식이 보다 더 직접적으로 드러난 이중비극이다. "혁명가 하유는 민중을 위하여 투쟁하다가 희생되지만 우매한 군중은 그 혁명가의 죽음의 의의를 알지 못한다. 그의 희생은 사람들에게 구경거리일 뿐이며 찻집 사람들의 이야깃거리를 보태주었을 뿐이다. 더욱 비분을 자아내게 하는 것은 그 혁명가의 피가 폐병을 치료하는 좋은 약이 될 것이라 믿는다는 것이다."[21)]

작가자신의 사망의식이 투영된 작품으로는 아무래도 지식인을 소재로 한 작품을 들 수 있다. 지식인에 대해 상당한 애정을 가지고 있었던 노신은 누구보다도 지식인들의 허위와 모순, 그리고 그들의 절망과 좌절, 비극적인 삶을 깊이있게 관찰할 수 있었으며 그들의 삶에 대해 동정하고 분노했다. 노신 작품에 반영된 지식인은 구지식인과 신지식인 두 부류이다. 신해혁명 이전, 농촌에서 자라 오로지 과거에 몰두하다가 몰락한 구독서인 공을기, 벼슬과

21) 졸저, 「노신문학의 리얼리즘」, 전남대학교출판부, 2004년, 234쪽.

재물에만 정신이 빠진 과거시험 낙방생 진사성 같은 인물들은 구지식인으로서, 모두 시대의 흐름을 읽지 못하고 구습에 얽매여 살다가 비극적 최후를 맞는다.

신해혁명 후 5.4 운동의 세례를 받은 보다 진보적인 지식인으로는 「술집에서」의 여위보, 「고독자」의 위련수, 「단오절」의 방현작 등이 있다. 이들은 5.4시기에 이상을 품었던 참신한 인물들로 봉건세력에 대항했지만 5.4운동의 퇴조기에 구사회에와 타협, 투항하는 길을 걷다가 마침내 비극적인 종말을 맺는다.

노신은 이들 작품에서 등장인물의 육체적 죽음보다는 정신적 죽음, 영혼의 파멸을 통해 마비된 국민정신을 깨우치고자 했는데 이것이 노신의 사망의식의 독특한 점이다.

노신의 사망의식은 고독과 절망 속에서 산생된 것으로 죽음을 초월한 것이다. 그 바탕에는 진화론이 놓여있다. 「野草.題辭」에서 말하기를 : "과거의 생명은 이미 죽은 것이다. 나는 이 죽음에 대하여 매우 기뻐한다. 왜냐하면 나는 이것을 빌어 그것이 살아난 것을 알기 때문이다. 죽어야 할 생명은 이미 부패했다. 나는 이 부패에 대하여 매우 기뻐한다. 그것으로써 아직도 그것이 공허하지 않은 것을 알기 때문이다."[22]

노신은 진화론을 생사에 적용하여 생명의 신진대사를 주장했다. 낡은 것이 죽어야 새로운 것이 산생하는 것이다. 그러므로 신생을 위하여 낡은 것은 기꺼이 사라져야 한다는 것이다. 즉 낡은

22) 「野草.題辭」, 『魯迅全集』 2卷, 159쪽.

세계는 새로운 세계를 창조하기 위하여 사멸해야 하는 것, 이것이 바로 진화의 길이다. "설령 사람들이 멸망할지라도 결코 그것 또한 적막하고 슬픈 일이 아니니다"[23), "생명의 길은 진보적인 것이고 무한의 정신 삼각형의 경사면을 따라 전진할 것이며 어떠한 것을 그것을 저지할 수 없다."[24) 그러므로 노신 작품의 비극적인 죽음의 주인공들은 구역량을 대표한 인물들로서 신생역량에 압도되어 파멸되어 간다. 이들은 모두 새로운 세계를 위하여 마땅히 방기되며 죽어가야 하는 존재이다.

"낡은 것"과 "늙은 것"은 "새롭고" "젊은 것"에게 길을 터주어야 하며 격려해주어 그들로 하여금 나아가도록 해야 한다는 것이다. 이것을 인류의 발전사에 비추어 보면, 개인의 희생(죽음)이 있어야 인류의 발전(생)이 있는 것이며 이것이 바로 인류의 역사낙관주의인 것이다. 노신은 맑스주의를 수용한 후 개인의 생명가치를 무산계급과 대중의 생명 가치에 연결시켜 구체적으로 역사낙관주의를 견지하였다.

그는 다음과 같이 말했다. "혁명에는 피와 오염이 있지만 신생아가 있다....즉 앞길(前途)이 사멸되어야 하는데 이 '사멸'은 개인의 의의를 잃어버리고 대중과 함께 결합한 것이다. 그러므로 신생의 영아, 궤멸은 바로 신생의 일부분이다."[25)

---

23) 위의 주)와 같음.

24) 위의 주)와 같음.

25) 「譯文序跋集「潰滅」第2部 1至3章譯者附記」, 『魯迅全集』 10卷, 336쪽.

이 개체의 죽음은 신생하는 群體와 생명을 바꾼 것이다. 개인의 생명가치가 대중의 것으로 나아감으로써 "죽음"은 다시 "생"으로 전화되는 것이다.

이렇게 진화론과 유물론의 기초위에 세워진 노신의 이러한 생사관은 일종의 새로운 사상관념으로 중국전통의 도교나 불교의 생사관과는 대립된 것이다.

도교는 보통 중국인들의 심리나 성격, 행위 방식과 긴밀히 연결되어 있다. 특히 중국문화는 樂感文化 -현세를 중시하고, 내세를 즐기며, 원만함을 중시하여 비극의식이 결핍되어 있다-에 속하며, 도교문화는 바로 이런 문화의 특징을 가장 두드러지게 보여주고 있다. 도교문화는 사람들로 하여금 보수, 무욕, 초연한 심리를 조성하여 준다.[26]

노신은 불교의 "육도윤회설", 불교와 도교의 천당, 지옥설을 수용할 수 없었다. 고통스러운 현실을 과감하게 수용해내면서 죽음에 임하여 영원히 자신을 위로하거나 자신을 속이고 싶지 않았다. 중국전통의 가족주의 "사후관"에 대해서도 냉담했다. 노신은 영혼의 존재를 부인하였으며 치열한 현실을 직시해야 한다고 생각했다. 우공이산의 전설에는 유가화 된 원시사상이 잘 표현되어 있다. "내가 비록 죽을지라도 자식이 있다. 자식이 또 손자를 낳고 손자가 다시 자식을 낳으며 자식이 또 자식을 낳고 자식이 또 손자를 낳아 자자손손 끊임없이 산을 판다" 노신은 이같은 유가가

26) 졸저, 앞의 책, 2006, 63쪽.

족주의의 봉건윤리개념을 타파하고자 했으며 자녀들이 사업을 계승하는 것에 대해서 냉담한 태도를 취하였다. 그는 친구에게 다음과 같은 편지를 썼다. "나는 사람의 죽은 혼이 존재한다는 것을 믿지 않으며, 후사도 구하지 않는다."[27)]

그러나 중국인들은 귀신과 영혼 그리고 윤회를 믿으며 죽은 후 여전히 삶이 계속된다고 생각한다. 이러한 사망관념은 중국민족정신의 두드러진 특징이다. 죽음을 회피하는 이러한 습속은 세월이 흐르면서 더욱 무성해지고 공고해져 죽음에 대한 내재적 정감과 인식에 대하여 갈수록 멀어지게 되었고 喪事儀禮가 일종의 의식으로 독립하게 되었다.

봉건여성을 소재로 한 「축복」과 「내일」이 이러한 예의 대표적인 작품이다. 「축복」에서는 노예가 되고 싶어했던 그녀의 마비된 정신, 봉건예교에 사로잡혀 죽어가면서도 자각하지 못한 채 미신을 믿어야 했던 가엾은 여성, 제사에 정성을 들임으로써 현실에서 이루지 못한 것을 이승에서 해결하려는 우매한 영혼 등을 꼼꼼히 해부해 보이면서 봉건예교의 심각한 폐해를 지적하고 있다.

「내일」의 신시부인(單四婦人) 등에서 우리는 미신적이고 노예적인 삶과 현실과 내세의 세계를 동일시하는 현상을 두드러지게 볼 수 있다. 봉건예교의 미신성은 다음과 같이 아들의 장례식 때 더욱 두드러진다.

---

27) 「書信. 310306. 李秉中」, 「魯迅全集」12卷, 41-42쪽.

> 선사부인은 보아(寶兒)에게 지극한 정성을 다 기울였다. 어제는 종이돈 한 묶음을 태웠다. 오전에는 49권의 대비축문(大悲呪文)을 태웠다. 입관할 때는 보아에게 새 옷을 입혔고 평소에 좋아하던 장난감 - 흙인형 하나, 나무공기 두개, 유리병 두개 -을 베갯머리에 놓아주었다. 왕구(王九)할머니가 뒤에 손가락으로 꼽아가며 이것저것 헤아려 보았으나 거의 빠뜨린 것이 없을 정도다.[28]

죽은 사람에게 주문을 외우거나 대비주문을 태워주면 저승에서 재화를 모면하고 극락에 가서 살 수 있다는 봉건적인 미신은 단지 선사부인에게만 드러나는 것이 아니라 당시 중국보통사람들에게 모두 해당되는 보편적인 믿음이었다.

이렇게 죽음에 대한 회피, 사망인식에 대한 심각한 사고의 결핍은 삶에 대한 적극적인 의지를 위축시켰다. 사망의식의 심각한 결핍은 민족의 열근성을 초래하였고 현실에 대한 무감각, 외세의 침략이나 타인의 억압에 한 무저항을 야기했다. 노신은 이같은 국민성이 오랜 세월 동안 국민의 의식을 지배해 온 봉건적인 전통문화에서 기인한다고 봤다. 전통문화란 민중 심리의 반영이자 행위의 표현으로서 국민성 혹은 민족성을 드러내주는 거울이다. 노신은 전통문화의 봉건성을 타파하지 않으면 새로운 국가도 국민도 있을 수 없으며 나라도 일으킬 수 없다고 생각했다.

이렇게 노신의 생사관은 중국전통문화와 대척점에 있다. 그 이론의 기초와 기본적인 출발점은 진화론이며 유물론 사상이다. 이

---

28) 「明天」(『新潮』月刊, 第 2卷 1號), 『吶喊』, 위의 책, 455쪽.

를 토대로 역사의 낙관주의를 견지하여 노신은 절망 속에 좌절하면서도 미래에 대하여 낙관할 수 있었다.

"생명은 죽음을 두려워하지 않는다. 죽음의 앞에서 웃고 뛰면서 멸망하는 사람들을 뛰어넘어 전진한다.... 인류는 적막하지 않을 것이다. 왜냐하면 생명은 진보적이며 낙천적이기 때문이다."[29]

그러나 죽음이란 어쩔 수 없이 悲凉한 것이다. 20년대 중기이후 허광평에게 쓴 편지에서 노신은 완전히 다른 목소리를 낸다. "나는 항상 흑암과 허무를 때때로 느끼는데 바로 실제 있기 때문이다."[30], "나는 확실히 하나의 종점을 알고 있는데 바로 그것은 무덤이다"[31] "나의 반항은 어둠에 대한 교란에 지나지 않는다."[32] 이렇게 죽음은 존재의 고통, 어찌할 수 없음, 황당함, 적막함을 의미하며 피할 수 없는 멸망의 비극을 의미한다.

그는 말년(1935년) 짧은 1년 동안에 죽음에 관한 글을 7편이나 썼는데 친구들과 친척들에게 공개적으로 발표한 글에는 죽음에 대하여 태연한 자세를 보이지만 비공개적인 편지에는 초조, 두려움, 비통 등을 드러내고 있다. 이것은 모순적인 양면으로 노신의 죽음이 임박했음을 알려준다. 노신은 죽음이 임박함에 따라 정작 자신의 병에 대해서는 경시와 무심한 태도를 취하였다. 그는 글을 계속 썼으며 빨리 완성하기를 원했다. 그는 생명을 다하여 죽음에

29) 「熱風.隨感錄 66.생명의 길」, 『魯迅全集』 1卷 368쪽.

30) ≪兩地書(4)≫, 『魯迅全集』 11卷, 455쪽.

31) ≪寫 在 〈墳〉後面≫, 앞의 책, 284쪽.

32) ≪兩地書(24)≫, 『魯迅全集』 11卷, 79쪽.

대해 최후의 반항을 하였으니, 그의 죽음에 대한 태도는 한마디로 "직면"이라 할 수 있다. 그는 죽음에 직면했을 때 더욱 절박하게 삶에 직면했으며, 죽음으로부터 삶을 찾았다. 몸은 비록 아프지만 "이것도 생활이다.", 생명의 아름다움과 귀함을 느끼면서, 그는 죽음의 현실을 수용하여 삶의 최후까지도 '掙扎'(몸부림 치다)한 전투를 벌였던 것이다.

3. 결론

노신의 생사관은 수많은 문화 배경과 交織되어 있으며 그의 격동적인 삶을 반영한다.

노신은 평생 동안 죽음에 대한 글을 끊임없이 썼다. 「납함」, 「방황」, 「야초」, 「조화석습」 등에는 죽음에 대한 묘사와 죽음에 대한 화제가 끊임없이 등장한다. 심지어 역서를 포함하여 조기의 「역외소설집」 중 「침묵」, 「漫」에서부터 임종전의 「死魂靈」에 이르기까지 죽음은 그의 글의 중요한 주제였다.

재미학자 夏濟安은 일찍이 다음과 같이 말하였다 : "노신은 그의 산문체 시뿐만 아니라 단편소설에서도 죽음의 추악함을 잘 묘사하는 전문가였다. 그의 소설에 나오는 많은 살아있는 인물들은 마치 시체처럼 창백한 빛깔과 돌같이 굳은 응시, 소리없고 느린 동작들을 갖고 있다. 장례식, 무덤, 목을 베는 사형집행 그리고 질병조차도 노신의 독창적인 상상력을 끌어내는 되풀이 되는 주제이다."[33] 이처럼 노신 작품에는 죽음에 대한 형상, 주제, 제제, 화제 등이 많은데 이것은 구시대에 대한 그의 항쟁이자 노신의식의 복잡함을 드러내준 것이다.

본고에서는 편의상 노신의 삶에 대한 관점과 사망의식을 나누어 살펴보았는데, 사실 이것은 종이의 양면처럼 나누어 볼 수 없는 하나의 본체이다. 노신은 살아있으면서 죽음을 보았고, 죽음 속에서 또 삶을 보았다. 노신의 삶은 한마디로 이야기하자면 절망에 저항하고 항전하는 '掙扎'한 삶이었으며 희망 찾기이며 동시에 실천이었다.

노신은 삶에 있어서 "생존, 보원, 발전"을 주장하였는데 이것은 인간의 생존권리와 존엄, 인간의 정당한 욕망의 보장에 대한 강조였다. 인간의 욕망을 억압하고 정신을 마비시키는 전통사상의 부정적 요소를 비판한 노신은 마비된 국민성을 깨우치고자 평생 노력했다. 현실을 직시하지 못하고 살아가는 '식인문화'의 근원을 노신은 사망의식의 결핍과 봉건예교에서 찾았다. 노신은 자신의 소설에서 등장인물의 육체적 죽음보다는 정신적 죽음, 영혼의 파멸을 강조했고, 이를 통해 마비된 국민의식을 개조하고 인생을 개량, 올바른 사회를 건설하고자 하였다.

노신의 생사관은 한마디로 요약하면 이런 개혁의지를 추동시킨 진화론과 유물론이다. "죽음을 자연의 한 현상으로 생명의 신진대사"라고 파악했던 노신은 후기에 들어 유물론을 수용하여 개

33) 夏濟安, 「魯迅作品的暗黑面」, 見樂黛雲編 『國外魯迅論集』, 373쪽.

인의 생명가치와 대중의 생명 가치를 융합시켜 인류 역사의 낙관주의를 수립하였다. 개인의 죽음은 집체의 새로운 생명을 위해 희생하며 낡은 세계는 신생하는 세계를 위해 없어진다는, 이런 생사관은 중국전통의 생사관과는 확연히 대립된 것이다.

참고문헌

『魯迅全集』 제1권, (北京: 人民文學出版社, 1989)
왕스징 저, 신영복, 유세종 역, 『노신전』, 다섯수레, 1992
엄영욱, 『노신의 문화사상과 외국문학』, 전남대학교출판부, 2006, 63쪽
夏濟安, 『魯迅作品的暗黑面』, 樂黛雲編 『國外魯迅論集』, 북경대학출판사, 1981
죽내호 저, 서광덕 역, 『루쉰』, 문학과 지성사, 2003
전인초 외저, 『민족혼으로 살다』, 학고재, 1999
왕휘 저, 『반항.절망』, 하북교육출판사, 2000.1
오준 저, 『노신개성 심리연구』, 화동사범대학출판사, 1992년
한림대학인문학연구소 편, 『동아시아 기층문화에 나타난 죽음과 삶』, 민속원, 2001
「"死火" 정신의 상징」, 『노신연구월간』 87.10
유세종, 『노신 「야초」의 상징체계 연구』, 한국외국어대학교대학원, 1993. 2
고점복, 「루쉰과 어둠의 풍경」, 『중국현대문학』 45호
「노신의 「축복」에 나타난 영혼의 문제」, 『중국현대문학』 24호
孫立川(青野繁治 역) 「魯迅의 소설 중 인물의 죽음에 관한 분석과 비교」, 「野草」, 1985. 35호

제 5 장

한중 두 시인의 죽음의식 연구

- 삶과 죽음의 이중 변주곡 -

사랑을 잃고 나는 쓰네

잘 있거라, 짧았던 밤들아
창밖을 떠돌던 겨울안개들아
아무것도 모르던 촛불들아, 잘 있거라
공포를 기다리던 흰 종이들아
망설임을 대신하던 눈물들아
잘 있거라, 더 이상 내 것이 아닌 열망들아
장님처럼 나 이제 더듬거리며 문을 잠그네
가엾은 내 사랑 빈 집에 갇혔네[1]

기형도[2] 시 가운데 가장 많이 알려진 시라 할 수 있는 이 '빈

---

1) 기형도, 「빈집」, 『기형도 전집』, 문학과 지성사, 1999, 89쪽, 이후의 나오는 『기형도 전집』은 『전집』으로 약칭한다.

2) 중학교 때부터 시를 쓰기 시작했다는 기형도는 인천광역시 옹진군 연평도에서 3남 4녀 중 막내로 태어났다. 중학교 때부터 시에 관심이 있었던(1975년

집'을 가만히 읊조려본다. 빈 집에 '갇히'다니. 사랑을 상실한 가슴의 참혹함이란 무덤과도 같을 터이니 시인을 가둔 '빈 집'을 우리는 그 자신의 '관'이라 이해해도 좋을 것이다. 이 짧은 단시에서 시인은 '잘 있거라'를 세 번이나 반복하고 있다. 마치 세상과의 고별사 같은 이 시를 써놓고 시인은 죽기 일 주일 전에 친구에게 고백했다고 한다. "나는 뇌졸중으로 죽을지 몰라."라고.

평소 기형도는 하이즈[3]와 달리 죽음을 찬미하지 않았다. 오히려 그는 입 속에 달라붙은 혀처럼 그를 집요하게 따라다니던 죽음의 그림자를 떨쳐내려고 애썼다. 그가 남긴 많지 않은 시 95편 속에서 그가 '희망'을 갈구했던 모습을 우리는 쉽게 찾아볼 수 있다. 그렇다면, 무엇이 전도양양한 스물아홉의 젊은 시인을 죽음으

그의 바로 손 위 누이가 불의의 사고로 죽는 일이 벌어졌다.) 그때부터 그는 시에 관심을 가졌다고 한다. 그는 1979년 연세대학교 정치외교학과에 입학해서 잠시 방위로 군복무를 한 뒤 1985년 정치외교학과를 졸업했다. 대학 재학 시절 윤동주 문학상 등 교내 주최 문학상을 받았고, 1985년 동아일보 신춘문예 시부문에 『안개』가 당선되면서 문예지에 시를 발표하기 시작하였다. 중앙일보에 근무하는 동안 여러 작품을 꾸준히 발표하면서 주목받기 시작하였다. 그리고 1989년 시집을 준비하던 중 뇌졸중으로 죽었다. 기형도는 미발표된 시 20편과 함께 총 95편의 시와, 단편소설 8편, 기행문, 일기초, 시작메모, 서평을 함쳐 4편의 산문을 남겼다.

3) 1964년 황산이 있는 안휘성安徽省 회녕懷寧에서 태어났다. 원명은 자하이성查海生. 1979년 북경대학 법학대학에 입학, 1983년 졸업 후 북경 중국정법대학철학연구실에서 근무했다. 1989년 3월 26일, 河北省 山海關부근 기차 레일에 누워 자살했다. 25살의 짧은 삶을 사는 동안 하이즈는 240여 편의 서정시와 세 편의 장편 서사시 (「토지」, 「메시아」, 「유적」과 시극 「태양과 환상」, 「살해」를 비롯한 미완의 작품의 구상을 남겼다. 하이즈 자살이후, 그의 신드롬은 시단에 번져나갔으며 그의 작품에 대한 높은 평가를 아끼지 않다. (戈麥, 顧城 그리고 駱一禾 등을 포함한 14명 이상의 시인들이 차례로 세상을 떠났으며 이러한 사건은 당시 시단과 사회에 커다란 충격을 주었다.

로 이끌었을까?

기형도가 죽은 동년 동월(1989년 3월)에, 스물다섯 살 하이즈는 철길 위에 누워 스스로 생을 마감했다. 하이즈는 기형도와 달리 평소에 죽음을 찬미하였다. 스스로를 천재시인이라 여기며 단명하리라는 것을 기정사실로 받아들였던 그는 많은 시에서 죽음에 대한 사모의 마음을 노래하곤 했다. 그에게 과연 죽음은 친숙한 동반자였을까? 하이즈가 죽기 두 달 전에 쓴 시를 보자.

> 내일부터는 행복한 사람이 되리라
> 말먹이고, 장작패고, 세계를 여행하리라.
> 내일부터는 양식과 채소에도 관심을 가져야겠지
> 나에게 집 한 채있어, 너른 바다 마주하고 봄이 되면 꽃을 피우리
> 내일부터는 친척들에게 편지를 써서
> 이 내 행복을 말해 주리라
> 그 번개같은 행복이 내게 가르쳐 준 것을
> 모든 이들에게 알려줘야지
> 모든 강물들과 모든 산들에게 따스한 이름을 지어주어야지
> 낯선 이여, 당신을 위해서도 축복하노니
> 그대에게 찬란한 미래가 펼쳐지기를
> 사랑하는 이와의 사랑이 이루어지기를
> 속세에서 행복을 얻을 수 있기를
> 내가 바라는 것은 단 한 가지, 너른 바다 마주하고, 봄이 되면 꽃이 피기를[4]

4) 「面朝大海, 春暖花開」, 고교생들의 학습자료로 사용될 만큼 유명한 시이며, '내게는 집이 한 채 있어, 너른 바다 마주하고 봄이 오면 꽃이 피리'라는 구절은 한 아파트 전설회사의 광고문안으로 사용되어 중국 곳곳의 거리에 걸렸다. 『海子詩全篇』, 上海三聯書店, 1972, 436쪽. 이후에 나오는 『海子詩全篇』은

아직 행복하지 못한 젊은 시인이 '내일부터는' 하며 행복한 사람이 될 것을 갈구하는 모습은 눈물겹지 않는가. 그 어디에 죽음의 그림자가 어른거린가. 너른 바다 마주하는 집 한 채를 소유하고 그곳에서 김도 매고 채소도 가꾸며 사랑하는 사람들에게 편지를 쓰는 삶이라니, 얼마나 소박한 꿈인가! 그러나 하이즈에게 이 소박한 꿈은 이뤄질 수 없는 꿈이었다. 꽃이 피는 그 봄에, 그 무엇이 그를 죽음으로 내달리게 했을까? 그렇게 젊은 나이에 삶보다 죽음을 선택하게 만든 그의 의식세계는 어떠한 것이었을까?

본고는 이런 소박한 의혹과 독자로서의 애도로부터 시작하여 동시대 한·중 요절시인인 기형도와 하이즈의 죽음의식을 살펴보고자 한다.

1. 트라우마와 죽음의 내재화

한 인간을 형성하는 데 있어서 가장 중요한 것은 역시 환경일 것이다. 같은 시기에 요절한 두 시인은 성장환경 또한 공교롭게도 몹시 흡사하다. 두 시인 모두 가난한 농촌에서 태어나 풍요로운 물질의 혜택을 보지 못했으며 일찍이 가족과 친지의 죽음을 겪으

『全篇』이라 약칭한다. 이 시의 번역은 오윤숙, 「하이즈 후기 단시에 나타난 삶과 죽음의 역설에 관하여」, 『중국현대문학』, (37호, 2006.6)을 참고하였다. 그밖에 「詩人葉賽寧」, 「春天, 十個海子」, 「麥地」, 「死」, 「抒情詩」, 「死亡之詩」 등의 번역도 참조했다. 「孤獨的東方人」, 「5月的麥地」, 「麥地」는 유성준의 『중국현대시와 시인』, 신아사, 2007의 번역을 참고하였지만 일일이 밝히지 않았다.

면서 자랐다. 조숙한 두 시인은 삶과 죽음을 누구보다 일찍, 그리고 깊이 이해할 수 있었다.

먼저, 기형도를 살펴보자. 그의 어둡고 우울하면서도 그로테스크한 정조는 어린 시절의 가난[5]과 죽음에 대한 아픈 기억으로부터 비롯된다. 특히 중학생 시절 누이의 죽음은 기형도에게 결코 지울 수 없는 아픔으로 남았다.

> 누이야/ 네 파리한 얼굴에/ 철철 술을 부어 주랴// (중략) 우리는/ 신경을 앓는 중풍병자로 태어나/ 전신에 땀방울을 비늘로 달고/ 쉰 목소리로 어둠과 싸웠음에랴.//편안히 누운/ 네 누이야./ 네 파리한 얼굴에 술을 부으면/ 눈물처럼 튀어 오르는 술 방울이/ 이 못난 영혼을 휘감고 /온몸을 뒤흔드는 것이 어인 까닭이냐.[6]

중풍에 걸린 아버지의 모습이 리얼하게 그려진 「폭풍의 언덕」은 시인의 죽음체험이 강렬하게 느러난 작품으로서, 작가의 죽음의식에 대한 내재화를 잘 드러내주고 있다.

> 이튿날이 되어도 아버지는 돌아오지 않았다. 아버지는 간유리 같은 밤을 지났다.
>
> 그날 우리들의 언덕에는 몇 백 개 칼자국을 그으며 미친바람이 불었다.
>
> 구부러진 핀처럼 웃으며 누이는 긴 팽이 모자를 쓰고 언덕을 넘어갔

---

5) 1969년 아버지가 중풍으로 쓰러짐으로 인해 얼마 없던 전답은 약값으로 남의 손에 넘어가고 모친이 생계 일선에 나선다. 당시의 가정 상황이 시에도 나타나지만 소설 「영하의 바람」에도 형상화된다. 소설 속의 주인공과 누나는 고아원에 잠시 맡겨지는데 가난에 얼마나 사무쳤는지 엄마가 갑부가 되어 나타나는 꿈을 꾸기까지 한다.

6) 「가을 무덤-祭亡妹歌」, 앞의 책, 158쪽.

> 다.(중략)
> 아으, 칼국수처럼 풀어지는 어둠! 암흑 속에서 하얗게 드러나는 집. 이 불끈거리는 예감은 무엇일까. 나는 헝겊 같은 배를 접으며 이 악물고 언덕에 섰다. 그리하여 풀더미의 칼집 속에 하체를 담그고 자정 가까이 걸어갔을 때 나는 성냥개비 같은 내 오른팔 끝에서 은빛으로 무서운 섬광을 보았다. (중략)...
> 다음날이 되어도 아버지는 돌아오지 않았다. 그리고 그날 이후 나는 폭풍의 밤마다 언덕에 오르는 일을 그만 두었다. 무수한 변증의 비명을 지르는 풀잎을 사납게 베어 넘어뜨리며 이제는 내가 떠날 차례였다.[7]

이렇게 유년시절이 기형도에게는 '구부러진 핀' 모양의 누이나 '성냥개비 같은' 내 팔, '헝겊 같은 배'로 소환된다. 따스하게 기억되어야 할 집은 '칼국수처럼 풀어지는 어둠' 속에 무기력하고 그로테스크하게 드러난다. 시인은 굳이 연을 바꾸어 '다음날이 되어도 아버지는 돌아오지 않았다'고 나직이 진술하고 있다. 아버지의 부재를 강조하는 그 어조는 무감한 듯 담담하면서도 침울한데, 시인은 곧이어 '이제는 내가 떠날 차례'라며 죽음을 내재화시킨다.

"늦봄 아버지는 유리병 속에서 알약이 쏟아지듯 힘없이 쓰러지셨다.… 아버지, 여전히 말씀도 못하시고 굳은 혀. 어느 만큼 눈이 녹아야 흐르실련지."[8] 마침내 아버지의 존재는 "장마비, 아버지 얼굴 떠내려 오신다… 우수수 아버지 지워진다."[9]

이렇게 기형도 시에서 번번이 등장하는 아버지에 대한 암울한

---

7) 「폭풍의 언덕」, 위의 책, 117-118쪽.
8) 「위험한 家系」, 위의 책, 92-95쪽.
9) 「물 속의 사막」, 위의 책, 62쪽.

분위기는 어린시절의 불행한 가계사(家系史)와 밀접하다. 아버지의 가사(假死) 상태, 누이와 삼촌의 죽음 등은 시인으로 하여금 참을 수 없는 존재의 가벼움을 겪게 했으며 죽음이 일상화되어 항상 옆에 있다는 것을 느끼게 했다. 삼촌의 죽음을 회고하는 그의 아름다운 시 「삼촌의 죽음. 겨울 - 판화4」를 읽다보면 삼촌의 '마른기침'과 함께 '생철 실로폰'을 두드리는 소리가 아직도 들리는 것만 같다.

어린 나이에 죽음을 목도한 기형도의 머리 속에서는 죽음에 대한 상념이 떠나지 않았을 것이다. 그래서 그는 "오오, 그리운 생각들이란 얼마나 죽음의 편에 서있는가"라고 절규하며 "내 지친 정신을 가을 속에서 동그랗게 보호하기 시작했으니 나와 죽음은 서로를 지배하는 각자의 꿈이 되었네."[10]라고 확신하는 것이다. 기형도의 시상의 바탕에는 어린 시설의 아픈 상처들이 고스란히 담겨져 있다.

> 누군가 내 정신을 들여다보면 경악할 것이다. 사막이나 황무지, 그 가운데 띄엄띄엄 놓여 있는 물구덩이, 그렇다. 그 구덩이는 어디에서 왔을까. 내가 아직 죽음 쪽으로 가지 않고 죽은 듯이 살아 있는 이유를 그 물구덩이에서 볼 수 있을 것 같았다.[11]

이렇게 기형도는 죽음의 경계에 놓여있는 고독한 자신의 존재를 '사막이나 황무지', 혹은 '물구덩이'로 비유하면서 언젠가는 그

---

10) 「10월」, 위의 책, 77쪽.

11) 「짧은 여행의 기록」, 위의 책, 295쪽.

물조차도 말라버려 무화될 것이라는 절박한 심정을 토로한다. 시인이 생전에 가장 애정을 가졌다는 시 「정거장에서의 충고」는 "미안하지만 나는 이제 희망을 노래하련다"로 시작되었다가 "나는 이미 늙은 것이다"[12]로 끝난다. 이같은 허무주의는 일찍이 1981년에 쓴 「쓸쓸하고 장엄한 노래여」에서도 잘 드러나 있다.

> 가라, 어느덧 황혼이다 살아있음도 살아 있지 않음도 이제는 용서할 때 구름이여, 지우다 만 어느 창백한 생애여 서럽지 않구나 어차피 우린 잠시 늦게 타다 푸시시 꺼질 몇 점 노을이었다.[13]

인간다운 삶에 대한 불확실성이나 상실감에서 비롯된 이러한 정서는 기형도의 시집 도처에서 만날 수 있다. "나를 한번이라도 본 사람은 모두 나를 떠나갔다. 나의 영혼은 검은 페이지가 대부분이다. 그러니 누가 나를 펼쳐볼 것인가 "[14], "도대체 또 어디로 간단 말인가!"[15] 라는 탄식에서 드러나는 정서는 모두 '불안'과 '공포'이며, 이는 역시 유년의 체험에서 비롯된 것이라 하겠다.

하이즈는 1964년 빈곤한 농촌에서 태어났다. 부친은 무학인 재봉사였으며 모친은 초등학교 5학년까지 다닌 적이 있는 농촌여자였다. 하이즈에게는 위로 두 누이가 있었는데 첫 번째 누이는 2살

12) 「정거장에서의 충고」, 위의 책, 64쪽.
13) 「쓸쓸하고 장엄한 노래여」, 위의 책, 144쪽.
14) 「오래된 서적」, 위의 책, 47쪽.
15) 「여행자」, 위의 책, 55쪽.

때 영양부족으로, 둘째 누이는 태어나자마자 죽었다.

가정의 빈곤과 두 누이의 사망 등 유년환경은 그의 성격을 다소 완고하고 폐쇄적으로 만들었다. 하이즈는 단순했고 감상적이었으며 우울했다. 다만 총명했던 그는 4살 때 모택동 어록 암기대회에서 1등을 했고, 15살에 북경대학 법학계에 우수한 성적으로 입학하는 등 천재로 불렸다. 하이즈는 북경대학 시절부터 시추안, 뤄이화와 더불어 시작 활동을 하였다. 기형도가 누이의 죽음 이후 그 고통을 달래기 위해 중학생 때부터 시를 창작했다는 점을 상기해 볼 때 두 사람의 창작시기가 거의 비슷하다 하겠다. 성적이 우수하며 내성적인 성격을 가진 이들 두 시인에게 있어서 유년시절의 가난함과 죽음의 체험, 천재성은 하나의 트라우마로서 창작의 근원이 되었다.

그런데, 이 트라우마, 혹은 죽음의 그림자가 기형도의 작품에는 시종 곳곳에 드리워져있는 반면 하이즈의 경우에는 다르게 나타난다. 하이즈의 240여 편의 단시 중 대략 40여 편이 죽음을 노래하고 있는데, 이 모두가 후기에 집중되어 있는 것이다. 무엇이 하이즈의 서정시를 죽음으로 경도하게 만들었을까? 죽음의 그림자가 돌연히 하이즈의 정신세계로 침입해온 것일까? 그것이 아니라면 이미 내재화된 죽음을 무엇이 촉발시킨 것일까?

대학졸업 후 정법대학에 조교로 입명된 하이즈는 그곳에서 정식으로 시작활동을 하면서 교편을 잡는다. 아직 무명의 시인이었던 그는 매우 적은 월급으로 농촌의 부모님과 동생을 돌봐야했다.

북경 변두리 창평에서의 생활은 매우 고통스러웠는데, 경제적인 문제뿐만 아니라 교류하는 사람이 거의 없었으며 학교에서조차 인정을 받지 못했다. 이 기간에 하이즈는 밤을 새워 치열하게 창작활동을 하였는데, 그의 심경은 오직 고독과 빈곤, 그리고 초탈적인 현실의식으로 일관되어 있었다. 다음은 창평에서의 그의 생활단면을 이해하게 해주는 시이다.

> 고독은 물고기 광주리/ 물고기 광주리 속의 샘물이/ 샘물 속에 놓여 있네//
>
> 고독은 샘물에서 잠자는 노루왕/꿈에 본 노루 사냥꾼은/물고기 광주리로 물을 뜨는 사람이다//...언덕 위로 끌어내는 것은 물고기 광주리/고독은 말할 수 없네[16)]

고독과 빈곤 속에서 고통을 견디고 있는 하이즈의 심경이 잘 드러나 있다. 그는 적막과 절망 속에서 죽음을 조금씩 내재화시키고 있었다.

> 고독한 동방인, 처음 달빛이 땅에 두루 비치는 것을 느끼네/달은 유연한 야수처럼 수풀을 밟고 들어오네/고독한 동방인은 처음 나와 함께 달에 오르네[17)]
>
> 두 마리 말이 한대의 마차를 끄는 것처럼/나를 끌고 병원의 병상으로 향해 가네/불행한 질병의 아픔과 함께[18)]

---

16)「在昌平的孤獨」,『全篇』107쪽.
17)「孤獨的東方人」,『全篇』, 90쪽.
18)「不幸」,『全篇』, 151쪽.

자신을 '고독한 동방인'에 비유하면서 불행한 질병에 걸린 자신의 모습을 형상화하고 있다. 하이즈에게 있어서 커다란 트라우마는 자신이 천재시인이며, 천재는 단명한다는 자기암시이다. 어린 시절부터 들어온 '천재' 소리야말로 하이즈 자신을 끊임없이 들볶게하는 트라우마로 작용했는지 모른다.

> "작가와 예술가의 창작과 천명의 신비한 관계를 재분석한 후에 하이즈는 하나의 결론을 얻어냈다. 그는 단명한 천재들을 존칭하여 '빛나고 정결한 왕자'로 불렀다. 때로는 하이즈는 그들과 더불어 심리와 창작에서 동일한 인식을 가지고 있었다. 그리하여 단명은 그의 생명과 창작방식에 대하여 커다란 압력을 준 것이다."[19]

> 사람들은 나를 일컬어/시인 예세닌/방랑자 예세닌이라고 부른다/예세닌은/러시아의 입술/...대지여/아름다운 것은 너/추악한 것은 나/시인 예세닌은/대지 가운데서 죽었다가 다시 태어난다.[20]

> 내가 열렬히 사랑했던 소녀...네가 나의 아내가 되어줄 수 없다면/반드시 내 왕관이 되어다오/나는 장차 세상의 위대한 시인들과 함께 왕관을 쓰게 되리[21]

이렇게 하이즈는 자신을 러시아의 천재 시인 예세닌과 동일시하면서, 죽었다가 부활하여 장차 세상의 위대한 시인들과 함께 왕관을 쓰고 돌아올 것을 희망한다. 어렸을 때부터 신동이자 천재라고 불린 그는 항상 천하를 가슴에 품은 왕자의 패기를 가지고

---

19) http://blog.sina.com.cn/s/blog_4e51063201009lsk.html 『死亡后记』/ 西 川
20) 「詩人葉賽寧」, 『全篇』, 327-328쪽.
21) 「十四行.王冠」, 『全篇』, 389쪽.

어떤 영역에서든지 우두머리가 되어야 한다는 나르시즘을 갖고 있었으며 그것을 작품에 형상화시켰던 것이다.

> 가을이 깊어지자, 왕이 마침 시를 쓰고 있다/가을이 깊이 깊어가는 이 세상에 얻을 것은 아직 얻지 못하고/잃어야 할 것은 이미 잃었네[22)]

하이즈는 초기에 서정적인 시를 많이 썼다. 그는 농촌 출신으로 향촌과 보리, 태양과 달빛, 하늘, 강물, 토지 등을 소재로 한 낭만적인 시를 썼다. 그 또한 행복한 삶을 동경하면서 유토피아 같은 세계를 갈망하였던 것이다. 그러나 그의 희망은 실연과 친구의 배신, 문단의 냉대 등으로 인해 곧장 절망으로 뒤바뀌고 죽음의 그림자가 성큼 다가올 뿐이었다. 실연의 고통 속에서 하이즈는 다음과 같이 노래한다. 냉혹한 현실 대신 죽음을 희망하는 것이다.

> 나는 불이 꺼지기를 원한다/무쇠의 빛, 애인의 빛과 햇빛
> 나는 비가 오기를 바란네/나는 바라네/어둠 속에 죽어가기를[23)]

하이즈는 평생 4-5명의 여인과 사귀었는데, 그 중 첫 번째 여인은 하이즈의 자살과 깊은 연관이 있어 보인다. 그녀의 아버지는 하이즈가 현실성이 없고 경제적 능력이 없으며 가문이 좋지 않다는 이유로 교제를 반대했다. 두 사람은 2년 정도 사귀다가 헤어졌는데, 자살하기 직전 하이즈는 그녀를 만나고는 크게 마음의 상처

---

22) 「秋」, 『全篇』, 374쪽.
23) 「我請求:雨」, 『全篇』, 72쪽.

를 받는다. "나는 곧 출국하게 된다. ...하이즈 당신은 시가에 대해 너무 집착한다. 당신은 시대도 사회도 이해하지 못한 사람이다. 당신은 시가에 미쳐 北島, 顧城, 횔더린, 예세닌보다도 더 심해. 만약 일찍이 시가를 포기하고 강사, 교수 자리를 얻었다면 당신이 오늘날처럼 이러지는 않았을 것이다."[24)]

그 밖에 하이즈의 가슴에 죽음을 깊이 내재화시켰던 중요한 요인으로는 당시 문단의 냉대와 동료 문인의 배신을 들 수 있다. 몇몇 친구들은 하이즈의 재능과 작품의 가치를 알았지만 어떤 시인들은 "과장이 너무 심하다"고 비평하는 편지를 보냈으며, '생존자'라는 시가단체의 구성원들은 하이즈의 장시에 대해 시대성의 착오를 범하였다고 비난했다. 또한 하이즈는 1987년 남쪽 여행 중에 만난 尙仲敏에게서 커다란 상처를 받는다. 상중민은 「자신으로부터 배운다 向自己學習」이란 글에서 하이즈의 만 여행이 넘는 장시를 두고, 실로 "이 세상의 단테는 한명으로 족하다"라고 권고하고 싶었으며, 궁색하고도 지루한 시어들 뒤에는 무미건조하고도 폐쇄적인 영혼이 숨어있었다며 머지않아 "그는 나의 적이 될 것이다"라고 다소 자기과시적이고 시니컬한 비판을 가했던 것이다.[25)] 그 밖에, 작품 발표가 순조롭지 않았던 하이즈는 마음에 드는 자신의 시를 각지의 친구들에게 보내기를 좋아했는데 그 당시 유명한 시인 모씨가 이를 모두 표절하였으며 더 나아가 시 잡

24) 周玉氷 著, 『面朝大海, 春暖花開』, 安徽文藝出版社, 2005, 224-225쪽.
25) 燎原, 『搏向太陽之豹-海子評傳』, 上海, 南海出版社, 2001, 333-338쪽.

지에 발표하는 일까지 발생했다.[26]

그러나 이 모든 상황에도 불구하고 하이즈를 죽음으로 돌진하게 만든 가장 큰 요인은 바로 그 자신에 있었다고 생각된다. 우울하고 조숙했던, 이미 천재시인이라 할 만한 그를 스스로 들볶게 만든 것은 자신이 천재여야만 하는 강박, 그 트라우마가 아니었을까. 그래서 필자에게는 다음과 같은 말이 설득력 있어 보인다.

"하이즈가 자살하는 데에는 내재적 이유가 있다. 그것은 바로 창작방식이다. 본인은 괴테의 파우스트 같은 작품을 쓰고 싶었지만 그렇게 쓰지를 못했다. 그는 격정적인 창작 방식으로 그의 서사시『태양』을 완성했다. 그는 낭만주의 입장에서 고전주의의 괴테로 뛰어 오르고자 하였지만 결국에는 예상 밖으로 그는 낭만주의와 고전주의 사이에 있는 휄더린으로 떨어지게 된다. 하이즈가 쓴 최후의 시학문장『我所熱愛的詩人－荷爾德林』은 휄더린에 대한 경의가 담겨져 있는데 휄더린은 결국 미쳤고 하이즈는 자살하였다. 여기에서 하이즈의 창작 본신의 비극을 말할 수밖에 없다. 그의 창작방식과 창작목표에는 거의 넘을 수 없는 한계가 있었던 것이다."[27]

26) http://blog.sina.com.cn/s/blog_4e51063201009lsk.html『死亡后记』/ 西 川
27) 위의 주)와 같음.

2. 삶과 죽음의 이중변주곡

기형도와 하이즈, 두 시인은 비록 육체적으로는 소멸되었을지라도 시를 통해 여전히 20대의 젊은 모습으로 우리 곁에서 살아 숨쉬고 있다. 문학에 젊음을 바친 두 시인에게 어쩌면 문학은 다시 영생의 삶을 돌려주었는지 모른다.

80년대 한국은 군사정권의 억압아래 신음하는 어두운 시대였다. 기형도는 시대의 어둠을 직시하면서 내적으로는 개인의 실존적 고통에 압도당하여 절망의 언어를 벗어나지 못했다. 그는 자본주의와 도시화의 시대에 개인이 처한 고립과 절망을 비극적 언어로 표현했다. 기형도가 바라보는 세계가 리얼의 현실이었다면 하이즈의 경우는 또 다른 현실이었다.

80년대 말 중국은 개혁과 개방의 기치를 내걸고 자본주의 시장경제를 수용하기 시작했다. 공업문명이 농업문명을 침식하고 상업화, 시장화 되었으며 사회는 시끄럽고 욕망이 팽창하는 시대였다. 게다가 문혁의 폐허 위에 새롭게 생존의 기틀과 가치관을 마련해야 하는 시대였다. 중국은 경제의 급속한 발전과 서방문화의 유입 및 충돌로 인하여 문화계는 전면적으로 변화가 일어났다. 대중문화가 문화의 주류형태가 되고 통속작품이 넘쳐나기 시작한 그 당시 중국 시인들은 초조할 수밖에 없었다. 감수성이 예민하고 내성이 약한 시인들은 그러한 혼돈 앞에서 무너져야 했는데 그들 중 한명이 바로 하이즈였던 것이다.

1) 리얼의 현실

기형도 시에 나타난 세계의 모습은 모순과 부조리로 가득 찬, 후기 근대사회의 획일화된 모습이라 할 수 있다. 그 속에 시인을 닮은 고독한 사람들이 살고 있다. 「입속의 검은 잎」은 80년대 5.18과 부조리한 우리사회를 고발하면서 동시에, 침묵으로 일관하는 자신과 방관하는 소시민을 그리고 있다.

그 일이 터졌을 때 나는 먼 지방에 있었다.
먼지의 방에서 책을 읽고 있었다.
문을 열면 벌판에는 안개가 자욱했다.
그해 여름 땅바닥은 책과 검은 잎들을 질질 끌고 다녔다
접힌 옷가지를 펼칠 때마다 흰 연기가 튀어나왔다.
침묵은 하인에게 어울린다고 그는 썼다.
- 중략 -
백색의 차량 가득 검은 잎들은 나부꼈다.
나의 혀는 천천히 굳어갔다. 그의 어린 아들은
잎들의 포위를 견디다 못해 울음을 터뜨렸다
그해 여름 많은 사람들이 무더기로 없어졌고
놀란 자의 침묵 앞에 불쑥불쑥 나타났다
망자의 혀가 거리에 흘러넘쳤다.....

그렇다면 그는 누구인가, 내가 가는 곳은 어디인가
나는 더 이상 대답하지 않으면 안 된다, 어디서
그 일이 터질지 아무도 모른다, 어디든지
가까운 지방으로 나는 가야 하는 것이다
이곳은 처음 지나는 벌판과 황혼

내 입 속에 악착같이 매달린 검은 잎이 나는 두렵다.[28)]

'그 일'이란 광주의 5.18 민주화 항쟁을 가리킨다. 80년 5월 18일, 그때 '나'는 무엇을 하고 있었는가? 수많은 광주시민들이 싸우다가 쓰러지고 실종되었던 그 시점에 '나'를 포함한 학생들과 지식인들은 조용한 지방에서 책이나 읽고 있었다. 택시운전사도 믿지 못하는 그 불신의 시대, 무슨 말을 할 수 있었겠는가? 이 시는 불의의 시대에 항거하지 못하고 침묵하는 입, 굳어버린 혀에 대한 절망감을 표현하는 시이다. 시인이 '두렵다'고 고백한 이 '검은 잎'은 더 나아가 발설하고 폭로하고 싶어하는 자신의 은밀한 '욕망'일 수도 있으며, 도처에서 따라붙는 '죽음'이기도 하다.

당시의 암울한 현실은 「대학시절」에서도 적나라하게 묘사된다.

나무의자 밑에는 버려진 책들이 가득하였다
은백양의 숲은 깊고 아름다웠지만
그곳에서는 나뭇잎조차 무기로 사용되었다
그 아름다운 숲에 이르면 청년들은 각오한 듯
눈을 감고 지나갔다, 돌층계 위에서
나는 플라톤을 읽었다, 그때마다 총성이 울렸다
목련 철이 오면 친구들은 감옥과 군대로 흩어졌고
시를 쓰던 후배는 자신이 기관원이라고 털어놓았다
존경하는 교수가 있었으나 그분은 원체 말이 없었다
몇 번의 겨울이 지나자 나는 외톨이가 되었다

---

28) 기형도, 「입 속의 검은 잎」, 앞의 책, 72-73쪽.

그리고 졸업이었다, 대학을 떠나기가 두려웠다.[29)]

80년대 학교를 다닌 학생이라면 누구나 공감하게 되는 시이다. 최루탄이 난무하고 수많은 동료들이 감옥으로 군대로 끌려갔던 그 시절, 교수는 침묵하고 시를 쓰던 후배는 기관원이라고 고백하고 있으니 누구를 믿고 의지하겠는가? 졸업을 하고 대학을 떠난들 무슨 희망이 있겠는가? 폭력과 공포가 난무하는 세상도, 대학을 떠나는 것도 모두 두려웠던 시인은 이렇게 1980년대 사회에 대한 회의와 불안, 갈등을 소극적인 자신의 모습과 함께 생생히 그려보이고 있다.

비록 시에서는 자신을 무력하고 소극적인 모습으로 그리고 있지만 결코 기형도는 부패한 시대 앞에서 방관자가 아니었다. 대학시절 철야농성과 교내시위에 가담하기도 하였던 그는 오히려 첨예한 현실인식의 소유자였다. 1984년 중앙일보에 입사하여 1985년 2월에 정치부로 배속되었던 그는 1년 만에 그 자리를 고사하고 문화부로 자리를 옮겼다. 당시 정치부는 총리실을 드나들 수 있었고 입신양명을 할 수 있었던 요직이었다.[30)] 그는 '이 시대의

29) 「대학시절」, 『전집』, 43쪽. 그의 친구이자 동료 시인이었던 원재길의 회상을 보면 기형도가 1980년대라는 엄혹한 터널을 지나면서도 그 시대의 아픔에 대해 크게 공감했던 흔적은 보이지 않지만. 1980년 '서울의 봄' 시기에 그는 철야 농성과 교내 시위에 가담했다가 형사가 찾아와 조사를 받기도 했다. 그리고 그는 바로 이듬해 방위병으로 입대했다.
http://cafe.daum.net/rladlstn7/ByX2/11?docid=1DwIO|ByX2|11|20080705104203&q=%B1%E2%C7%FC%B5%B5%C0%C7%20%B4%EB%C7%D0%BD%C3%C0%FD&srchid=CCB1DwIO|ByX2|11|20080705104203

양심 한겨레신문'이라는 기사를 썼다가 데스크로부터 삭제를 당하고 급기야 편집부로 좌천되기도 하였는데,[31] 이는 감수성 예민한 이 젊은 시인의 현실인식을 잘 보여주는 일화라 하겠다.

기형도는 훗날 속죄의식을 가지고 광주를 방문, 망월동 묘지를 찾아가기도 한다. 이에 대해서는 「짧은 여행의 기록」에 생생하게 묘사되어 있는데, 불과 그가 죽기 7개월 전인 1988년 여름휴가에 있었던 이야기였다. 그러나 그 무엇보다도 기형도 시인이 시에서 말하고 싶었던 것은 이 삶의 모순과 불완전한 세계가 아니었을까.

> 김은 중얼거린다. 이곳에는 죽음도 살지 못한다
> 나는 오래 전부터 그것과 섞였다. 습관은 아교처럼 안전하다
> 김은 비스듬이 몸을 기울여 본다. 쏟아질 그 무엇이 남아 있다는 듯이
> 그러나 물을 끝없이 갈아주어도 저 꽃은 죽고 말 것이다. 빵 껍데기처럼
> 검은 상체를 구부린다. 빵 부스러기처럼[32]

시인이 바라보는 현실세계는 "죽음도 살지 못"할 정도로 모순에 가득 차 있다. 물을 아무리 갈아주어도 죽게 되어있는 '꽃'이나 한갓 "빵 부스러기"처럼 부서지는 존재의 모습이란 바로 세계 속

---

30) 정규웅의 증언에 의하면 기형도기 "저를 문화부에서 일할 수 있게 힘 좀 써주세요. 소원입니다"라고 요구하였다 한다. 대개의 젊은 기자들이 정치부나 경제부 같은 실속 있는 부서를 원하고 있었으므로 나는 그의 부탁을 귓등으로 흘려버리고 말았는데 그로부터 얼마 지나지 않아 그는 문화부로 발령을 받았다. 정규홍, 「기형도, 그 짧은 삶 속의 긴 흔적들」, 『시인 세계』, 창간호, 2002년 가을, 223쪽.

31) 권태효, 「기형도 시에 투영된 빈집의 이미지와 그 지향점」, 『경기인문논총』 8집, 경기대 인문과학연구소, 2002년, 95쪽.

32) 「오후 4시의 희망」, 『전집』, 51쪽.

에 닫힌 화자의 모습이면서 동시에 현대인의 모습이라 할 수 있는 것이다. [33]이처럼 기형도는 리얼한 현실을 정면으로 응시하는 가운데 부조리하고 모순에 찬 이 세계를 음산하면서도 아름다운 시어로 그려내고 있다.

기형도가 절망의 세계에서 하나의 탈출구로서 선택했던 것은 독서였다. 그런데 그곳조차 '죽은 자들에 대해 추억이 바쳐지는 곳'(「흔해빠진 독서」)이었다. "때때로 죽은 자들에게 나를 빌려주고 싶을 때가 있다"[34]고 절망했던 그는 "나를 한번이라도 본 사람은 모두 나를 떠나갔다. 나의 영혼은 검은 페이지가 대부분이다. 그러니 누가 나를 펼쳐볼 것인가"[35]하면서 마음의 문을 닫는다.

이렇게 타자와의 소통이 불가능하고 스스로 고립된 닫힌 세계에서 기형도 자신이 생존할 있는 유일한 대안은 '쓴다'는 행위였다. 시작메모에서 그는 '글을 쓰지 못하는 무력감이 육체에 가장 큰 적이 될 수도 있다'는 사실을 알았다고 말한다. 암울하고 부조리한 현실, 개인의 실존적 고민, 가족의 죽음 등 참을 수 없는 고통의 완충지대가 바로 이 '쓴다'는 행위였을 것이다. 그래서 그는 '사랑을 잃고 나는 쓰네'(「빈집」)라고 말할 수 있었다. 실연의 아픔을 노래하고 있는 「빈집」은 기형도에게 있어서 '쓴다'는 의미가 얼마나 중요한가를 극명하게 드러내준다. 그것은 고통과 절망 속

---

33) 김정효, 『기형도 시의 비극적 세계인식연구』, 대구대학교 교육대학원, 2004.
34) 「흔해빠진 독서」, 『전집』, 59쪽.
35) 「오래된 서적」, 『전집』, 47쪽.

에서 자신의 존재감을 어루만질 수 있는 유일한 행위일 것이다. 그러나 운명의 여신은 이 젊은 시인에게 그 '쓰는' 행위마저 길게 허락하지 않았다. 어둡고 부조리한 현실세계에서도 끊임없이 희망[36]을 갈구했던 기형도의 삶은 '입속의 검은 입'처럼 악착같이 달라붙던 죽음의 그림자에게 너무 빨리 자리를 내어주고 말았던 것이다.

2) 환상적 현실

하이즈는 한 마디로 낭만적인 서정시인이다. 그의 초기 서정시는 행복한 삶에 대한 무한한 동경과 생명으로 충만해있으며, 전원적이고 낭만적인 정서가 듬뿍 배어있다. 그는 '보리시인'이라 불려질 정도로 보리와 보리밭을 소재로 하여 환상적인 농촌을 노래했다. 시골출신인 하이즈는 자연풍경을 몹시 사랑했는데, 온화하고 부드러운 어머니 같은 고향이미지를 풍기는 보리와 보리밭이야말로 그가 가장 사랑하는 풍경 중 하나였다.

하이즈의 보리밭 서정시는 1985년-1988년 사이에 쓰였다. 경제, 공업, 문화 등 여러 분야에서 변화가 일어난 이 시기 하이즈는 농촌에 관한 향토시를 쓴 것이다.

36) 이 '희망'이란 단어는 기형도의 시와 산문 곳곳에서 빈번하게 등장한다. 전혀 희망이 없어 보이는 지점에서도 희망을 노래하는 시 「희망」을 보라. - 이젠 아무런 일도 일어날 수 없으리라/언제부턴가 너를 생각할 때마다 눈물이 흐른다/이젠 아무런 일도 일어날 수 없으리라//그러나 언제부턴가 아무 때나 나는 눈물 흘리지 않는다. 「희망」, 『전집』, 164쪽.

> 전 세계의 형제들/보리밭에서 포옹하고자 하네/동방, 남방, 북방과 서방/보리밭의 네 형제, 좋은 형제/옛날을 회상하고/각자의 시가를 외우며/보리밭에서 포옹하고자 하네.[37)]

여기서 보리밭과 시가는 지극히 깨끗하고 아름다운 정감을 상징한다. 보리밭이 주는 고향같은 푸근함은 그의 어둡고 패쇄적인 심령에 커다란 위로를 가져다주면서 현실의 고통을 잊게 한다. 하이즈에게 있어서 전원적 정서는 어두운 현실에 대한 부정이자 행복한 삶에 대한 강렬한 희구이다.

> 우리는 보리밭 마음 속에 있는 사람/보리 거두는 이날 나는 원수와 손잡고 말하네
> 우리는 함께 말을 마치고, 눈을 감고, 숙명적인 일체를 결정하네/이 때 우리는 마음에 만족하며 받아들인다//.....달 아래 모두 두 사람이 있네/가난한 사람과 부유한 사람/뉴욕과 예루살렘/또 내가 있네/우리 세 사람이/함께 시내 밖의 보리밭을 꿈꾼네[38)]

하이즈에게 보리는 정신을 의탁하는 고향이자 생명을 지탱하는 근원이다. 보리밭은 증오하는 원수일지라도, 가난하고 부유한 사람일지라도, 인종이 다른 민족일지라도 서로 화해를 가능케 한다.

> 보리를 볼 때 나는 땅에서 잠을 자네/ 달은 나를 비추고 우물을 비추는 것 같다.
> 고향의 바람과/ 고향의 구름은/ 날개를 접고/ 나의 양 어깨에서 자고 있다.[39)]

---

37) 「5月的麥地」, 『全篇』, 353쪽.
38) 「麥地」, 『全篇』, 101-102쪽.

얼마나 편안하고 아름다운 정경인가? 도시생활에 지친 하이즈는 방학 때면 고향으로 돌아와 전원을 보면서 지친 마음을 달랬으며 보리는 그의 피곤한 삶을 충전시켜 주었던 것이다.

그 밖에도 하이즈의 시에는 푸른 풀밭, 황톳길, 비, 시골 마을, 달, 태양, 강물 등 자연 경물들이 많이 등장한다. 이러한 시어들은 자신이 회귀해야 할 기억 속의 유토피아이자 영혼의 쉼터였다.

> 나는/푸르른 풀을 밟고 있으면서/온몸으로 정갈한 검은 흙더미에 있다는 것을 느끼네//
> 진귀한 인간의 세상에서 사니/진흙탕이 높이 뿌려져서/얼굴에 내리치네/진귀한 인간 세상에 사니/인류와 식물이 똑같이 행복하고/애정과 빗물이 똑같이 행복하네[40]

진흙에 대한 이런 정감은 도시에 사는 사람들은 가질 수 없는 것이다. 진흙, 푸른 초원, 빗물과 식물은 시인에게 있어서 신선한 시골생활과 아름다운 추억이 혼재된 매개체로 나타난다. 하이즈에게 있어서 고향은 영원히 끊을 수 없는 향수이면서 행복의 원천이었다. 그러므로 그는 가장 환상적이고 유토피아적인 세계를 농촌과 관련된 서정시로 표현했던 것이다.

> 마을 안에 어머니와 아들이 살고 있네/아들은 고요히 자라고/어머니는 조용히 주시하네/갈대꽃 무더기 속에/마을은 한 척의 하얀색의 배/나의 여동생은 갈대꽃/나의 여동생은 매우 아름답네[41]

---

39) 위의 글, 100-101쪽.

40) 「活在珍貴的人間」, 『全篇』, 52쪽.

얼마나 평화롭고 아름다운 마을인가? 그의 몸은 도시에 있었지만 그가 소망했던 세계는 어린 시절에 기억됐던 평온하고 고요한 환상속의 세계였다. 그런데, 1986년에 쓴 다음과 같은 시는 마을에 대한 또 다른 정감을 느끼게 한다.

> 마을, 오곡이 풍성한 마을/나는 편안하다/내 손에 만져지는 것이 적으면 적을수록 좋다!
> 석양에 노을진 마을과 비가 오는 마을은 얼마나 소중한가/만리에 구름이 없는 것은 영원한 나의 비애와 같네.

이 시에는 개혁개방으로 인해 농촌이 도시화, 산업화되면서 피폐해져가는 데에 대한 하이즈의 상심이 깃들어있다. 사실 농촌은 하이즈의 출생지이지 그의 문화적 신분이 아니었다. 15살 때 농촌을 떠나 줄곧 북경에서 거주하였던 그에게 고향의 현실은 실망감을 가져다주었다. 고향은 황폐화되어 가고 있었고 젊은이는 도시로 떠나 예전의 고향이 아니었다. 그가 노래했던 고향은 미화된 추억이었으며 상상의 고향이자 비현실적인 고향이었다.

하이즈의 서정 단시 240여 편 중 애정시가 80여 편을 차지하고 있다. 그는 정법대학교 조교시절 한때, 열렬히 한 학생을 사랑했다. 그 2년간의 사랑이 어쩌면 하이즈에게 있어서 가장 행복한 시절이었을 것이다.

> 이 도시에는/나의 월급이 있고/나의 물이 있고/이 도시에는/내가 사랑

---

41) 「村庄」, 『全篇』, 34쪽.

> 하는 사람이 있다.
> .....이 도시에서 쾌활하게 걷고 있는 사람이면/누구이든 나는 사랑한다.[42]

연애하기 즈음 그의 심정을 그린 시이다. 사랑에 빠진 그는 그가 사는 도시의 모든 사람마저 사랑하고 싶을 만큼 행복하다. 그는 대초원에서의 사랑을 꿈꾸며 다음과 같이 노래한다.

> 우리 둘, 초원에서 검게 그을리면서/최초의 행복을, 최초의 키스를 맛보지 않을래요?//
> 맑은 뭉게구름 피어오를 때/당신과 나의 키스 소리 들리고/신비한 불꽃이 양쪽 볼에 튀네요//이것은 나의 어머니가 나에게 준 입술/이것은 당신의 어머니가 당신에게 준 입술/지그시 눈을 감고 키스를 하네/마치 끝없이 펼쳐진 순결한 양떼들이 풀을 음미하듯이 (후략)[43]

이외에 「당신의 손」[44], 「절반의 시」[45], 「육체2」[46] 등에서도 하이즈는 여자 친구와 나눈 농밀한 사랑을 기쁨과 환희에 찬 심정으로 서술하고 있다. 이렇게 낭만적이고 감미로운 하이즈의 서정시는 1986년, 사랑의 실연을 기점으로 급변한다. 이제 그의 시 속에는

---

42) 「城裏」, 『全篇』, 92쪽.

43) 「幸福」, 『全篇』 120쪽.

44) 북방/당신의 손을 끌고 있다/ 장갑을 벗으니/ 그들은 두 개의 작은 능이어리/ 내 어깨에/ 두 개의 옛 집이 있어/많은 것을 수용하며/ 심지어 밤까지 용납하네/당신의 손/그의 위에 있어/그들을 밝게 비추네 「你的手」, 『全篇』, 85쪽.

45) 당신은 내 것/ 절반의 시/절반은 마음으로 사랑하고/절반은 육체로 감추네/당신은 내 것/절반의 시/다른 사람으로 하여금 글자 하나 수정하지 못하게 하네 「半截的的詩」, 『全篇』, 115쪽.

46) 육체는 아름답다/육체는 숲속이다/유일하게 살아 있는 육체/육체는 아름답다 「육체2」, 『全篇』, 131쪽.

고독과 함께 죽음의 그림자가 본격적으로 드러난다. 낭만과 현실, 삶과 죽음의 이중주가 하이즈를 어지럽게 하기 시작한 것이다.

> …
> 나는 바란다/한 바탕 비가 와서/나의 뼈를 깨끗이 씻기를/나는 눈을 감는다
> 나는 바란다/비/비는 일생의 과오/비는 슬픔과 기쁨, 이별의 만남[47)]

이렇게 그는 이미 세속의 행복과 물질적 생존을 버리기로 결의한다. 오직 환멸의 고통에서 이제 시인은 절규한다. "이것은 절망의 보리/ 네 자매에게 말해 주오 : 이것은 절망의 보리라고."[48)] 시인에게 생명의 근원이자 희망이었던 보리가 이제는 절망의 보리가 되어버렸다. 더 나아가 보리와 보리밭은 이제 황량함과 우울함, 두려움과 죽음의 상징으로 변하고 만다.

> 풍성한 수확 후에 황량한 대지/사람들은 일 년의 수확을 취하러 간다.[49)]
> 보리밭에서/나의 뼈를 잘 정리해 주오/한 다발 갈대꽃 같은 뼈/[50)]

그동안 하이즈가 노래했던 행복한 전원생활은 결국 현실이 아니라 유토피아였다. 경제적인 궁핍과 직장생활의 부적응, 시단에서의 냉대, 애인과 친구의 배신, 잘못된 기공수련으로 인한 환청,

---

47) 「我請求:雨」, 『全篇』, 72쪽.
48) 「四姊妹」, 『全篇』, 445쪽.
49) 「黑暗的獻詩-獻給黑夜的女兒」, 『全篇』, 477쪽.
50) 「莫扎特在安魂曲中說」, 『全篇』, 149쪽.

새로운 창작방법의 전환에 대한 고민, 친구들과의 교류가 단절된 고독하고 쓸쓸한 생활 - 이런 가운데 하이즈가 노래한 것은 결국 이루지 못할 꿈, 환상적 현실이었다.

그리하여 이제 하이즈는 다음과 같이 죽음을 찬미하기에 이른다.

> 봄날, 열명의 하이즈가 모두 다시 살아나
> 찬란한 풍경 속에서
> 이 어리석고 슬픈 하이즈를 비웃으리
> 이렇게 오랫동안 깊은 잠에서 헤어 나오지 못하는 것은 대체 왜냐고
> 봄날, 열명의 하이즈는 나지막이 울부짖으리
> 너와 나를 둘러싸고 춤추며 노래하리
> 네 검은 머리칼을 흩뜨리고, 너를 타고 내달리면, 흙먼지 바람에 일고
> 분열로 인한 너의 고통은 대지를 뒤덮으리
> 봄날에, 어리석고 슬픈 하이즈는
> 겨우 혼자만 남으리, 최후의 한 사람으로
> 이는 흑암의 아들, 겨우내 죽음을 사모하며 깊이 잠들어 있다가
> 끝내 헤어 나오지 못한 채, 공허하고도 차디 찬 시골 마을을 사랑하게
> 된 아들...[51])

여기서 죽음은 하나의 옷에 불과하며 영계의 세계에 들어가기 위한 한 과정일 뿐이다. 장자의 나비가 나이고 내가 나비이듯 이제 하이즈에게는 삶이 죽음이며 죽음은 또 하나의 삶이었다. 그는 육신의 소멸을 통해 다시 재생, 부활할 것이라 생각했다. 그 같은 하이즈의 죽음관에 대해서는 다음 장에서 살펴보기로 하겠다.

51) 「春天, 十個海子」, 『全篇』, 470쪽.

3. 죽음 이미지의 형상화

기형도의 시에는 유난히 절망, 고독함, 쓸쓸함, 생명의 상실, 나약함, 차가움, 날카로움, 답답함, 어둠, 죽음과 같은 단어가 많이 등장한다. 이는 살아가는 공간에서 중심을 잃고 방황하는 화자의 어두운 내면의식을 보여주는 시어들로서, 기형도 시의 전반에 나타나는 특징이다.

> 아으, 칼국수처럼 풀어지는 어둠! 암흑 속에서 하얗게 드러나는 집[52)]

> 마른 수건처럼 쓸쓸한 가을의 임종을
> 두 눈 부릅뜨고 지켜보고 있다.[53)]

> 쉽게 잠이 오지 않는 축축한 의식 속으로/실내등의 어두운 불빛들은 잠깐씩 꺼지곤 하였다......청년들은 톱밥같이 쓸쓸해 보인다.[54)]

여기에 드러나는 시인의 내면세계는 한결같이 음울하고 쓸쓸하며 어둡다. 시인의 눈에는 풍성한 수확의 계절인 가을이 죽음의 계절로 파악되며 생동감 넘치는 청년들도 '톱밥같이' 쓸쓸해 보이기만 한다.

> 사람들은 장례식 행렬에 악착같이 매달렸고
> 백색의 차량 가득 검은 잎들은 나부꼈다.
> 나의 혀는 천천히 굳어갔다. 그의 어린 아들은

---

52) 기형도, 「폭풍의 언덕」, 앞의 책, 117쪽.
53) 「쓸쓸하고 장엄한 노래여」, 위의 책, 144쪽.
54) 「오치원」, 위의 책, 39-41쪽.

잎들의 포위를 견디다 못해 울음을 터뜨렸다.(중략)
이곳은 처음 지나는 벌판과 황혼
내 입 속에 악착같이 매달린 검은 잎이 나는 두렵다.[55]

위의 시를 읽다보면 독자 또한 혀가 '천천히 굳어'가는 걸 느끼게 된다. 그리고 뭔가 칙칙한 잎사귀 하나가 목에 걸리는 듯한 여운이 독자를 머뭇거리게 만든다. 독자들에게 이같이 색다른 심리적 경험을 일으키는 기형도의 독특한 시풍은 그가 만들어내는 어두운 이미지에 힘입은 것 같다. 하필 '검은' 잎인가? 기형도의 시에서 '검은색'은 너무도 낯익다.

나는 그때 크고 검은 한 마리 새를 본다. 틀림없이 사내는 땅위를 천천히 날아가고 있다. 시간은 0시. 눈이 내린다.[56]
검은 외투를 입은 그 사람들은 다시 저 아래로 태연히 걸어가고 있는 것이다.[57]
그는 천천히 얇고 검은 입술을 다문다.[58]
어느 교회의 검고 은은한 종소리[59]
공중의 나뭇잎 수요만큼 검은 옷을 입은 햇빛들 속에서 나는 곰곰이 내 어둠을 생각한다.[60]
저녁의 정거장에 검은 구름은 멎는다[61]

---

55) 「입 속의 검은 잎」, 위의 책, 72-73쪽.
56) 「오치원」, 위의 책, 41쪽.
57) 「어느 푸른 저녁」, 위의 책, 48쪽.
58) 「가수는 입을 다무네」, 위의 책, 69쪽.
59) 「나무공」, 위의 책, 107쪽.
60) 「10월」, 위의 책, 76쪽.
61) 「정거장에서의 충고」, 위의 책, 64쪽.

이렇게 시인의 눈에는 검은 나무, 검은 외투, 검은 입술, 등 모든 사물의 검정색이 일차적으로 포착된다. 심지어 그는 은은한 종소리마저 검정색으로 듣는다. 그에게 검정색이란 바로 '어둠'과 동의어이다. 그래서 어둠의 이미지는 그의 시 도처에 산재해 있다. "긴 어둠에서 풀려나는 검고 무뚝뚝한 나무들[62]", "어두운 차창 밖에는 공중에 뜬 생선가시처럼/놀란 듯 새하얗게 서 있는 겨울나무들[63]", "어둠 속에서 몇 개의 그림자가 어슬렁거렸다.[64]", 등등 헤아릴 수 없이 많다.

그는 서슴없이 "때때로 죽은 자들에게 나를 빌려 주고 올 때가 있다."[65]라고 고백하거나 "내 청결한 죽음을 확인할 때까지 나는 부재할 것이다."[66]라고 외친다. 그에게 죽음은 "죽음이여, 그러나 언제 우리가 너를 두려워했던 적이 있었던가[67]"에서 알 수 있듯이 이미 받아들여진 숙명이다. 한 걸음 더 나아가 "죽음이란 가면을 벗은 삶"[68]이라고 노래하고 있다.

일반적으로 어둠의 의미는 외부 세계와의 단절이자 현실에 대한 강한 부정이다. 이는 자신만의 절대고독이자 생명현상에 대한 부정으로 이어진다. 기형도 시의 특징 중 하나는 생명을 상실한

---

62) 「안개」, 위의 책, 33쪽.
63) 「오치원」, 위의 책, 39-40쪽.
64) 「나쁘게 말하다」, 위의 책, 42쪽.
65) 「흔해빠진 독서」, 위의 책, 59쪽.
66) 「겨울.눈.나무.숲」, 위의 책, 137쪽.
67) 「쓸쓸하고 장엄한 노래여2」, 위의 책, 182쪽.
68) 「겨울.눈.나무.숲」, 위의 책, 137쪽.

이미지들이다. 일반적으로 시인들은 땅위에 굴러다니는 하찮은 돌이나 메마르고 보잘 것 없는 모래알, 무정한 사물에도 황홀한 생명력을 부여하여 독자들에게 삶의 활력과 생기를 준다. 그러나 기형도의 시는 그 반대다. 무생물은 물론이고 살아있는 생물조차 생명력을 상실한 이미지로 표현된다.

> 죽은 맨드라미처럼 빨간 내복이 스웨터 밖으로 나와 있었다.[69]
> 비닐 백의 입구같이 입을 벌린 저 죽음 감정이 없는 저 몇 가지 음식들[70]
> 노랗고 딱딱한 태양이 걸릴 때까지[71]
> 하늘은 딱딱한 널빤지처럼 떠 있다.[72]
> 달걀노른자처럼 노랗게 곪은 달[73]
> 헝겊 같은 배[74]
> 고고한 달도 야윈 낫의 형상으로 공중 빈 밭에 힘없이 걸려 있다.[75]

이렇게 기형도의 시에서는 사람들에게 생명의 원천으로 상징되어 온 하늘과 해와 달마저 철저히 무생물화 되고 고체화되며 부정된다. 생물과 무생물, 그 모든 존재를 어둠과 죽음의 세계로 몰아넣어 생명력 상실의 공간으로 이끌어버리는 것이다. 시인의 어두운 내면세계가 이렇듯 시를 생기없는 시정으로 몰고 가는 걸까, 혹은 어두운 이미지의 시어들이 앞장서서 시인을 죽음으로

69) 「위험한 가계」, 위의 책, 93쪽.
70) 「죽은 구름」, 위의 책, 57쪽.
71) 「안개」, 위의 책, 33쪽.
72) 「백야」, 위의 책, 38쪽.
73) 「위험한 가계」, 위의 책, 93쪽.
74) 「폭풍의 언덕」, 앞의 책, 117쪽.
75) 「이 겨울의 어두운 창문」, 위의 책, 78쪽.

끌고 가는 걸까. 기형도의 시를 읽고 나면 오직 이 죽음의 이미지만 강렬하게 남는다.

앞에서 서술한 바 있듯이, 하이즈의 서정시는 후반기에 들어서 급변한다. 낭만적이고 생명력 넘치던 초기시는 1986년을 기점으로 하여 어둠과 불꽃, 핏빛을 띠며 죽음을 향해 달려간다. 다음은 1986년 8월 첫 애인과 헤어지고 나서 쓴 시들이다.

> 당신은 여자 중 가장 아름다워/ 당신은 나의 관/ 나는 당신의 관[76)]
>
> 10월의 마지막 밤/이제부터 당신을 쓰지 않을 거야[77)]
>
> 불탄 말로/시체를 실어 운반하네/ 땅에서 튀쳐나오니/나는 바로 미쳐버리네
> 알몸으로/죽어버린 시인의 말을 태우네/ 온 도시는 내 상처 때문에 밝힌다
> 무수한 화살이 내 몸을 찔렀다/피로 스며드니/ 불타는 옥수수 같다[78)]

실연당한 심정은 화살이 찔린 것처럼 고통스럽다 못해 '불타는 옥수수' 같다. 시인은 이제부터 그녀에 대해서 절대 시로 쓰지 않을 것이라 다짐한다. 청년기에게 있어서 사랑의 실연은 홍역과 같은 것이며, 특히 첫 번째 실연은 견딜 수 없이 강렬하다. 그는 「夜色」에서 다음과 같이 자신의 일생을 축약하고 있다.

---

76) 「葡萄圓之西的話語」, 『全篇』, 127쪽.

77) 「泪水」, 『全篇』, 152쪽.

78) 「馬」, 『全篇』.

밤빛 속에
나는 세 번의 수난이 있다 :유랑, 애정, 생존
나는 세 번의 행복이 있다 ; 시가, 왕위, 태양[79]

이 시는 1988년 2월 28일 티벳으로 가는 도중에 쓴 것인데, 하이즈의 생각을 잘 보여주는 시이다. 15살 때 고향을 떠나 북경에서 고독하게 살아온 하이즈는 4명의 여자와 사랑을 했다가 모두 실패했다. 그가 꼽는 '세 번의 수난' 중 '유랑'과 '애정'은 그런 맥락에서 쉽게 이해할 수 있는데, '생존'에서는 잠시 시선이 멈추게 된다. 그에게는 과연 생존 자체가 수난이었나? 이 의문은 그 다음 구절, '세 번의 행복'을 통해 어느 정도 풀리게 된다. 그는 시가를 쓸 때 가장 행복했다. 또한, 위대한 시인(왕관을 쓴)이 되어 영원히 태양처럼 존재하고 싶었다. 그러나 그것은 현실에서 이루어질 수 없는 것으로 죽음을 통해서만 가능한 것이었다. 그러므로 하이즈는 이제 다음과 같이 본격적으로 죽음을 노래한다.

이 평온하고도 칠흑 같은 세계에/무슨 일이 일어날 수 있단 말인가
죽음만이 사실이다/유일한 사실이다[80]

칠월이면 나는 늘 갑자기 황량한 벌판으로 돌아가는/막차에 몸을 싣고
머리에는 밀짚을 덮어 쓰고 조용히 죽어간다네/
이번엔 산골 고향의 공동묘지에 묻히지 않으리[81]
칠흙같은 밤에 웃음소리 있어 나의 무덤의 목판을 웃으며 끊는다

79)「夜色」,『全篇』385쪽.
80)「詩人的最後之夜」,『全篇』, 505쪽.
81)「抒情詩」,『全篇』, 642쪽.

너는 알 수 있다. 이것은 한 조각 호랑이를 묻은 토지이다[82)]

생명의 상실은 어둠을 동반하고 허무를 가져온다. 하이즈의 내면은 이제 수확 후 텅 빈 들판의 황량함과 허무함 그 자체이다. 검은 밤, 고독과 두려움에 찬 시인의 초상을 더 들여다보자.

검은 밤이 대지로부터 올라온다.
찬란한 하늘을 가린다.
풍성한 수확 후의 황량한 대지
검은 밤이 너의 내부로부터 올라온다.
……
곡창 속은 너무 어둡고, 너무 조용하며, 너무 풍성하다
또 너무 황량하여, 나는 풍성한 수확 중에 염라대왕의 눈을 보았다.[83)]

풍성한 수확은 농민에게 커다란 기쁨이자 환희이며 수고의 결과이다. 그러나 하이즈의 눈에는 캄캄한 밤의 황량한 들판과 어둡고 정적이 머문 창고만 부각된다. 그가 풍성한 수확 중에 염라대왕의 눈을 보았다는 것은 풍요 속에 빈곤을, 그리고 죽음을 보았다는 것이다.

복숭아꽃이 핀다/나무우리(죄수 운송용)에 선혈이 흐르는 것처럼
두 도끼에 선혈이 흐르는 것처럼/사형 집행인의 고향에/선혈이 흐르는 것처럼//
꽃이 왜 이렇게 붉은가/설산이 장엄하고 아름답게 불타는 것처럼//
나의 나무우리에 불이 인다/나의 감옥이 무너진다/쇠사슬과 쇠꼬챙이

---

82) 「死亡之詩」(之一), 133쪽.
83) 「黑夜的獻詩」, 『全篇』 477쪽.

에 불이 붙는다/
사방의 어두운 고원을 향해 던진다[84)]

아름다운 복숭아꽃을 선혈이 흐르는 '나무우리'로, 불에 달궈진 '쇠사슬과 쇠꼬챙이'로 묘사하다니! 이것은 하이즈의 내적 심리가 분열되어 가고 있음을 보여준다. 이미 심리적으로 생명력의 상실 상태였던 하이즈는 후기에 복숭아꽃에 대하여 6편의 시[85)]나 썼다. 중국 고전시에서 아름답고 요염한 자태의 상징이 되어왔던 복숭아는 이제 하이즈에게서 붉은 피, 불꽃, 붉은 태양, 사람을 죽이는 시퍼런 칼로 변한다. 처참하고 비통스런 죽음의 이미지이자 피의 대명사가 된 것이다.

다음은 하이즈가 죽기 전 마지막 4교를 거친 시[86)]이다. 그의 죽음의식 뿐만 아니라 시인으로서의 치열한 작가정신을 짐작케 한다.

복숭아 꽃이 핀다/태양의 두개골이 꿈틀 꿈틀, 화염과 손이 머리에서부터 뻗는다.
한 무리의 들짐승이 화염을 핥고 있다/칼 움푹 파인 강 계곡 모서리로 향해간다.
피 맺힌 상처를 잘라낸다/그들은 물을 불의 아름다운 몸으로 변화시킨다.
…
너는 비교적 짧은 시간 때문에 태양과 지옥을 완성하지 못하고/내재했

84) 「桃花」『全篇』, 448쪽.
85) 「桃花」(1987.11), 「桃花開放」(1987), 「你和桃花」(1987), 「桃花時節」(1989), 「桃樹林」(1988), 「桃花」(1989).
86) 1988년 초고, 1988년 초 수정, 1988년 말 수정, 1989. 3. 14재수정.

던 불은, 몹시 차게 소리없이 타고 있다.[87)]

마치 짧은 시간 때문에 자신이 작품 「태양 7부」를 완성하지 못하고 죽음을 맞이한다는 것을 암시하는 듯한 시이다. 붉은 불꽃과 함께 붉은 피는 죽음의 이미지로서 그의 후기 서정시를 온통 붉고 어둡게 물들이고 있다.

왜 나는 도끼로 물을 마시는가! 피를 물처럼 마신다[88)]
여명에 손으로 친 아들의 선혈의 잔을 받쳐 든다[89)]
등(燈)을 부수고 머리를 부수고, 여인의 피를 흘리는 달을 부순다[90)]
나는 그녀의 선혈과 어둠이다[91)]

이렇게 붉은 피를 이용하여 어둠을 더욱 강조하며 동시에 잔혹과 두려움을 느끼게 한다. 죽음에 임박하면서 그의 시어는 더욱 극단적이고 강렬한 색채를 띠어간다. 그가 죽기 직전까지 다듬었던 또 한 편의 시를 읽어보자.

봄의 시간은 하늘로 올라
열 손가락에 묻은 선혈을 핥고
봄은 휑뎅그렁
욕망을 키우며 죽음을 부추긴다.
바람은 이토록 거세고

87) 「桃花時節」, 452-453쪽.
88) 「眺望北方」, 『全篇』, 382쪽.
89) 「黎明3」, 『全篇』, 442쪽.
90) 「桃樹林」, 『全篇』, 454쪽.
91) 「春天」, 『全篇』, 462쪽.

흙먼지는 이토록 난폭하니
다시는 매장하는 일에 손대지 않으리
땅을 비집고 얼굴을 내민 해골들은 또 얼마인가
봄, 잔인한 봄날
모든 손들과 모든 신들은
선혈을 뚝뚝 흘리며
대지의 앞가슴을 찢어 놓았다.[92)]

봄은 얼었던 세상을 따뜻하게 하며 만물을 소생시키는 계절이다. 그러나 여기에서 묘사되는 봄은 탄생이 아닌 죽음과 피의 계절이다. 하이즈에게 죽음을 재촉하는 '잔인한' 봄인 것이다. 이 시는 죽음이 임박한 하이즈의 심상을 잘 전해준다. 그런데 이보다 더 자신의 죽음장면을 생생히 보여주는 시가 또 있다.

…
황량한 대지는 황량한 하늘의 천둥소리를 견디고 있다
성서의 상권은 나의 날개, 찬란히 빛나는데
어떤 때는 마치 어둑어둑한 오늘 같기도 하다
성서의 하권은 추악하나 즐겁다
당연히 이것 또한 내 상처 입은 날개
황량한 대지는 더욱 황량한 하늘을 견디고 있다.

내 텅 빈 대지와 하늘은
상권과 하권으로 한권을 이룬
성서이자, 내 무겁고도 쪼개진 몸뚱아리

---

92) 이 시는 87년에 작성되나 88.2월에 다시 고쳐지고 89년 3월 죽는 그 달에 마지막 3교를 거쳐 발표된다.「春天」,『全篇』, 460쪽.

2월의 진눈깨비와 눈물을 흘리고 있다.[93]

1989년 3월 26일, 하이즈가 산하이관에서 롱쟈잉(龍家營)으로 향하는 철로에서 죽었을 때 그의 옆에는 성서가 있었으며, 그날은 바로 자신의 생일이자 예수의 부활절이었다. 그는 죽기 전에 친구에게 자살할 방법을 말한 적이 있다고 한다. 평소에 죽음의 방법까지 모색했던 그가 산해관의 철로를 택한 것은 하늘의 사닥다리(철로)를 타고 하늘나라로 가기 위한 것이다. 그는 예수처럼 면류관을 쓴 중국 시가의 왕이 되고 싶었다.

"나는 구름송이를 노래 부르리/ 나는 내 자신이 행복할 수 있다는 걸 알고 있네/ 깨끗한 사람들과/ 천당에서 만나리라"//[94] 죽은 후의 천당을 이렇게 노래한 하이즈는 죽음이 끝이 아니라 또 하나의 삶의 시작이라고 간주한다.

낭만주의 시인 하이즈, 그는 이렇게 스스로 몸을 던져 삶과 죽음, 그리고 부활의 전 과정을 경험하고자 했다. 죽음을 통하여 시를 완성하고자 하였고 영원한 생명을 추구하였던 것이다.

4. 나오는 말

가족의 죽음과 가난 등의 유년시절 체험이 하나의 트라우마로 작용하여 기형도의 시를 초지일관 죽음에서 벗어나지 못하게 했

93) 「黎明.之二」, 『全篇』, 440쪽.
94) 「給母親」, 『全篇』, 93쪽.

다면, 하이즈의 경우에는 '천재의식'이 그를 옥죄는 트라우마로 작용했다. 하이즈를 죽음으로 이끈 요인으로는 경제적인 궁핍과 시단에서의 냉대, 실연과 친구의 배신, 고독한 생활, 창작방법의 한계, 등 다양했지만, 가장 근원적인 것은 그 자신의 내부에 있었다. 시가의 왕관을 쓰고 싶다는 천재의식, 그 도저한 낭만주의였다.

전기의 하이즈는 전기에 환상적이고 유토피아적이며 행복한 삶을 노래했다. '보리시인'이라 불리울 정도로 고향과 전원을 아름답게 노래했던 서정시인 하이즈는 실연 이후 더욱 격정적인 열정으로 창작에 몰두하였다. 새로운 창작방법으로 장시와 극시를 창작하려고 하였지만 '천재시인'과 현실의 간극을 뛰어넘지 못했다. 그는 '죽음'으로 그 한계를 뛰어넘고 싶어했다. 하이즈가 노래한 것이 이루지 못할 꿈, 환상적 현실이었다면, 기형도가 바라보는 현실은 리얼의 현실이었나. 어둡고 비관적인 정조 속에서도 기형도는 끊임없이 희망을 찾고자 애썼다. 죽음의 그림자가 끈질기게 그를 따라다녔고, 그가 비록 "나는 따라갈 준비가 되어 있다."[95]고 죽음에 대해 자신감을 보이기까지 하였지만 결코 그는 그렇게 죽음이 빨리 도래하기를 원치 않았다. 죽음은 어느 날 순간적으로 그를 덮쳐왔고, 그 죽음은 하이스의 방식과 달랐다.

두 시인이 그려내는 죽음이미지의 형상화 또한 사뭇 달랐다. 기형도의 그것이 검정색과 어둠, 생명의 상실과 차가움, 날카로움과 답답함이라면, 하이즈의 시는 붉은 피, 타오르는 불꽃, 붉은

---

95) 기형도, 「시작메모.기타」, 앞의 책, 333쪽.

태양, 칼과 도끼 등 보다 강렬한 형태로 드러난다. 기형도 시에 나타난 죽음은 소멸, 그 자체로 바라보는 죽음이다. 한마디로 재생을 꿈꾸지 않는 죽음인[96] 반면, 하이즈 시 속에 나타난 죽음은 재생과 부활을 꿈꾼다.

이렇게 두 요절 시인의 죽음의식은 다른 양상을 보인다. 개인의 실존뿐만 아니라 시대의 고통과 아픔을 같이 노래했던 기형도의 죽음에 대한 사유가 유물론에 가깝다면, 하이즈의 죽음관은 오히려 유심론에 가까운 것이다. 이러한 차이는 개인의 기질과 성향에서 비롯되겠지만, 80년대 당시 중국의 사회적배경과 문단 흐름과도 밀접한 관련이 있다고 생각된다. 천재 시인 하이즈는 자기 내부에 깃들어있는 낭만주의 성향을 추동시키는 보이지 않는 기류를 앞서 감지했던 것인지 모른다.

죽음이란 예술가들에게 있어서는 일반인들과 다른 의미를 가지는 것 같다. 특히 요절 시인에게 있어서, '죽음'은 그들의 시적 완성도를 높여주는 '면류관' 같은 것인지도 모른다.

참고문헌

기형도, 『기형도 전집』, 문학과 지성사, 1999,

海子, 『海子詩全篇』, 上海三聯書店, 1972,

周玉氷 著, 『面朝大海, 春暖花開』, 安徽文藝出版社, 2005

96) 박상찬, 「기형도 시에 나타난 죽음의 상상력 연구」, 부산대 대학원 석사학위 논문, 2001.

燎原, 『搏向太陽之豹-海子評傳』, 上海南海出版社, 2001
余徐剛 著, 『海子傳』, 강소문예출판사, 2004
사면 저, 김소연 역, 『중국당대시강의』, 학고방, 2008
洪子誠 외저, 홍성표 역, 『중국당대신시사』, 신아사, 2000
류성준, 『중국현당대시가론』, 푸른사상, 2006
강진호, 「문인의 죽음과 문학의 운명:요절로 문학을 완성한 기형도와 김소진의 문학」, 『문예중앙』, 1997년 가을
임태우, 「죽음을 마주보는 자의 언어」, 『작가세계』,1991년 가을
정효구, 「죽음이 살다간 자리」, 『작가세계』, 1989년, 가을
박철화, 「집 없는 자의 길찾기, 혹은 죽음」, 『문학과 사회』, 1989년 가을
이광호, 「默視와 默示 : 상징적 죽음의 형식」, 『사랑을 읽고 나는 쓰네』, 솔, 1994
권태효, 「기형도 시에 투영된 빈집의 이미지와 그 지향점」, 『경기인문논총』 8집, 경기대 인문과학연구소, 2002년
박상찬, 「기형도 시에 나타난 죽음의 상상력 연구」, 부산대 대학원 석학위논문, 2001
http://multipoet.tistory.com/380
http://blog.sina.com.cn/s/blog_4e51063201009lsk.html 『死亡后记』/ 西川

중국 영화

PART 04

정영호

제6장 영화 『인생』에 나타난 정치권력과 실존 문제

제7장 영화 『홍등』에 나타난 섹슈얼리티와 권력 욕망

제9장 영화 『부용진』에 나타난 정치권력과 이데올로기

제 6 장

영화 『인생』에 나타난 정치권력과 실존 문제

사람은 살아가는 것을 위해서 살아가지,
살아가는 것 이외의 그 어떠한 것을 위해 살아가는 것은 아니다.

1. 들어가며

『인생』은 1994년 제작된 장이머우[1] 감독의 작품으로, 위화(余

1) 장이머우(張藝謀)는 감독 겸 배우이자 촬영기사다. 1968년 중학교를 졸업한 후 아버지가 국민당의 당원이었던 관계로 샨시(陝西)성 건현 농촌 노력대에서 노동을 하고 후에 샨시성의 한 공장에서 노동자가 되어 10여 년의 하방을 겪었다. 그는 1978년 베이징 영화대학 촬영과에 입학하여 학습했으며, 1982년 학교를 졸업 후 난닝(南寧)의 광시영화제작소의 촬영사를 맡아 『하나와 여덟, 一個和八個』(1984, 장쥔자오) 제작에 참여했다. 그는 1년 뒤 『황토지, 黃土地』와 『대열병, 大閱兵』에서 천카이거와 공동 작업을 하면서 새로운 영화 언어에 눈을 떴나. 친기이거와 함께 시안영화촬영소에 배속 된 후, 그는 그곳에서 우텐밍 감독의 『오래된 우물, 老井』(1987)에서 주연으로 출연했다. 그의 영화는 『붉은 수수밭, 紅高粱』(1987), 『국두, 菊豆』(1990), 『홍등, 大紅燈籠高高掛』(1991), 『치우쥐의 소송 이야기, 秋菊打官司』(1992), 『책상서랍 속의 동화, 一個都不能少』(1999), 『집으로 가는 길, 我的父親母親』(1999), 『유화호호설, 有話好好說』(1995), 『상하이 트라이애드, 搖啊搖, 搖到外婆橋』(1995), 『행복한 시절, 幸福時光』(2000), 『영웅, 英雄』, 『연인, 戀人』 등이 있다. 그의 영화는 1987년 『붉은 수수밭』을 기점으로 『국두』와 『홍등』을 통해 농염한 장식적 색채 효과를 거두고 있으며, 1992년 『치우쥐의 소송 이야기』를 시작

華)[2]의 소설 『살아간다는 것, 活着』을 개편하여 제작되었다. 이 영화는 거요우(葛優)와 공리(鞏利)가 주연을 맡아 열연한 작품으로 94년 베니스영화제 남우주연상을 수상했다. "은폐된 상징성을 배제한 채 서술만 하고 거의 꾸미지 않는 다큐멘터리 방식으로 연출된 이 영화는 역사의 질곡을 헤쳐나가는 부유하 s지주의 아들이자 난봉꾼인 푸꾸이의 인생사"[3]를 다루었다. 영화의 내용은 1940년대부터 문화대혁명 종결 직후까지의 중국현대사가 주된 골격을 이루고 있으며, 이 과정에서 실체가 없는 그림자극을 통해 정치권력적 욕망과 인민간의 관계, 인민들의 희생을 살펴볼 수 있는 영화다. 이 영화는 기존의 장식적이고 색채의 미를 추구했던 『붉은수수밭』·『국두』·『홍등』 등의 예술적인 영화 풍을 배제하고 가식 없는 서사적 리얼리즘으로 희비극을 반복하며 역사 속의 지배자의 과오를 간접적으로 고발하고 있다.

그런데 원작이 영화의 극본으로 변화되는 과정에서 내용 및 서

으로 『인생』, 『책상서랍속의 동화』 등을 통해 생명력과 리얼리티를 표현하고 있다. 그리고 최근 작품인 『영웅』이나 『연인』은 장이머우의 초기 작품과는 달리 상업적인 성향에 서구의 블록버스터의 흉내를 과도하게 드러내고 있다는 평가가 지배적이다.

2) 위화(余華)는 1960년 항저우에서 태어났다. 1983년 단편소설 「첫 번 째 기숙사 第一宿舍」를 발표하면서 세상에 알려졌다. 이후 「18세에 집을 나서 먼길을 가다 十八歲出門遠行」, 「세상사는 연기와 같다 世事如烟」 등 실험성 강한 중·단편을 내놓으며 중국 제3세대 문학을 대표하는 작가로 급부상했다. 이후, 장편소설 『가랑비 속의 외침 在細雨中呼喊』, 『살아간다는 것 活着』, 『허삼관 매혈기 許三觀賣血記』를 발표하였고, 수필집으로 『나는 나 자신을 믿을 수 있을까 我能否相信自己』, 『고조 高潮』가 있다.

3) 슈테판크라머 지음, 황진자 옮김, 『중국영화사』, 이산, 2000, 262쪽.

사 구조면에서 큰 차이점을 보여주고 있다. 예를 들어, 지리적 배경이 농촌에서 소도시로 변한 것과 함께 주인공 푸꾸이(福貴)의 직업이 농부에서 그림자극인으로 바뀌었다. 그리고 대부분의 등장인물들의 운명을 달리 그리고 있으며, 서사방식에서도 변화와 차이를 보여준다. 또한 소설은 대약진운동에 대한 묘사가 많은 반면 영화에서는 문화대혁명 기간까지 일련의 정치과정과 인민의 생활들에 대한 묘사가 두드러진다. 이러한 점들을 고려해 볼 때, 영화 『인생』과 그것의 원작 『活着』과의 대비 비교를 통해 그 변화 양상을 살펴보는 것은 또 하나의 흥밋거리이다. 본 논문은 이 점에 착안하여 영화와 원작과의 차이점을 살펴본 후, 영화 『인생』에 나타난 정치권력과 실존문제라는 측면에서 검토해 보고자 한다. 특히 주인공 푸꾸이와 그의 가족을 통해서 정치권력으로 인한 중국 인민의 희생과 보통 인민으로 살아가기 위한 삶의 욕망이 어떻게 나타나는지를 보겠다.

2. 원작 『活着』과 영화 『인생』과의 대비 비교

『活着』은 한 민요수집가의 이야기 속에 푸꾸이의 이야기가 들어있는 액자구조를 가진 소설이다. 소설의 이러한 서사 구조는 영화의 극본으로 개편되면서 특별한 화자 없이 시간의 흐름에 따라 푸꾸이 가족의 인생 역정을 연대기적으로 서술하고 있다. 이것은 문자텍스트, 혹은 문학텍스트에서 영상텍스트로 바뀌면서 사실성을 획득하기 위한 방법으로 취해진 표현기법이라 할 수 있다. 또한 감독은 이렇게 변화하는 과정에서 내용과 인물의 운명, 서사 시각 및 방법 등과 같은 작가주의적 새로운 기법을 동원하여 원작과는 다르게 묘사하였다. 그러나 소설 작가의 "역사성과 삶의 진실이라는 문제를 자연스럽게 접목시키고, 그 속에서 한 가족사를 통한 중국 현대사 읽기를 시도"[4]한 측면은 감독에 의해 더욱 뚜렷하게 표현되었다.

먼저 영화는 내용상에서 지리적 배경과 주인공의 직업이 변화되었다. 소설 속에서의 푸꾸이는 도박판에서 가산을 모두 탕진한 후 농민이 되었으며 남방의 작은 농촌마을에 거주하였다. 영화에서는 북방의 소도시가 배경이며 푸꾸이는 그림자극과 물 배달로 생활하였는데, 그림자극은 그가 도박으로 가산을 탕진한 이후의 주된 직업이었다. 이렇게 그림자극을 연출하는 변화는 평범한 농민에서 예술인으로 변화한 것이며, 적재적소에서 영화의 흐름을 바꾸는 역할까지도 하게 된다. 동시에 허상을 표현하는 그림자극이라는 기호는 40년대, 50년대, 60년대의 격동의 현대사를 이끌어내는 허울좋은 이념이나 권력적 욕망에 대한 표상의 장치로써 존재하며, 당시 인간들의 삶, 특히 정치권력들이 추구하던 삶이란 결국 허상임을 상징적으로 보여준다.

두 번째로 인물의 운명의 변화가 두드러진 바, 소설에서 죽게 된 인물이 영화에서는 생존하는 경우와, 인물들의 사망 원인과

4) 여화, 백원담 옮김, 『살아간다는 것』 서문, 푸른 숲, 1997, 298쪽.

사망 배경이 달라진 점이다. 구체적으로 보면, 소설의 결말부분에서 주인공 푸꾸이 만이 외롭게 지내다 늙은 소 한 마리를 구입하여 푸꾸이라는 이름을 지어주고 농사를 짓고 생활한다. 반면 영화에서는 푸꾸이의 아내 지아쩐(家珍), 사위 얼시(二喜), 외손자 만터우(饅頭, 소설 속의 苦根)가 생존해 있어 삼대가 함께 사는 가정을 이루고 있다. 그리고 아들 요우칭(有慶)과 딸 펑샤(鳳霞)의 사망 원인과 배경이 변화되었다. 소설에서 요우칭은 현장 부인에게 수혈을 해주다 과도하게 피를 빼는 바람에 죽게 되는 사고로 운명처럼 다가온다. 그런데 영화에서는 구장 춘성(春生)의 차가 들이받은 담벼락이 무너지는 바람에 압사 당하는 사건으로 변모한다. 둘 다 우연한 사고인 듯하지만, 영화에서는 필연적인 사고, 즉 대약진 운동의 일환으로 철강생산에 열을 올리던 와중에 희생된 것이다. 다시 말하면 구장이 검열을 나오는 바람에 희생과 인민이 동원되었고, 이는 대약진운동의 열기 속에서 성립된 것이다. 피곤에 지친 요우칭이 가지 않아도 될 곳에 낙오자가 되어서는 안되겠다는 아버지 푸꾸이에 의한 사건이었다. 펑샤의 경우, 소설에서는 가정형편이 어려워 남의 집에 수양딸로 보내졌다 돌아오지만 영화는 이러한 내용이 삭제되었고, 그녀의 죽음 또한 아이를 낳다가 우연한 사고로 죽게 되지만, 영화에서는 정치운동인 문화대혁명 기간 동안 의사들이 모두 축출된 결과, 산후 출혈을 막지 못해 사망한 것으로 변화되었다. 요우칭과 펑샤의 이러한 죽음은 대약진운동과 문화대혁명 등 사회 역사적 정치사건을 비판하고자 하는 감독의 의도적인 배치에 기인한 것이다. 아내 지아쩐의 경우, 소설은 남편 푸꾸이와 아이들을 위해 헌신하는 여인으로 등장하여 병들어 죽게 되지만, 영화는 귀부인의 모습으로 시작하여 가세가 기울자 물장사를 하면서 생계를 꾸려 가는 적극적이고 능동적인 여인이며 끝까지 생존한다. 사위 완얼시의 경우, 소설에서는 머리가 기운 신체에 돈을 잘 버는 운반공으로 등장하고 건설현장에서 죽음을 당하지만, 영화는 절름발이의 신체에 3대가 노동자인 당당한 계급으로 사망하지 않는다. 외손자 만터우(소설에서의 쿠건)의 경우, 소설에서는 아내의 죽음으로 아버지와 외할아버지에게 의지하며 지내다 콩을 과도하게 먹어서 죽게되지만, 영화는 끝까지 생존하는 것으로 설정되었다. 또 푸꾸이의 부친의 경우, 소설에서는 뇌진탕으로 죽게 되지만, 영화는 노름빚을 갚고 푸꾸이를 추궁하는 과정에서 혈압으로 돌연사 한다. 이처럼 주인공 푸꾸이의 가족들의 운명이 소설에서 영화로 개편되면서 많은 변화를 가져왔다.

세 번째는 서사방법의 변화이다. 소설은 나와 푸꾸이를 중심으로 서술해 나갔다. 민요수집가인 나는 제1서술자이고 푸꾸이는 제2서술자로서, 두 사람의 이야기를 공동으로 엮어나간 것이다. 그러나 영화는 제3인칭 서술로 바꾸어 전지적 시각을 활용하여 시간의 흐름에 따라 푸꾸이 일가의 삶이 전개되었다. 이로 인해 소설에서 드러낸 인생의 달관적 태도와 스스로 진술해 나가는 형식은 대부분 훼손되었다고 말할 수 있다. 영화라는 장르의 특성상

소설과 같은 형식을 취했다면 과거와 현재를 오가는 장면들이 반복되면서, 영화는 상당히 지루한 느낌을 주게 되었을 것이다. 따라서 장이머우 감독은 40년대, 50년대, 60년대의 사회적 특징을 나타낼 수 있는 자막을 삽입하는 방법을 취했다. 그의 영화 『홍등』에서 夏, 秋, 冬, 第二年 등의 문구를 넣은 것과 『秋菊打官司』에서 鄕, 縣, 市 등의 자구를 넣은 것과 같은 방법이다. 하지만 자연적인 계절의 순서나 행정구획과는 큰 차이가 있다. 『인생』에서 감독이 나타낸 40년대, 50년대, 60년대는 고정된 틀이 아니라 중국 인민이 겪은 사회적 역사적 사건을 상징하는 것이다.

연대기적 묘사에 대해 좀더 살펴보면, 감독은 영화의 관객들이 40년대라는 문구를 보면서 자연스럽게 외세와의 전쟁과 국민당과의 내전을 연상하도록 했다. 1940년대로부터 시작되는 이 영화는 '나으리'라는 호칭과 함께 전통 찻집에서의 노박 등 봉건문화가 상존하고 역사 · 전쟁 · 애정 소재의 그림자극이 줄곧 등장한다. 이 그림자극은 국 · 공 내전의 와중에서 푸꾸이의 생명을 지켜주는 도구 역할을 하였다. 또 50년대라는 문구를 통해 토지개혁과 대약진운동을 떠올리도록 했다. 1950년대는 바로 중국형 사회주의 건설을 위해 매진한 시기이다. 반봉건의 기치를 내걸고 공신회(사회주의)를 완성시키는 시기이다. 영화의 장면은 요우칭의 죽음과 만두, 1950년대 말 중국의 모습이 묘사되고, 관료 · 파벌 · 주관주의를 반대하고 이들 경향의 사람들을 인민의 적으로 내몬 정풍운동(1957)이 다루어진다. 즉 마오쩌뚱의 노선을 달리하는 사람은 바로 적으로 간주되었다. 1958년 대약진운동은 중공업 우선정책을 펴는 중국의 모습을 현실감 있게 다루고 있다. 요우칭을 등에 업고 닭이 변해 거위가 되고, 거위가 변하여 양이 되고, 양이 변하여 소가 되고, 소가 변해 마침내는 공산주의가 완성되리라는 푸꾸이의 말에는 1950년대 중국사회의 현실이 투영되어 있음과 동시에 결과적으로 실패한 대약진운동을 조롱하고 있는 것이다. 60년대 역시 자연재해와 문화대혁명이라는 대 사건을 연상하게 된다. 영화는 이 시기의 서사에서, 1966년에서 1976년에 이르는 문화대혁명, 권력투쟁의 와중에 자본주의 집권파로 몰린 주자파들, 그리고 문화대혁명 기간 동안 모택동의 전위대 역할을 했던 홍위병들의 활동들을 묘사하였다. 펑샤의 결혼식에서 마오쩌뚱의 어록을 들고 사진을 촬영하고 마오쩌뚱을 찬양하는 노래가 불려지는 모습에는 당시의 삼엄했던 분위기를 반증해준다. 학생간호사들에게 반동학술권위자로 내몰려 아이의 출산을 집도하지 못하는 의사교수의 모습은 문화대혁명 당시 지식인들의 처지를 단적으로 말해준다.

이처럼 40년대, 50년대, 60년대라는 문구는 단순한 연상이 아니라 당대의 사건과 그로 인해 겪은 생활 등을 동시에 생각하게 하는 것이다. 더구나 주인공 푸꾸이 가정을 놓고 볼 때, 40년대는 국·공 내전의 현장에서 목숨을 걸고 생활하다 귀환한 시기이며, 50년대는 대약진운동의 와중에 하나밖에 없는 아들 요우칭이 압사 당하는 비극의 시기이며, 60년대는 문화대혁명 기간 동안 의사들의 부재로 인해 딸 펑샤가 죽음으로 내몰린 시기이다. 감독이 표현하고자 한 주된 점은 바로 바로 그들 가족의 죽음과 해체를 통해 동시대의 정치권력이 행한 행위들에 대해 비판을 가하고자 하는 의도가 스며있다. 소설의 주된 서사 각도가 표면적으로는 한 개인의 인생 여정인 것처럼 보이지만, 실제에 있어서는 한 가족사를 통한 중국 현대사 읽기에 있다. 이것이 영화에서는 당대의 사회적 비극으로 변화된 것이며, 좁게는 한 가정, 한 개인의 비극적 인생을 묘사하고자 했다.

이처럼 소설에서 영화의 극본으로 바뀌면서 많은 변화를 가져왔고, 이러한 변화들은 관객들로 하여금 매 장면들을 통해 당대에 전개되었던 역사적 사건과 인민의 생활을 현실감있게 조명해 볼 수 있도록 하고 있다.

3. 영화에 나타난 정치권력과 실존문제

1) 정치권력과 인민의 희생

공산혁명이 완수되어 1949년 10월 1일 중화인민공화국이 성립된 이후에도 중국의 현대사는 정치권력에 의한 정치운동이 격렬하게 진행되었다. 이러한 정치운동은 결과적으로 많은 국민들에게 고통과 희생을 가져다 주었다. "『살아간다는 것』에는 우리 중국인들이 최근 몇 십 년 동안 얼마나 어렵게 살아왔는가 하는 삶의 내력이 담겨져 있다."[5] 영화 『인생』은 이를 고스란히 담고서 현실감있게 보여준다. 공산 혁명이 진행되는 과정과 그 후의 역사 시기에 진행된 국가권력을 확립하기 위한 정치권력 사이의 권력 투쟁이 반영되어 있음은 물론, 그들의 투쟁 속에 희생된 국민들의 고통과 희생 역시 잘 묘사되어 있다. 영화에 보이는 첫 번째 희생은 푸꾸이의 집과 룽얼이다. 푸꾸이의 집, 도박으로 가산을 탕진하여 룽얼에게 집을 넘겨주기 전의 그의 집은 공산혁명의 과정에서 반혁명의 목재가 되고 인민의 희생, 즉 룽얼의 죽음을 가져온다. 혁명이 진행되면서 룽얼의 신분은 그 집으로 인해 도박장의 대부에서 지주로 변했다. 그리고 정책에 따라 정부가 그 집을 사용하려 하자, 간부를 때리고 불을 질러 집도 태워버렸으니, 곧 반혁명적인 파괴자가 되었다. 이 때문에 그는 "반혁명을 쳐부수고 승리의 열매를 쟁취하자!"는 군중들의 함성 속에 총살을 당한다. 룽얼의 총살과 함께 푸꾸이 가족은 보통 인민의 신분으로 탄생한다. 보통 인민이란 바로 마오쩌뚱 정책의 수혜자라고 자칭하는 소시민이다. 또한 보통 인민의 탄생은 혁명세력이 아니면 언제 제거의 대상이 될 줄 모르는 상황 속에서 보통 인민으로 혁명에 동참해야만 희생의 길에서 빠져나올 수 있었던 당시 상황을 잘 설명해주고 있다. 때문에 푸꾸이는 매 건마다 이념에 편승한 기회주의자로 변신한다.

그러나 혁명의 집행 과정에서 기회주의자로서의 보통 인민이라고 해서 결코 안전한 것은 아니었다. 대약진운동과 문화대혁명

5) 여화, 백원담 옮김, 『살아간다는 것』 서문, 푸른 숲, 1997.

이 보통 인민의 삶에 황폐화를 가져오게 되었던 것이다. 이 두 사건은 정치권력에 의한 국가권력을 공고화하기 위한 정치운동이었다. 1957년 11월 모스크바에서 열린 세계공산당 대회에 참석한 마오쩌뚱은 사회주의체제와 아시아·아프리카·라틴아메리카의 반제 민족해방투쟁 세력이 서방 제국주의에 대해 우위에 서 있다고 주장했다. 또한 지금이야말로 동측은 서측에 대하여 적극적인 공세로 나가야 할 것이라고 주장하는 '동풍이 서풍을 제압한다.'라는 연설을 했는데, 그의 제안은 흐루시초프에 의해 냉대를 받았다. 중·소의 이데올로기 대립이 격화됨에 따라 마오쩌뚱은 중국이야말로 세계 공산주의 혁명의 리더가 되어야 한다는 신명을 굳히고 경제적으로나 군사적으로 소련의 원조에 의존하지 않고 독자적인 중국형 사회주의의 건설에 박차를 가했다. 이로 인해 시작된 것이 1958에서 1960까지 진행된 중공업우선정책인 대약진 운동이다.[6)]

영화에서 푸꾸이의 하나밖에 없는 아들 요우칭이 구청장의 학교 참관 행사에 참가하러 갔다가 그만 죽게 된 것은 기회주의가 그가 바라던 안정된 삶을 보장해주지 못했다는 사실을 보여준다. 그것의 원인은 다름 아닌 철강 증산 정책으로 인한 사고였다. 중국은 대약진운동과 함께 10년 안에 공업생산에서 영국을 앞지른

6) 본 논문에서 언급한 역사적인 내용은 『20세기중국사』(히메다 미쓰요시 외, 김순호 옮김, 돌베개, 1995), 『동아시아 근현대사』(우에하라카즈요시 외, 한철호·이규수 옮김, 옛오늘, 2003), 『중국근현대사』(阿部治平 외, 편집부 옮김, 일월서각, 1985) 등을 참고하였음.

다는 계획을 세워 철강의 증산에 초점을 맞추었다. 무리한 철 생산목표를 세우고 이를 달성하기 위해 전국에서 5천만 명을 동원하였다. 소형의 재래 제철소를 만들어 대대적인 철 생산운동을 전개하였으나, 1천여 만 톤의 철강 중에서 재래공법으로 만들어진 300만 톤은 쓸 수도 없는 것이었다. 철강 생산이라는 중공업 우선 정책은 경공업의 홀시를 가져왔고, 인민들은 더 나은 생활에 대한 갈망과 오랫동안 짓밟혀온 조국의 발전에 대한 희망을 품고서 열정적으로 운동에 참여하였다. 그러나 맹목적인 중공업 우선 정책은 결국 실패하여 인민의 외면을 받을 수밖에 없었다. 다음 장면은 압사 당한 요우칭의 시신 앞에서 오열하는 보통 인민들의 목소리를 대변해주고 있다.

> 쩐 장: 푸꾸이, 푸꾸이, 하늘이 무너져도 솟아날 구멍은 있어! 일어서야 한다고.
>
> 푸꾸이: 요우칭, 요우칭! 어떻게 된 거야, 요우칭!
>
> 선생님: 요우칭 아버님….
>
> 푸꾸이: 대답해! 아빠 왔다. 아빠한테 한 마디만 해봐. 요우칭! 아빠 불러봐! 요우칭…. 이게 어떻게 된 거야?
>
> (중략)
>
> 지아쩐: 엄마가 왔다! 요우칭, 요우칭! 너 어떻게 된 거냐? 요우칭! 좀 보게 해줘요! 좀 보여 달란 말이에요! 요우칭, 요우칭! 엄마가 왔다.

대약진 운동은 그 전개과정 속에서 많은 희생자를 냈다. 어린 학생에서 노인까지 모든 인민이 동원되어 희생을 당했던 모습을 요우칭의 죽음을 통해 묘사하였다. 대약진 운동은 지나친 중공업 우선정책과 당 간부의 강제에 대한 농민의 저항과 생산의욕의 감퇴라는 인재(人災), 1959년부터 1961년에 걸쳐 계속된 화베이(華北)의 가뭄과 화중(華中)・화난(華南)의 수재와 같은 자연재해, 그리고 대외적으로 중・소 관계가 악화되어 소련이 1960년부터 경제원조를 전면적으로 중단한 일들이 겹쳐 결국 실패로 끝났다. 대약진은 막대한 인적 피해를 초래하였을 뿐만 아니라 자원의 난굴(亂堀), 난벌(亂伐)로 인해 자연환경 파괴를 가져왔다. 대약진과 인민공사화로 인해 전국에서 2천만 명이 영양실조와 기아로 목숨을 잃었다고 한다. 이러한 사실을 놓고 보면 대약진운동은 권력적 욕망의 산물이요, 참된 주체적 인간성의 상실이라 말하지 않을 수 없다.

대약진 운동과 함께 중국 인민에게 커다란 희생과 심리적 공황을 가져온 것은 바로 문화대혁명이다. 대약진운동이 실패로 끝난 이후 중국공산당 내부에는 사회주의 건설을 둘러싼 노선대립이 생겨났다. 마오쩌뚱은 대중노선을 주장하였으나, 리우샤오치(劉少奇)・떵샤오핑(鄧小平) 등의 실용주의자들은 공업 및 전문가를 우선시할 것을 주장하였다. 1962년 9월 중앙위원회 전체회의에서 마오쩌뚱은 계급투쟁을 강조하고 수정주의를 비판함으로써 반대파들을 공격하기 시작하였다. 문화대혁명의 발단은 1965년 11월 사인방(四人幇) 가운데 한 사람인 야오원위앤(姚文元)이 "신편역사극 「해서파관」을 평하다."라는 글을 발표하면서 시작되었고,

1966년 5월의 이른 바 '5 · 16통지'로 본격화되었다. '5 · 16통지'에서 문혁의 내용과 목적을 규정한 부분에는 "학술, 교육, 신문, 출판, 문화 각계의 부르주아 반동 사상을 철저히 비판하고 당, 정부, 군대, 문화계에서 부르주아의 대표적 인물을 비판하라."는 내용이었다. 이렇게 시작된 문화대혁명은 1966~77년까지의 10여 년 간에 걸쳐 진행되었고 정치집단간의 권력투쟁이자 극좌 사회주의 운동이었으며, 건국 이래 미증유의 대 혼란을 겪은 시기이다. 오늘날에 와서는 '10년 동란'이라고 부르는 '프롤레타리아 문화대혁명「文革」'이 바로 그것이다. 이는 마오쩌뚱의 계급투쟁을 강조하는 대중운동을 전개, 중국공산당 내부의 반대파들을 제거한 일종의 권력투쟁이자 극좌 사회주의운동으로, 마오쩌뚱 시대의 특징을 가장 잘 나타내는 큰 사건이다. 문혁은 중국공산당에 의한 건국 15년의 정치 · 경제 · 문화 사상 등 모든 경영의 총결산으로 발발한 것이며 마오쩌뚱 시대의 특징을 가장 잘 나타내는 큰 사건이다. 문화대혁명이 내외에 준 충격파는 매우 컸으며, 더구나 그 심각한 여파는 오늘날까지 미치고 있다. 다음은 장면은 푸꾸이의 생명줄이었던 그림자극 도구를 없애라는 쩐장과 푸꾸이와의 대화이다.

> 푸꾸이: 지아쩐과 상의했어요. 마오주석의 사상을 선전하는 그림자 연극 극단을 하나 만들 수는 없을까요? 그림자극은 새로운 효과를 발휘할 것입니다.
>
> 쩐 장: 그것들 모두가 다 무슨 왕후니 재상이니 혹은 군자니 가인이니

> 하는 이야기들이잖아. 이건 전형적인 네 가지의 낡은 악이라고. 사설이 내려온 것을 읽어보라고. 오래된 것일수록 반동이 된다고. 태워버려! 마오주석의 말대로 해!

문화대혁명 기간 동안은 모든 것이 마오쩌뚱의 말과 행동에 의해 이루어진 시기이다. 예술인들의 활동 역시 정치권력이 요구하는 바와 다른 것은 모든 활동이 중단되었고, 정치권력에 편승한 일부만이 존재했을 뿐이다. 모든 옛 가치와 예술처럼 그림자극은 아무도 그 개념을 설명할 수 없는 새로운 문화의 희생자가 되었다. 오랫동안 푸꾸이 가족의 동반자이자 생계수단이었던 그림자극인들을 불길 속에 던지는 장면은 문화대혁명과 영화산업의 운명을 보여주고 있다.

마오사상에 대한 극단적인 숭배 요구는 완얼시와 쉬펑샤의 결혼식 장면에 더욱 잘 나타나 있다.

> 쩐장: 오늘은 완얼시와 쉬펑샤가 결혼하는 행복한 날입니다. 우리 다 같이 자나깨나 공산당을 잊지 말고, 행복한 날도 마오주석을 잊지 맙시다. 자, 노래를 부릅시다.
>
> 합창: 천하가 크다해도 공산당의 은정만은 못하고, 부모님의 사랑도 마오주석의 사랑만 못하네. 모든 것이 좋다해도 사회주의만 못하고, 바다와 강이 깊다해도 동지애만 못하네. 마오쩌뚱 사상은 혁명의 보배요. 누구든 그를 반대하면 곧 우리의 적이네.
>
> (중략)
>
> 얼시: (마오주석의 초상을 향해) 마오주석 동지, 쉬펑샤를 데려갑니다.
>
> 남자: 이리 와. 이리 와. 허리를 굽혀 인사올려야지.
>
> 얼시: (푸꾸이와 지아쩐을 향해) 아버님, 어머님. 펑샤를 데려갑니다. 일평

생 잘 대해줄게요.

마오쩌뚱 사상은 혁명기간 동안 유일선이었다. 그를 반대하는 자는 누구든 처벌과 숙청의 대상이었으며, 부모보다 앞선 존재였다. 부모님의 사랑도 마오주석의 사랑만 못하며 모든 것은 사회주의와 통했다. 마오쩌뚱 사상은 혁명의 보배이니 누구든 그를 반대하면 곧 인민의 적일 수밖에 없었다.

또한 이 기간의 정치투쟁을 단적으로 보여주는 것은 춘셩과 쩐장이 주자파로 몰린 후의 장면이다. 춘셩이 주자파로 몰리자 얼시는 그의 장인에게 오래 전부터 알고 지낸 춘셩을 멀리하라고 한다. 인간의 보편적 情誼의 추구는 조금도 용납되지 않았음을 보여주는 사례다.

푸꾸이: 춘셩을 만났다고?
얼 시: 춘셩이 주자파로 몰려서, 어제 그에 대한 비판대회가 열렸어요. 아버님, 그와 거리를 두어야겠어요.
푸꾸이: 당연하지. 지금까지도 거리를 두었어. 몇 년 동안 줄곧 그와 상대도 하지 않았어.

그리고 그것이 더더욱 잘못 되었다는 증거가 또 하나 있다. 푸꾸이 부부가 중매쟁이 쩐장에게 얼시의 득남을 축하하는 의미에서 붉은 계란을 주러 갔을 때, 쩐장과 오간 대화의 일부이다.

지아쩐: 쩐장님, 아주머니가 왜 울죠? 무슨 일이에요?
쩐 장: 앞으로는 나를 쩐장이라고 부르지 말게. 당에서 내가 마을 주자파래. 내일 학습반에 가서 교육을 받아야 돼.

지아쩐: 쩐장님에게 교육을 받으라고요?
푸꾸이: 어떻게 주자파가 되었죠? 요 몇 년 동안 누가 쩐장님을 모르는 사람이 있을까요?
쩐 장: 인민을 믿고 당을 믿고 따라야지. 어쨌든 나는 마오주석의 혁명 노선에 따랐을 뿐이야.

인간과 인간의 자연스런 만남까지도 철저히 파괴당해야 만 했고 혁명의 와중에서 많은 지인들이 운명을 달리해야만 했다. 인민을 믿고 당을 믿고 따랐고 마오주석의 혁명노선에 따랐을 뿐인데도 자본주의 집권파란 이름으로 비판과 숙청을 당해야 했던 사람들의 운명을 보여주는 장면이다.

문화대혁명 당시 마오쩌뚱의 호소에 최초로 호응한 것은 당 고급 간부의 자녀와 사회주의적 이상 하에 배양된 학생으로 구성된 홍위병이었다. 1966년 8월 18일 텐안먼 광장에서 열린 백만인 집회에 모인 홍위병들은 전국의 주요 도시에 진출하여 마오쩌뚱 사상을 찬양하고 낡은 문화를 일소하기 위하여 대대적인 시위를 전개하였다. 학교를 폐쇄하고 모든 전통적인 가치가 공격당하였으며, 당의 관료들을 공개적으로 비판하고, 전국 각지에서 실권파들이 장악한 권력을 무력으로 탈취하였다. 홍위병들의 활동과 그로 인한 인민의 희생은 펑샤가 병원에서 출산하는 장면에 잘 나타나 있다.

남자A: 어디서 의사를 찾겠어요, 모두가 감옥에 있는데. 이미 간호학교 홍위병들에게 권한을 뺐겼어요.

푸꾸이: 의사가 없다고?

얼 시: (간호사에게) 여기 산부인과 의사는 없습니까?

간호사: 우리가 의사예요.

얼 시: 나이 좀 드신 분 말입니다.

간호사: 늙은 사람들은 반동학술권위자라서 타도 당했어요. 안심해요. 당신 부인의 상태는 아주 좋아요. 우리가 있으니까 문제없어요.

(중략)

간호사: 우린 학생이라 해본 적이 없어요. 우린 못해요. 우린 학생이라 못해요.

푸꾸이: 왕선생은 할 수 있소?

간호사: 그래요! 왕 선생은 할 수 있을 거예요. 그는 교수니까요. 그는 할 수 있어요. 분명히 할 수 있을 것입니다. 왕 선생은 교수니까 할 수 있을 거예요.

(중략)

지아쩐: 펑샤! 펑샤! 괜찮다. 엄마가 여기 있으니 두려워 마라. 간호사님, 살려주세요. 하나밖에 없는 딸이라고요. 딸 하나밖에 안 남았어요. 간호사님. 펑샤야! 엄마 여기 있으니 괜찮단다.

의사는 반동학술권위자라는 미명으로 내쫓기고 병원에는 빨간 안장을 두른 서슬 퍼런 홍위병들만이 서성대고 있다. 그들에게 딸의 운명을 맡기기가 미덥지 않은 지아쩐의 예상대로 펑샤는 만터우를 남기고 세상을 떠난다. 붉은 피를 흘리는 펑샤, 그녀를 붙잡고 오열하는 지아쩐의 모습을 통해 당시 인민이 당해야 했던 희생이 얼마나 비참하고 고통스러웠던 것인가를 짐작케 한다. 마치 거리 곳곳에 매달린 붉은 기와 대자보의 색깔은 인민의 피를 원했던 것처럼 보인다. 이 장면은 보통 인민의 희생을 보여줌과 동시에 문화대혁명 당시 대부분의 지식인들이 교계의 현장을 떠나 하방을 당했던 사실을 반사해주고 있다.

중국 인민에게 많은 희생을 가져온 문화대혁명은 마오쩌뚱의 '사회주의사회에서의 계급·계급투쟁·계속혁명론'에 입각하여 모택동 만년의 개인적 이념·정념·야망의 달성을 위해 마오쩌뚱 개인숭배를 최대한 활용하였으며, 중국공산당의 조직원칙이나 국가기구의 법질서를 억지로 짓밟고 강행된 것이다. 중국공산당은 1981년 11기 6중전회의 '건국 이래의 역사적 문제에 관한 당의 결의'에서, 당초 '사회주의 혁명의 더욱 깊고, 더욱 넓고, 새로운 발전단계'라는 문화대혁명의 의미를 전면적으로 부정하고, '당과 국가와 인민에게 커다란 재난을 가져다 준 내란'이었다고 평가했다.

문화대혁명 기간 동안 약 300만 명의 당원이 숙청되었고, 경제는 피폐해지고, 혼란과 부정부패가 만연하였다. 1966년 상반기까지 안정과 확대기조에 있었던 중국경제는 활력을 잃고 생산성의 하락을 가져왔다. 경제의 군사화가 진행되어 막대한 인력과 건설자재가 이 방면에 투자되었으나 오늘날 거의 쓸모가 없는 것이었다. '하방'(下放)이라는 이름 아래 농촌이나 변경으로 이주 당하여 2-3천만 명이라는 청년이 귀중한 시간을 무위로 보내는 인적자원의 황폐화도 가져왔다. 문화대혁명은 경제면에도 이러한 막대한 피해를 남겨 중국의 근대화를 지체시키는 장기적인 폐해를 가져왔다. 또한 문혁은 규모나 지속시간에 있어 심각한 타격을 중국의 인민과 문화에 안겨주었다. 생활수준의 저하, 직장 · 학교 · 가정에서의 인간관계의 파괴가 인심을 황폐화시켰다. 사람들은 외국 사람에게는 물론 가족에게도 마음속을 밝히지 못했다. 불의의 수색을 우려하여 정책과 다른 글을 쓰거나 책을 읽는 일이 거의 진행되지 않아 문화대혁명 기간 동안 문화적 공백이 이어졌다. '사람들의 혼을 흔들어놓는다.'고 했던 문화대혁명 시기는 문화유산의 대 파괴, 정신의 황폐화를 낳게 하였으며 부모 형제조차 믿지 못하는 인간불신의 10년이었다. 이 시절 영화인 역시 정부의 방침대로 오직 경극영화만을 찍어야 했고 영화예술은 정체된 상태에 머물러 있어야 했다. 그림자극을 연출할 때, 국민당 군대가 대검으로 막을 찢은 행위와 빈 상자만을 남기고 모든 재료들을 불사른 행위는 영화예술 행위에 가해진 제약들을 상징하고 있다.

장이머우 감독은 영화 『인생』을 통해 바로 대약진운동과 문화대혁명이 중국인에게 남긴 아픈 상처, 정치권력에 의한 보통 인민의 희생을 생생히 보여줌으로써, 정치권력에 대한 간접적인 비판을 하고 있다.

2) 실존을 위한 욕망

대약진운동과 수정주의 비판, 문화대혁명은 수많은 인민의 희생을 동반시켰다. 문화대혁명은 규모나 지속시간에 있어 심각한 타격을 중국의 인민과 문화에 안겨주었다. 생활수준의 저하, 직장・학교・가정에서의 인간관계의 파괴가 인심을 황폐화시켰다. 사람들은 외국사람에게는 물론 육친에게조차 마음속을 밝히지 못했다. 그러나 거듭되는 비판운동에서는 그때그때의 슬로건을 소리높이 외쳤다. 침묵은 반항으로 간주될 위험이 있었기 때문이다. 바로 푸꾸이의 가족이 삶을 영위하기 위해 현실에 적응하려는 모습들이 이를 잘 설명해주고 있는 것이다.

중국현대사에 투영된 푸꾸이의 가족사적 성격을 지닌 『인생』은 푸꾸이 가족이 철저하게 파괴되어 가는 과정을 통해 푸꾸이의 삶에 대한 욕망, 실존을 여실히 보여준다. 그러나 푸꾸이의 실존은 겉보기에는 확고하지만 그것은 사회의 흐름에 따라 출렁인다. 나약한 귀공자에서 하층 인민의 삶으로 전락한 푸꾸이는 비로소 실존을 고민하게 되고 그림자극으로 새로운 인생을 시작한다. 지방을 전전하다 국민당 군대에서 노역을 하게 된다. 그는 틈만 나면 도망하여 처자식 곁으로 가고자 한다. 그가 보이는 새로운 삶에 대한 집착은 누구보다도 강했다.

춘 성: 보아하니 싸울 것 같은데, 돌아가지 못할까 걱정이군요.
센 씨: 뭘 기웃거리고 있어? 도망치려고? 도망갔다가 잡히면 총살이야. 도망친다 해도 사방 수백 리가 모두 군인들이라고. 다시 강제로 징발 당할 걸.
푸꾸이: 집에 늙은 어머니하고 처자식이 있는데, 이를 어쩌죠?
(중략)
춘 성: 난 차만 몰 수 있다면 죽어도 좋다고요.
푸꾸이: 너는 그렇지만, 난 꼭 살아 돌아갈 거야. 처자식은 어느 것과도

비교할 수 없지!

(중략)

첸 씨: 그림자극 도구 아냐? 어지러운 세상에 치워 버리라고, 번잡스럽게!

푸꾸이: 빌린 거라 돌려줘야 해요. 이후로는 그 걸로 먹고살아야 하는데.

넌 차만 몰 수 있다면 죽어도 좋을지 모르지만, 난 꼭 살아 돌아갈 거야. 춘셩과는 달리 푸꾸이는 전쟁터에서도 한시도 처자식을 잊지 않고 어떻게든 살아 돌아갈 궁리를 한다. 시체더미로 변한 국민당 군대를 발견하고는 역시 춘셩을 향해 "돌아가야 돼, 꼭 살아야 돼!"라고 삶을 역설한다.

첸 씨: 공산군이 쳐들어왔나 보군.

춘 셩: 예?

푸꾸이: 그럼 우리도 도망칠까요?

첸 씨: 어디로 도망을 간단 말야?

푸꾸이: 집으로 가야죠?

(중략)

(무더기의 시체를 발견한다.)

푸꾸이: 춘셩, 춘셩!

춘 셩: 푸꾸이, 우리 꼭 살아서 돌아가야겠죠?

푸꾸이: 돌아가야 돼, 꼭 살아야 돼!

지주의 아들로 태어난 주인공 푸꾸이는 후에 도박으로 인해 몰락한 인민의 지위로 전락하였지만, 공산군 군대가 몰려오는 가운데에서도 그림자극 상자를 메고 도망치다, 포로가 되어 그림자극을 연출하게 된다. 삶을 연명하기 위해 가족을 떠나 행하던 그림자극은 이렇게 그에게 혁명에 참가하게 되는 길이 되어 평범한 인민으로 변신하는 길을 터 준다. 그가 그토록 애착을 보이며 간직하던 그림자극 도구가 결국 그의 삶에 대한 욕망을 지탱해주는 도구로 변화하는 것이다. 그러나 혁명참가 증명서는 푸꾸이에게 정신적 안정을 가져다주지만 격변하는 역사 속에서 현실에 적응하여 살아가야 하는 삶은 계속된다. 푸꾸이가 전선에서 돌아오자 쩐장이 그의 집에 찾아온 후 푸꾸이 가족과 나눈 대화를 보자.

> 푸꾸이: 룽얼이 왜요?
> 지아쩐: 그 집 때문이에요. 룽얼을 지주로 지목했다구요.
> 쩐 장: 지주가 된 것 때문만은 아니야. 정책에 따라 정부가 그 집을 사용하려 했는데, 그가 싫다고 하면서 간부를 때렸지 뭔가. 불을 질러 그 집도 태워버렸다고. 이건 반혁명적인 파괴가 아니고 뭐겠어?
> (중략)
> 푸꾸이: 그건 우리 집 목재가 아니라 반혁명분자의 목재죠.
> 지아쩐: 그럼요 반혁명의 목재구 말구요.
> (중략)
> 사람들: 반혁명을 쳐부수고 승리의 열매를 쟁취하자!
> 주자파를 타도하자! 반동파를 처단하자!
> 주석 만세! 반혁명을 분쇄하자! 반동파를 쳐부수자!
> 주석 만세! 신 중국을 건설하자! 신 중국을 건설하자!

룽얼이 지주로 낙인찍혔고 정부의 정책에 반하여 간부를 때리고 집에 불을 질러 반혁명적 파괴 행위를 하였다는 쩐장의 말에 푸꾸이와 지아쩐은 곧바로 자신의 옛 집을 반혁명의 목재라고 둘러대며 혁명의 소용돌이에서 죽음을 비껴가고자 하는 욕망을 보인다. 얼마 후, 군중들의 시위와 혁명의 구호 소리 속에서 지주로 낙인찍힌 룽얼이 총살당한다. 이를 목격한 푸꾸이는 다급한 걸음으로 집으로 내달리다 나무를 붙잡고 소변을 보면서 총소리가 들리자 자신이 총에 맞는 듯 놀라 바지가랑이가 젖는, 너무도 희극적인 모습으로 돌아온다. 그리고는 그의 모습에 놀란 아내와 자신들의 위치를 확인한다.

> 푸꾸이: 만약에 그 집을 룽얼에게 넘기지 않았더라면 다섯 발을 나에게 쏘았을 거야. 우리 집은 어느 성분에 속하지?
>
> 지아쩐: 지주는 아니겠죠?
>
> 푸꾸이: 지주? 아니겠지? 지주는 룽얼에게 넘겼잖아? 빨리 생각해봐. 도대체 무슨 성분이지?
>
> 지아쩐: 지주 아니면 보통 인민이죠. 아마 그럴 거예요. 쩐장님도 당신이 혁명에 참가했다고 하셨잖아요?
>
> (중략)
>
> 푸꾸이: 일반 인민이 좋아. 일반 인민이 좋다고. 뭐든 일반 인민보다 좋은 게 없지.

우리의 신분은 도대체 뭘까? 어떤 신분이어야 목숨을 온전히 부지할 수 있을까? 지주는 아니고, 일반 인민, 그래 일반 인민이어야만 좋겠다. 그보다 나은 것을 없을 거야. 두 사람은 일반 인민으로 살아가는 것만이 정치권력의 칼끝에서 온전할 수 있다고 판단하고 그것을 주장하며, 삶의 의지를 보인다.

대약진운동의 열기 속에 용광로에 철을 구워내던 중, 요우칭은 누나 펑샤를 괴롭힌 아이에게 고춧가루가 잔뜩 든 국수 사발을 머리에 끼얹는다. 그의 아버지가 요우칭을 보고 “반혁명적 행위야, 대약진을 파괴한 거라고”하면서 큰소리치자, 이를 본 푸꾸이는 요우칭의 사과를 요구하나 거절하자, 곧바로 신발을 벗어 아들을 때린다. 이로 인해 아내와 다툼이 벌어지는데, 부부의 대화 속에서도 또한 푸꾸이의 삶에 대한 욕망을 읽어 낼 수 있다.

> 지아쩐: 애를 왜 그렇게 때리는 거죠?
> 푸꾸이: 그 사람이 애가 파괴를 한다는데, 안 때릴 수 있어?
> (중략)
> 푸꾸이: 가정을 위해서 때린 거잖아! 당신 알기나 해? 생각이 조금이라도 있는 거야? 애를 이렇게 내버려두면 조만 간에 집안은 망하고 말 거라고. 때린다고? 말 안 들으면 또 때릴 거야.

지주의 신분으로 룽얼이 총살당한 후, 푸꾸이의 삶에 대한 애착은 더욱 강하게 나타난 것이다. 그는 이제 집안을 온전하게 보전해야 하는 가장으로써의 책무를 다하고자 한다. 살려면 혁명의 노선에서 벗어나지 않아야 하는 것이다. 그래서 그는 잠에 떨어진 아들 요우칭을 구장의 학교 참관에 참가시키기 위해 등에 업고 학교로 보내야만 했다. “이 제강 작업에 온 주민이 다 동원되는데 우리가 뒤떨어질 순 없잖아. 오늘 그 많은 사람들 앞에서 쩐장님이 우리를 칭찬했잖아요? 요우칭도 가야 돼. 가야 한다.” 혁명의 대열에서 낙오하는 것은 곧 실존을 포기하는 일이 되는 것이다.

푸구이의 마지막 실존 희망은 병아리로 나타난다. 빈 그림자극 상자에 병아리를 키우는 것이다. 푸꾸이는 손자 만터우에게 새롭고 희망찬 미래를 설계해 준다. “병아리들은 먹이를 먹으면 빨리 자라지. 병아리들이 자라면 그 다음에는 거위가 된단다. 거위들이 자라면 그 다음에는 양이 되고 양이 자라면 소가 된단다.” “소가 다 자라면 어떻게 되나요?” “그러면 만터우가 어른이 되는 거지. 기차가 다니게 되고 비행기가 날게 되지. 그러면 우리 인생은 점점 더 나아지는 거란다.” 그는 보통 인민의 현재 보다 더 나은 미래에 대한 삶의 희망을 만터우를 통해 나타내 주고 있다. 몇 십년 동안을 살아오면서 정치권력 앞에 무력한 존재로, 아무 것도 건질 게 없는 보통 인민의 삶으로 미래에 희망을 건 푸꾸이의 인생은 바로 당시 인민의 삶을 상징하는 것이다.

또한 『인생』에 등장하는 주요 등장인물들의 이름에도 역시 실존의 욕망이 내재되어 있다. 푸꾸이의 가족 구성원들의 이름을 보면, ‘복되고 귀하다’는 의미의 福貴(푸꾸이), ‘집안의 보배’라는 의미의 家珍(지아쩐), ‘봉황과 저녁노을처럼 아름답다’는 의미의 딸 鳳霞(펑샤), ‘경사로움을 가졌다’는 의미의 아들 有慶(요우칭), ‘두 개의 기쁨’을 의미하는 사위 二喜(얼시), 외손자 饅頭(만터우, 소설 속의 苦根) 등이다. ‘괴로움의 뿌리’라는 의미의 고근을 만터우로 개명한 것을 제외하면 하나같이 집안의 보배로 아름답게 자라 기쁘게 생활하라는 의미가 내포되어 있다. 이는 인간의 보편적 심리와 삶에 대한 욕망이 반영되어 있는데, 소설에서는 정반대의 상황이 연출된다. 즉 소설에서는 푸꾸이 자신을 제외하고는 모두가 사망하는 것으로 묘사했으며, 영화에서도 딸과 아들이 죽음을 당하는 것으로 설정되었다. 이것은 삶에 대한 강한 욕망을 짓밟아버린 정치권력을 비판하려는 의도에서 설정한 작가의 상징적 도구인 것이다.

혁명의 집행과 권력투쟁의 과정 속에 나약한 존재인 인민은 목숨을 유지해야 하는 것이 절박한 문제였다. 혁명을 방해하였다는 주민의 말에 신발짝을 벗어들고 아들을 내리치는 아버지, 구청장의 행차에 학생들이 동원되자, 부족한 잠을 자던 아들 요우칭을 깨워 학교까지 데려다줄 수밖에 없었던 아버지의 심정, 이것은 푸꾸이의 삶에 대한 강한 욕망을 대변해주는 것이며, 존재하기 위한 최소한의 선택이었다. “사람은 살아가는 것을 위해서 살아가지, 살아가는 것 이외의 그 어떠한 것을 위해 살아가는 것은 아니기”[7] 때문이다.

4. 나오며

『인생』은 위화(余華)의 소설 『活着』을 개편하여 제작한 장이머우 감독의 작품이다. 이 과정에서 원작 소설과는 달리 영화는 지리적 배경, 내용과 인물의 운명, 서사시각 및 방법 등에서 많은 변화를 가져왔는데, 이는 감독이 묘사하고자 했던 대약진운동과

---

7) 여화, 백원담 옮김, 『살아간다는 것』 서문, 푸른 숲, 1997.

문화대혁명에 대한 그늘을 표현하는 데에 유용한 작용을 하였다.

이러한 변화를 통해, 『인생』은 문화대혁명이 한 평범한 가정을 얼마나 참혹하게 파괴하는가를 담담하게 그려냈고, 역사적 사실적 관점으로 봉건의식으로부터 문화대혁명 직후까지를 묘사하고 있다. 영화는 역사의 질곡을 헤쳐 나가는 부유한 지주의 아들이자 도박에 빠져 가산을 탕진하고 그림자극을 연출하는 푸꾸이(福貴) 가족의 인생사를 다루고 있으며, 역사사건이나 시각적 효과가 큰 잔혹한 장면보다는 주인공과 그 가족의 인생사를 담담하게 그렸다. 푸꾸이 가족은 자신들의 작은 개인적 행복에 연연해하며 삶에 대한 강한 욕구를 보여주지만, 점점 비극적으로 역사의 수레바퀴에 끌리게 되고 격동의 역사 속에서 중국의 수백만 가정이 그랬던 것처럼 역사의 희생자로 묘사되었다.

결론적으로, 영화 『인생』은 중국혁명과 대약진운동, 문화대혁명에 이르는 중요한 역사적 대목들을 당시의 대다수 중국민의 입장에서 일상적 삶이라는 창을 통해 투시해보고자 했던 작가 위화의 의도가 충분히 드러난 작품이다. 또한 누구를 위한 운동이고 누구를 위한 혁명이었는지, 대약진운동의 허구성을 요우칭의 죽음과 대비시키고, 문화대혁명 10여 년의 세월을 펑샤의 죽음과 관련시키면서, 중국사회의 정체성의 상실을 개인으로부터 사회비판으로까지 확대해나가는 영화임을 볼 수 있다.

참고문헌

장이머우, 『인생』, (주)동우영상, 1995

余華 지음, 백원담 옮김, 『살아간다는 것』 서문, 푸른 숲, 1997

인홍 지음, 이종희 옮김, 『중국 영상문화의 이해』, 학고방, 2002

슈데판크라머 지음, 황진자 옮김, 『중국영화사』, 이산, 2000

루홍스, 슈샤오밍 지음, 김정욱 옮김, 『차이나시네마』, 동인, 2002

조재홍, 『세계영화기행1』, 거름, 1996

주윤탁 · 김지석 편집, 『아시아영화의 이해』, 제3문학사, 1993

후지이 쇼조 지음, 김양수 옮김, 『현대중국, 영화로 가다』, 지호, 2001

안병섭 외, 『세계영화 100』, 한겨레신문사, 1996

임대근, 『중국영화이야기』, 살림, 2004

문학과영상회 편, 『영화 속 문학이야기』, 2002

이경기, 『영화영상용어사전』, 다인미디어, 1997

토마스 소벅 · 비비안 C · 소벅 지음, 주창규 외 옮김, 『영화란 무엇인가』, 거름, 1997

倪　駿, 『中國電影史』, 中國電影出版史, 2004

倪震主編, 『改革與中國電影』, 中國電影出版社, 1994

陳墨, 『張藝謀電影論』, 中國電影出版社, 1995

韓秀鳳 · 曉海 編選, 『張藝謀』, 湖南文藝出版社, 1996

히메다 미쓰요시 외, 김순호 옮김, 『20세기중국사』, 돌베개, 1995

우에하라카즈요시 외, 한철호 · 이규수 옮김, 『동아시아 근현대사』, 옛오늘, 2003

阿部治平 외, 편집부 옮김, 『중국근현대사』, 일월서각, 1985

제 7 장

영화 『紅燈』에 나타난 섹슈얼리티와 권력 욕망

1. 들어가며

1991년 제작된 장이머우(張藝謀) 감독의 작품 『홍등 紅燈』은 쑤퉁(蘇童)의 소설 「妻妾成群」을 개편해 만든 작품으로[1], 원작품의 이름은 『붉은 등을 높이 달아라 大紅燈籠高高掛』였으나 국내 수입과정에서 이를 줄여 『홍등』으로 바뀌었다. 이 영화는 공리가 주연을 맡았고 같은 해 이태리 제48회 베니스 국제영화제 은사자상・국제 영화평론인협회 대상 등을 수상했다. 영화 『홍등』은 가식 없는 서사적 리얼리즘으로 일상생활의 생존 문제를 다루었다.

1) 장이머우 감독의 영화 중에는 중국 당대작가의 우수한 소설작품을 각색하여 제작된 것이 다수 있는데, 모옌(莫言)의 「紅高粱」과 「高粱酒」(『붉은 수수밭』), 류항(劉恒)의 「伏羲伏羲」(『국두』), 쑤퉁(蘇童)의 「妻妾成群」(『홍등』), 천웬빈(陳源斌)의 「萬家訴訟」(『치우쥐의 소송이야기』, 원제는 『귀주이야기』), 위화(余華)의 「活着」(『인생』) 등이 있다.

그리고 이 작품은 장이머우 작품 중 사회의 문제점들을 파헤친 사회성이 반영된 영화로 전환되는 분기점이 된 영화로,『붉은 수수밭』·『국두』와 더불어 화려한 색채와 음향으로 형식미가 두드러진 작품이다. 그러나 외적으로는 형식미로 포장되었지만 자세히 들여다보면 영화에 내재된 새로운 의미를 발견할 수 있는데, 바로 '성과 권력'의 문제이다.

이른바 중국 제5세대 감독의 대표 감독인 장이머우(張藝謀)는 1968년 중학교를 졸업한 후 아버지가 국민당의 당원이었던 관계로 샨시(陝西)성 건현 농촌 노력대에서 노동을 하고 후에 샨시성의 한 공장에서 노동자가 되어 10여 년의 하방을 겪었다. 그는 1978년 베이징 영화대학 촬영과에 입학하여 학습했으며, 1982년 학교를 졸업 후 난닝(南寧)의 광시영화제작소의 촬영사를 맡아『하나와 여덟 一個和八個』(1984, 장쥔자오) 제작에 참여했다. 그는 1년 뒤『황토지 黃土地』와『대열병 大閱兵』에서 천카이거(陳凱歌)와 공동 작업을 하면서 새로운 영화 언어에 눈을 떴다. 그는 천카이거와 함께 시안영화촬영소에 배속 된 후, 그곳에서 우텐밍 감독의『오래된 우물 老井』(1987)의 주연으로 출연했다. 장이머우의 영화는 데뷔작이자 출세작인 1987년『붉은 수수밭 紅高粱』을 기점으로『국두 菊豆』(1990)와『홍등 大紅燈籠高高掛』(1991)을 통해 농염한 장식적 색채 효과라는 형식미 추구 계열과, 1992년『치우쥐의 소송 이야기 秋菊打官司』를 시작으로『인생』(1994),『책상서랍 속의 동화 一個都不能少』(1998) 등 리얼리티를 통한 일상생활의 생존 문제를 다룬 계열로 나눠볼 수 있다. 또한 최근 작품인 『영웅 英雄』(2002)이나 『연인 十面埋伏』(2005)은 장이머우의 이전 작품과는 달리 상업적인 성향에 서구의 블록버스터의 흉내를 과도하게 드러내고 있다는 평가가 지배적이다.2)

한편, 원작 소설 「처첩성군」과 영화 『홍등』은 서사구조에 있어서 대체로 일치하는 구조를 보이고 있으나, 세부적인 묘사에 있어서는 다른 양상을 보여주고 있다. 즉, 「처첩성군」은 공간 배경이 남방지역인 소주의 상류가정인데 반하여 『홍등』에서는 서북지역으로 옮겨 산서성 平遙古城에서 촬영하여 암울하고 강압적인 분위기를 연출해냈다. 또한 영화에 보이는 붉은 등을 밝히는 행위와 발 안마는 장이머우에 의해 각색된 것으로, 이 영화의 시·청각적 효과를 극대화해줌은 물론 감독의 의도를 반영해주는 성적 장치와 권력 장치라는 기표로 활용하고 있다. 『홍등』은 이러한 기표들을 활용하여 전근대사회의 남성에게 억압된 일부다처제의 폐해와 여성들 사이의 충돌을 묘사하고 있다. 동시에 통치자와 피통치자 사이의 권력 투쟁을 묘사하고 있는 측면 역시 찾아볼 수 있다.

본 논문은 다양하게 나타나는 異同點에 착안하여 영화 『홍등』과 원작 「처첩성군」과의 대비 비교를 통해 양자의 차이점을 살펴본다. 이는 읽는 텍스트에서 영상텍스트로의 변화과정을 통해 감독의 다양한 의도를 좀 더 명확히 파악하고자 하기 위함이다. 그

2) 졸고, 「영화 『인생』에 나타난 정치권력과 생존 갈등 구조」, 『중국소설론총』 제22집, 2005. 9, 278쪽 참조.

런 연후 "성을 사회적 · 문화적 맥락에서 파악하는 것은 성 관계 속 권력관계의 문제로 연결된다."는 점과 연계하여[3], 영화 『홍등』에 나타난 섹슈얼리티[4]와 권력 욕망이라는 측면을 부각시켜 한층 구체적으로 논의해 보고자 한다. 특히 쑹롄(頌蓮)과 천쭤첸(陳佐千)의 가족을 통해 나타나는 봉건사회에서의 중국여성의 운명,

---

3) 푸코는 성의 억압가설을 권력과 지식과의 관계 속에서 일관되게 확대되는 것으로 보고 다음과 같이 요약하고 있다. 1) 성과 권력의 관계는 부정적 관계이며, 거기에는 거부 · 배제 · 거절 · 방해 혹은 은폐나 가면에 의해서만 관계가 수립된다. 2) 권력은 본질적으로 성에 대해 자체의 법을 강요하며, 이에 따라 성은 권력에 의해 합법과 비합법 또는 허용과 금지 아래 놓인다. 즉 권력은 성에 질서와 규칙을 부여하며, 이 관계에 의해 성은 해석된다. 3) 권력은 검열의 기제를 통하여 비합법적인 것, 말로 표현될 수 없는 것들을 현실 밖으로 추방한다. 성에 대해 권력은 이상의 기제들 속에서 통일되어 동일한 방식으로 행사된다. 즉 권력이 사용하는 기구 제도가 무엇이든 간에 획일적이고 동일한 방식으로 성에 작용한다. 권력이 아버지의 모습으로 나타나든지, 혹은 선생님의 모습으로 나타나든지, 권력은 법적 형태로 도식화되어 성에 억압적 방식을 갖는다.(푸코, 이규현 옮김, 『성의 역사 : 앎의 의지』, 나남, 1999, 99쪽 참조)

4) 일반적으로 우리말에서 '섹스'(Sex)나 '젠더'(Gender), 그리고 '섹슈얼리티'(Sexuality) 등을 번역하여 쓸 때 성이라 말하지만, 흔히 섹스는 유전적 요인에 의한 성, 즉 생물학적 조건에 의해 구성된 성을 의미한다. 섹스라는 용어에는 남녀의 생물학적 차이 뿐만 아니라 남녀의 성 행위, 성적 쾌락, 친밀성 등의 의미가 함축되어 있다. 이에 반하여 '젠더'는 성을 사회문화적 조건 속에서 설명하는 것을 의미한다. 즉 성은 자연적으로 주어진 것이 아니라 사회화 과정 속에서 형성되며, 그 역할이 구성된다는 것이다. 이러한 관점은 섹스가 아니라 젠더가 여성성과 남성성을 구성하는 것이며, 그것은 고정불변한 것이 아니라 문화적 환경에 의해 변한다는 것이다. 섹슈얼리티는 "성 본능과 그것의 만족에 관계된 행동의 총체"를 의미하며, 심리학이나 성 과학에서는 "성적 만족의 다양한 양태들 전체"를 의미하기도 한다. 즉 섹슈얼리티는 섹스의 본능적 쾌락과 그에 관한 문화적 관점을 망라한 삶의 총체적 맥락에서 파악되는 것이다. 섹슈얼리티는 성을 생물학적 측면과 문화적 측면에서 총체적으로 주장하고 있다고 말할 수 있다.(김동중 · 김종헌 · 정찬종, 『섹슈얼리티로 이미지 읽기』, 인간사랑, 2000, 15-16쪽 참조)

쓰허웬(四合院)이라는 권력 틀 속에서 이를 차지하기 위한 여인들의 활동을 통해 섹슈얼리티와 권력 욕망이 어떤 관계를 가지고 있는지를 탐색할 것이다.

2. 원작 「妻妾成群」과 영화 『紅燈』의 서사 비교

영화 『홍등』의 서사구조는 원작 「처첩성군」[5]의 서사구조와 기본 줄거리에서는 일치하지만, 자세히 보면 여러 측면에서 변화가 있음을 알 수 있다. 장이머우 감독은 등장인물, 사건의 전개, 배경 설정 등에서 모두 새로운 각색을 진행했는데, 이를 구체적으로 살펴보겠다.

영화의 첫 장면, 즉 돈 많은 사람에게 시집갈 것을 요구하는 계모와 이에 응하여 첩으로 시집가겠다는 쑹롄의 대화 내용은 소설의 구성과는 약간 차이가 난다. 소설에서는 꽃가마를 타고 천씨네 집에 도착하여 넷째 부인과 마님으로 생활이 시작된 이후 서술된다. 그러나 영화는 첫 장면으로 바꾸어졌으며 대학생과 같은 모습으로 스스로 걸어서 천씨네 집에 도착하여 생활이 시작되었

---

5) 「妻妾成群」은 쑤퉁(1963～ , 江蘇 蘇州人)이 26세 때에 쓴 작품이다. 그의 작품은 대체로 세 가지 각도로 분류한다. 첫째, 소년시각으로 저작된 도시소설로 「桑園留念」·「傷心的舞蹈」·「舒農」 등이 있다. 둘째, 농촌을 배경으로 한 소설로 「1934年的逃亡」·「罌粟之家」·「飛越我的楓楊樹故鄉」·「祭奠紅馬」 등이며, 셋째, 부녀생활을 제재로 한 소설로 「妻妾成群」·「紅粉」·「另一種婦女生活」 등의 작품이 있다. 이 가운데 「홍분」은 이소홍 감독의 『紅粉』(1994), 「처첩성군」은 장이머우의 『홍등』으로 각색 제작되었으나, 자유분방하고 구속됨이 없는 필치를 영화로 반영하기에는 무리가 있어 보인다.

고, 비교적 능동적이고 적극적인 1920년대의 신여성으로 묘사되었다. 또한 쑹롄은 우물가에서 빨래하는 '야얼'(雁兒)과의 첫 만남에서 뺨을 때리는 매몰찬 여인으로 묘사되었으나, 영화는 성격묘사에 있어 비교적 약화되었다. 소설에 묘사된 쑹롄의 성격은 영화에서 보다 훨씬 날카롭고 신경질적이며 과격하게 묘사되었으며, 이러한 성격은 야얼 등 하인들에게 폭언 및 폭행을 하는 태도, 낙엽을 태우는 등의 문제로 큰 부인과 다투는 태도, 매사에 천쥐첸과 부딪치는 태도 등에서 모두 드러난다. 또한 자등나무와 우물 주위의 스산한 분위기는 쑹롄의 심리 변화와 깊은 관련이 있다. 쑹롄이 우물을 들여다보거나 우물가에서 시간을 보낸 후는 거의 심적인 불안정을 가져오거나 고통을 겪는데, 영화에서는 옥탑방으로 인한 그녀의 심리묘사보다는 쓰허웬 구조 자체에서 스산하고 암울한 분위기가 나타난다.

쑹롄과 천쥐첸이 선보는 과정은 영화에서 생략되었다. 그러나 이 선보는 형식을 통해 처음 만난 서양음식점에서 19개의 촛불을 켜서 자신의 생일을 앞당겨 쇠는 의식은 결혼 후 첫날 밤 천쥐첸이 홍등을 얼굴 곁으로 가져오게 하여 그녀의 얼굴을 바라보고 과연 "예쁘구나"하는 장면으로 변화되었다. 또한 이후 쑹롄은 천의 총애를 한동안 받으며 천과의 밀월관계를 유지하는 묘사가 비교적 길게 설정되었으나 영화에서는 매우 짧은 시간으로 처리되었다.

영화에서 가부장제의 전형적인 인물로 그려진 천쥐첸의 얼굴은 윤곽만 알 수 있을 뿐 뚜렷하게 보여준 적이 없으며 철저히 베일에 가려진 거리감이 있는 인물로 그려졌다. 그리고 거의 모든 일들은 중간에서 하인들이 매개자로 등장한다. 그러나 소설은 중간에서 매개하는 하인이 거의 등장하지 않고 천 자신이 직접 행동하는 것으로 묘사되었다. 쑹롄이 집에 왔을 때 부인들에게 인사시키는 일을 소설에서는 천이 직접 하는 것으로 나타났다. 그러나 영화는 관리인이 대신하는 등 그의 역할이 두드러지게 묘사되었다. 천줘첸은 쑹롄 앞에서 다른 부인들에 대해 부정적이고 불평하는 언사를 자주 쓰지만 영화에서는 거의 볼 수가 없다. 또한 첫째 부인의 경우, 소설에서는 천줘첸과 함께 행동하고 일을 처리하는 경우가 많고 부인들과의 관계에서의 역할도 비중 있게 묘사된 반면, 영화에서는 크게 축소되었다.

천줘첸과 하인 '야얼'과의 관계에 있어서도 소설에서는 천이 야얼의 가슴을 만지는 등의 행동을 하지만 이 일을 빌미로 쑹롄의 심리에는 어떠한 변화도 없지만 영화에서는 침실에서 야얼을 안고 잇는 것을 발견한 쑹롄은 화를 냈을 뿐만 아니라 이후 천에 대한 태도가 싸늘하게 바뀐다.

소설에서 "저 여자도 첩이야, 엄마와 같단 말이야."라는 줘윈(卓雲) 자녀 이윈(憶云)과 이룽(憶容)의 언행을 통한 처첩제도에 대한 비판은 영화에서는 찾아볼 수 없으며, 아이들에게까지 미치는 부인들의 시기와 질투 역시 생략되거나 축소되었다. 소설에서는 줘윈과 메이샨(梅珊)의 갈등이 표면화되어 극단적으로 치닫는다.

쮜윈이 메이샨의 약탕기에 낙태 약을 넣은 일이나 아이를 먼저 낳으려고 최산침을 맞아 음도를 상한 일, 다른 부인의 자녀가 물고 뜯는다고 폄하하는 일, 큰 부인과의 언쟁 등의 갈등과 메이샨이 사내아이를 매수하여 쮜윈의 자녀를 다치게 하는 등의 첨예한 갈등묘사는 대부분 생략되고 천쮜첸을 향한 성적 욕망을 채우려는 측면으로만 부각시켰다.

천쮀첸과 쑹롄 및 부인들과의 성애장면에 대한 세밀한 묘사나 은밀한 대화 등에 있어서는 거의 반영하지 않았다. 또한 주인공 쑹롄 내면의 성적 심리도 영화화되면서 그 표현이 약화되었다. 쑹롄과 패이푸와의 관계도 마찬가지다. 쑹롄의 패이푸(飛浦)에 대한 관심이 추석날 이른 아침 국화를 감상하게 되면서 더욱 가까워지게 되는데 퉁소를 매개로 한 연속되는 관계 등의 묘사는 거의 생략되었다. 소설에서는 패이푸의 쑹롄에 대한 관심과 쑹롄의 패이푸에 대한 관심이 상당 분량 묘사하여 메이샨과 의사가 다리를 휘감고 있었듯 패이푸의 다리에 밀착할 정도로 은밀한 관계로 설정하였으나, 영화에서는 쑹롄이 생일을 자축하며 술에 취한 장면에서 등장하여 위로와 함께 복 주머니를 선물하는 정도로 약화된 관계로 설정하였다.

또한 사람이 빠져 죽은 검고 푸른색의 우물은 사람이 목메 죽은 옥탑방으로 변화되었다. 우물과 해당화 나무, 국화꽃을 재배하는 등의 정원배경이 영화에는 없으며, 거의 고정된 카메라를 전깃불 대신 홍등과 사각형 틀의 대저택에 맞추었고 외부와는 단절된

채 지내는 가정만이 부각되고 있다. 따라서 천쭤첸이 어느 부인의 처소에 드는가에 따라 홍등을 밝히는 일이나 야얼이 등을 훔쳐 자신의 방에서 환각에 빠져있는 일 등은 소설에 없는 내용을 감독이 각색해낸 것이다. 다만 소설에서는 천쭤첸의 50회 생일 축하연과 그때 천씨 댁 대문에 달아 놓은 홍등이 등장할 뿐이며 여주인공들과는 무관한 것이다. 감독은 영화에서 홍등을 최대한 활용하고 있는데, 이것은 영화의 형상을 시각화로 이끌어내는 데에 결정적인 작용을 하고 있으며, 동시에 남녀의 성적 화합을 상징하고 있다.

쑹롄과 야얼 간의 갈등구조 역시 크게 달라졌다. 소설에서는 1차로, 없어진 퉁소를 찾기 위해 야얼의 방을 뒤지던 중 인형에 쑹롄의 이름을 쓰고 바늘을 꽂아 주문을 걸어 저주를 나타낸 것을 발견하였다. 2차로, 쑹롄은 야얼이 휴지에 자신의 모습을 그려서 변기통에 빠뜨려 저주하는 것을 발견하고 이를 먹게 한다. 이 결과 야얼은 중병에 걸려 결국 사망에 이른다. 반면 영화에서는 변기통 사건은 없다. 대신 쑹롄이 임신을 가장했다가 야얼로 인해 탄로 나자 홍등을 훔친 일을 문제삼아 벌을 받도록 한 결과 병이 나서 죽음에 이르는 내용으로 변화되었다. 특히 쑹롄이 거짓 임신이 발각되면서 封燈을 당하는 것은 영화에서는 쑹롄의 운명이 바뀌는 중대사건이지만 소설에서는 거짓 임신 행위 자체가 없다.

의사와 간통한 메이샨의 죽음에 관한 묘사 역시 차이가 보인다. 영화는 쑹롄이 자신의 생일을 자축하다 술에 취해 까오의사와의 관계를 발설하게 되며 간통 현장이 쮜윈에게 발각되어 하인들에게 잡혀온 후, 눈이 내린 밤 새벽에 옥탑방으로 옮겨져 목을 메어 죽게 만든다. 반면 소설은 쑹롄이 발설하는 구체적인 묘사가 없으며 어느 날 하인들에게 잡혀온 후, 다음날 새벽이 되어 요란한 발자국 소리가 자등나무 쪽으로 옮겨지더니 하인들에 의해 자등나무 옆 우물에 던져진 것이다. 아울러 소설은 이전에 우물에 빠져 죽은 부인들이 왜 죽었는지 구체적인 묘사가 있으나 영화에서는 세부내용이 생략되었다.

소설에서는 쑹롄과 천쮜첸의 입을 통해 여성의 지위와 관련된 언행이 자주 나온다. "내가 궁금한 건 여자란 도대체 무엇이고 여자는 무엇과 같은가 하는 거예요. 개나 고양이, 금붕어나 쥐와는 같아도 사람과는 같지 않다는 것이에요."[6] 이를 반증이라도 하듯 섹스를 거부하고 엉엉 우는 쑹롄에게 천쮜첸은 "이따위 여자는 난생 처음 보는군. 기생질하는 주제에 무슨 열녀비를 세우려하나?"[7]라며 자신의 첩에 대해 기생으로 비하하는 언행을 일삼는다. 또 쑹롄이 술에 취해 천쮜첸의 목을 끌어안고 밤을 같이 보낼 것을 요구하자, "이 모양을 하고 있으니 어떻게 사랑해줄 수 있겠소? 차라리 개를 귀여워해 주는 것이 더 낫지."[8]라고 꾸짖는다.

---

6) 蘇童, 「처첩성군」, 상해문예출판사, 2004, 136쪽. "我就是不明白女人到底是個甚麽東西, 女人到底算個甚麽東西, 就像狗・像猫・像金魚・像老鼠, 甚麽都像, 就是不像人."

7) 蘇童, 「처첩성군」, 상해문예출판사, 2004, 143쪽. "沒見過你這種女人, 做了婊子還立甚麽貞節牌坊?"

8) 蘇童, 「처첩성군」, 상해문예출판사, 2004, 156쪽. "你這樣我怎麽敢疼你? 疼你

또한 하인 계층들의 운명을 묘사하고 있다. “사람은 태어나면서부터 부귀와 귀천의 팔자를 가지고 있답니다. 그것을 믿기 싫겠지만 믿으셔야 합니다. 보세요. 내가 지금 마님의 시중을 들고 있는데 어느 날 갑자기 하늘이 무너지고 땅이 꺼져도 우리 목숨이 붙어있는 한 내가 마님의 시중을 들지 마님이 내 시중을 들리 없답니다.”[9] 일부 제한된 예증이긴 하지만 이러한 묘사는 사회의 구조적 모순으로 인한 하층 인민의 운명을 묘사한 것이다. 영화에서는 이처럼 첩 생활이나 하층계층의 생활을 동정하는 묘사는 크게 약화되었다.

이처럼 「처첩성군」은 다양한 변화를 통해 『홍등』으로 새롭게 탄생했다. 『처첩성군』은 크게 A. 천쭤첸과 쑹롄의 갈등, B. 쑹롄과 세 부인 및 야얼 간의 갈등, C. 쑹롄과 페이푸(飛浦) 간의 갈등 등의 구조로 이루어져 있다. 반면 영화는 A가 封燈이라는 극약처방으로 인해 크게 약화되었으며, B는 일부다처제에서 보이는 남편을 차지하기 위한 질투와 시기, 자녀들을 둘러싼 갈등 등이 크게 약화되고, 홍등과 발 안마를 활용한 여인들의 한 남성을 향한 성적 욕망을 부각시킨 후, 이를 권력 욕망에 연결시켰다. C의 경우는 소설은 두 사람의 관계가 메이샨과 의사의 초기관계까지 묘사하였으나, 영화는 대부분 생략했고 일부만을 다루었다. 그렇다

還不如疼條狗.”

9) 蘇童, 「처첩성군」, 상해문예출판사, 2004, 150쪽. “人一生下來就有富貴命奴才命, 你不信也得信呀, 你看我天天伺候你, 有一天卽使天塌下來地陷下去, 只要我們活着, 就是我伺候你, 不會是你伺候我的.”

면 이러한 변화를 추구한 감독의 의도는 무엇일까? 특히 공간적 배경을 자등나무와 우물이 있는 정원을 가진 집, 가을이면 국화가 만발하는 정원이 있는 집에서 폐쇄된 전통 가옥구조의 쓰허웬으로 변경하고 홍등과 발 안마를 통해 시각적 및 청각적 효과를 극대화하여 관객들에게 전달하고자 하는 감독의 의도를 무엇일까? 영화 「홍등」을 깊이 살펴보면, 외면적으로는 전근대사회의 남성에게 억압된 일부다처제의 폐해와 여성들 사이의 충돌을 묘사하고 있지만 그 내면을 들여다보면 봉건 대가족제도하의 통치세력과 피통치세력 사이의 투쟁, 부패한 세력과 신흥세력 사이의 투쟁, 남성(통치자)와 여성(압박받고 모욕당하는 사람) 사이의 투쟁을 묘사해내고 있음을 알 수 있다.[10] 게다가 결말에서 천쮜첸이 다섯째 부인을 맞이하는 것은 천씨 댁의 일상질서와 생활규칙, 즉 투쟁과 억압적 구조가 예전처럼 순환하고 있음을 보여준다. 이렇게 볼 때, 이 영화는 외적 및 내적으로 이중적 구조를 지니고 있음을 알 수 있는데, 바로 이러한 구조를 통해 감독은 중국고대사회의 다양한 성적 욕망과 특질을 보여주고 있다. 이렇게 성을 사회적 · 문화적 맥락에서 파악하는 것은 성 관계 속의 권력과 관계가 있다[11]고 보기 때문에 『홍등』에 나타난 섹슈얼리티는 곧 권력욕

10) 陳墨는 그의 『張藝謀電影論』(中國電影出版社, 1995) 108쪽에서 쑤퉁의 「妻妾成群」에서 "봉건 대가족제도하의 지배계층과 피지배계층 사이의 투쟁, 부패세력과 신흥세력 사이의 투쟁, 남성(통치자)와 여성(압박 받고 모욕당하는 사람) 사이의 투쟁을 묘사"(寫這一封建大家庭內的統治勢力與被統治勢力之間的鬪爭 · 腐朽的力量與新興的力量之間的鬪爭或南人(統治者)與女人(被壓迫與被侮辱的人)之間的鬪爭)하고 있다고 주장한다.

망으로 연결될 수 있다. 이러한 전제 하에서 다음에서 영화 『홍등』에 나타난 섹슈얼리티와 권력 욕망을 분석하고자 한다.

3. 영화 『홍등』에 나타난 섹슈얼리티와 권력 욕망

1) 『홍등』에 나타난 섹슈얼리티

영화 『홍등』을 프로이드의 정신분석학과 라깡의 욕망이론으로 분석을 시도한 경우도 있는데[12], 이것은 새로운 시도로 평가할 만하다. 실제로 『홍등』에는 다양한 양태의 욕망의 기표들이 나타나며, 그 가운데는 성적 욕망과 관계들도 다양하게 존재한다. 때문에 영화 『홍등』은 섹슈얼리티라는 측면에서 분석이 가능하며 성적 표현을 통해 소외계층 즉, 첩들의 비극적 실상을 형상화하고 있다 하겠다. 다시 말해 천씨 집안의 주인 천줘첸과 정실부인 위루 및 줘윈, 메이샨, 쑹롄 등 세 명의 첩, 그리고 하녀 야얼과의 관계를 홍등과 발 안마라는 대표적인 기표를 활용하여 1920년대 중국의 사회 문화적 현상을 드러내주고 있다.

홍등과 발 안마는 성 만족도를 높여주는 도구로 활용하였다. 천줘첸이 찾는 부인의 처소에는 반드시 홍등이 켜지고 발 안마가

---

11) 주 3) 참조.

12) 남지현은 『장예모 여성삼부작에 나타난 여성형상 연구』(숙명여대 석사학위논문, 2003, 6)라는 논문에서 '여성상과 여성의 몸'을 중심으로 분석하였고 제3장 제4절에서 '욕망의 기표들'이란 제목으로 프로이드와 라캉의 이론을 활용 분석하였는데, 실험적인 시도라는 데에 의의가 있다 하겠다.

행해진다. 발 안마는 소리만 들어도 성적 자극을 가져오는 최음제와 같은 작용을 하고 있다. 쑹롄은 첫날밤을 치르기 전 처음으로 발 안마를 받게 되며 적응이 되지 않아 곤란한 기색을 보이지만 이후로는 소리만 들어도 본능적으로 반응한다. 영화에서는 이것의 기능을 천쭤첸의 언행으로 잘 암시해준다. "어때? 발을 안마하니 편안하지? 여자는 발이 가장 중요하지, 발이 건강해야 모든 일이 순조롭지. 남자에게 더 잘 시중들 수도 있고." "어때? 등 켜고 발 안마 받는 것, 벌써 흥미가 느껴지지? 며칠 만 더 지나면 그 묘미를 잊을 수 없을 거야."[13] 발 안마를 행하는 주요 원인은 육체의 피로를 풀어 남성의 성적 욕망을 충족시켜줌과 동시에 여성의 욕망도 자극하는 데에 있음을 암시하고 있다. 이점은 이후 쑹롄의 반응에 잘 나타난다. 셋째 후원에 홍등이 켜지고 발 안마 소리가 들리자 체면에 걸린 듯 성 욕망이 분출되며, 신경질적인 반응과 함께 하녀인 야얼에게 안마를 해줄 것을 강요하지만 성적 욕망을 실현하기란 애초에 불가능한 일이다.

홍등도 시각적으로 선정적이고 자극적이며, 남녀 화합을 의미한다. 천이 쑹롄을 맞이하던 첫날 밤, "등을 들어 봐.(쑹롄이 등을 얼굴 앞에 든다.) 그래! 바로 그 등 말이야. 좀 더 높이 들어. 고개를 들어 보게. 서양 교육을 받은 학생이라 역시 다르군. 좋아. 옷 벗

13) 영화 대사의 번역은 박병선, 최남규 편, 『영화로 배우는 중국어(1)-홍등(大紅燈籠高高掛)』(상록수, 1997)의 내용을 참고로 하고 일부 수정을 가하여 인용하였음.

고 자세나."라고 말한다. 불은 남녀의 성적 행위를 의미하며 이 결과 물이 생성되고 생명이 탄생한다. 감독의 카메라는 이러한 성적 행위를 생명의 탄생을 의미하기보다는 남성의 성적 쾌락 추구와 이에 예속된 여성의 성 본능을 투시하고 있다. 홍등의 위력은 매일 밤 나타난다. "○○처소에 붉을 밝혀라!"라는 관리인의 말이 떨어지기가 무섭게 네 여인의 표정은 달라지고 감독은 이를 대비적으로 보여주고 있다. 선택된 여인과 그렇지 못한 여인 사이의 지위 차이는 다음 날 아침 식사에 즉각 반영되어 좋아하는 음식을 주문할 수 있게까지 된다. 곧 성과 음식의 일원화가 반영된 것이다. 음식은 건강한 육체를 생성시키고 건강한 육체는 성적 본능 및 기능과도 관계가 있기 때문이다. 동시에 그녀들의 지위와도 관계가 있기 때문에 메이샨과 쑹롄은 음식을 둘러싸고 곧잘 갈등을 빚는다.

영화는 한 남성에 대한 네 부인의 성적 욕망을 다양하게 보여주며 등장하는 여성인물들의 개성에 따라 그 정도도 다르다. 먼저 큰 부인 위루(毓如)는 비록 늙었으나 정실부인이며, 남매가 이미 성장하여 집안의 동량이 되었고 집안의 법도에 따라 그녀의 지위는 공고하다. 그녀는 과묵하고 침착한 성격의 소유자로 성적 욕망은 이미 체념의 단계에 진입했다. 그러나 집안의 오랜 규칙에 따라 매일 밤 문 입구에서 홍등이 어디에 놓여지는 지 기다리는 행사를 거부하지 않고 참석한다. 그녀는 넷째 부인인 쑹롄이 인사를 오자 정실부인답게 점잖게 말한다.

큰 부인: 좋아, 학식 있고 예절바르면 되지. 집안에 들어왔으니 천천히 익숙해지겠지. 앞으로 자매들 간에 화목하게 지내고, 어르신도 잘 모시도록 하게. 가 보게나. 죄악이로다! 죄악이로다!

그러나 쑹롄이 밥을 자신의 방에서 먹겠다고 고집하여 천줘첸이 허락하는 일을 두고는 "집안에 이런 규율은 없었네! 아마도 넷째 부인의 의견이겠지?" "나는 이미 오래 전에 골동품이 되고 말았지."라는 등의 말을 한다. 이는 정실부인인 큰 부인 위루 역시 남편에 대한 성 욕망, 곧 남근[14]에 대한 욕망이 잠재되어 있음을 보여주는 것이다.

둘째 부인인 줘윈은 대가집 규수의 풍모를 갖추고 계산에 빠르고 웃음 속에 칼을 감추고 있는 여인답게 성에 대한 집착이 집요하다. 그녀의 성적 욕망은 나아가 남근을 생산하고자 하는 욕망과 연결된다.

둘째 부인: 어르신, 당신께 아들 하나 더 낳아드리고 싶어요.

(중략)

둘째 부인: 어제 저녁 등불을 내 처소에 켰었잖아! 어르신께 내가 늙었다고 말씀드렸더니, 어르신이 어떻게 말씀하신 줄 알아? 머리를 짧게 자르넌 늙어 보이지 않을 것이라고 하시는데, 어떻게 자르지 않을 수 있겠어? 잘라야지.

(중략)

14) 라깡은 남근을 아버지의 권위를 상징하는 기표로 보며, 문화적 측면에서 보면 사회적 권위・제도・지배하는 힘을 의미하며, 상징계의 언어질서를 내포하는 힘의 기표로 파악한다.(김동중・김종헌・정찬종, 『섹슈얼리티로 이미지 읽기』, 인간사랑, 2000, 84쪽)

둘째 부인: 넷째, 마음 쓰지마. 누가 자네보고 고의라고 하든? 우리 자매들은 줄곧 좋았잖아. 이 일은 마음에 두지 말아. 농담이지만, 난 오히려 넷째 동생에게 고마워해야겠어. 자네가 만약 내 귀를 자르지 않았다면, 요 며칠 어르신이 날 돌봐 주시지도 않았을 거야.

아들을 낳고자 하는 욕망, 남편에게 예쁘게 보여 자신을 자주 찾을 수 있도록 하고자 하는 욕망은 결국 쑹롄이 머리를 자르다 귀를 자르는 실수로 인해 성취되며, 이에 대한 만족감을 쑹롄에게 과시한다.

셋째 부인 메이샨은 뛰어난 미모를 갖추고 교만한 성격을 지녔다. 그녀는 남편과 마찬가지로 한 남성에게 만족할 수 없는 성적 욕망을 가지고 있으며, 남편의 성적 억압을 벗어날 수 있는 유일한 여인으로 결국 죽음에 이른다. 메이샨은 쑹롄의 첫날밤 행사에 훼방을 놓음과 동시에 자신은 또 어르신을 차지하고 늦잠까지 잔다. 어느 날 그녀의 침소를 찾은 남편에게 말한다. "어떻게 이곳에 오실 생각을 하셨어요? 정말로 새 신부의 재미가 아쉽지 않아요? 제가 있는 곳이 뭐가 좋다고요?" 그러자 남편은 "당신이 있는 곳이 좋지! 인상도 안 쓰고 노래도 들을 수 있잖아!"라고 답한다. 메이샨은 좀처럼 인상을 쓰지 않는다. 남편이 그녀를 찾으면 그녀는 성적 쾌락을 느낀다. 하지만 그녀는 그에게 만족하지 못하고 또 다른 욕망을 추구한다. 바로 까오(高)의사이다. 까오 의사는 그녀의 성 욕망을 추구하는 새로운 파트너다. 쑹롄을 불러다 마작을 하는 동안 우연히 땅에 떨어진 패를 줍는 쑹롄에게 까오의사의 발을 애무하던 장면이 발각된다. 이때, 화면은 묘한 쾌감을 느끼는 듯한 메이샨의 모습과 놀람과 흥분으로 휩싸인 쑹롄의 모습이 교차적으로 설정되었다.

넷째 부인 쑹롄은 젊고 열정적이며 대학에 다닌 적이 있어 운치를 가지고 있으며 단순하고 현실적인 성격의 소유자다. 때문에 그녀의 성적 욕망 또한 강하게 나타날 뿐만 아니라 남성의 여성억압적 지위에 얽매인 삶에 대한 태도도 대단히 회의적으로 나타난다. 네 여인 중 19세의 쑹롄이 성적 본능을 가장 강하게 드러내며 이에 대한 만족 또한 가장 선명하게 드러낸다. 돈에 팔려온 것이나 마찬가지인 첩 생활은 첫날 밤 거울에 비친 자신의 모습을 보며 예속된 자신의 운명에 대해 눈물로 확인하지만, 발 안마 소리를 듣고 반응을 보이듯 점점 욕망의 도가니로 빠져들어 급기야는 거짓 임신으로까지 발전한다. 욕망의 극한을 달리던 그녀는 결국 등을 폐쇄하는 봉등을 당하게 되고, 옥탑방과 메이샨의 비밀을 알게 되면서 천쭤첸에 예속된 자아에 대한 인식과 여인의 위치를 인식하게 된다. "공부해봤자 무슨 소용이죠? 그렇게 해봐야 어르신 몸에 걸친 옷과 같은 것 아니겠어요. 입고 싶으면 입고, 벗고 싶으면 벗고." "등불을 켜든 끄든 봉하든 난 상관없어요. 내가 이해할 수 없는 것은 집안 사람들이 무슨 물건인가요? 개나 고양이, 쥐와 다를 게 하나도 없어요. 사람이 아니에요. 여기서 계속 사는 건 그 죽음의 방에서 목 메달아 죽느니보다 못하다고 생각했어요..” 자신을 개나 고양이에 비유한 쑹롄의 이와 같은 언행들을 통해 감독은 전근대적인 사회의 구조적 모순으로 인한 여인의 운명을 묘사하고 있는 것이다.

이처럼 영화 『홍등』에는 홍등과 발 안마를 통해 여성의 성적 욕망을 나타내는 방법으로, 중국 고대사회에서부터 면면히 내려져 오는 여성 억압적 가부장제의 틀 속에서 소외된 생활을 살아왔던 첩이나 하인들의 생활을 카메라에 담아내고 있다. 동시에 이러한 묘사를 통해 여성의 성적 욕망이 권력 욕망으로 연결될 수 있다는 점을 암시하고 있는데, 계속해서 이 점에 대해 살펴보겠다.

2) 『홍등』에 나타난 권력 욕망

아리스토텔레스에 의하면 인간은 본질적으로 무언가를 알고자 하는 욕망을 지니고 있다. 이러한 욕망을 잘 충족시키는 것이 바로 ‘보는 것’이다. 시각은 모든 감각기관 중에서 가장 우월하게 우리를 앎으로 인도한다. 플라톤은 보는 것인 감각기관으로서의 눈의 역할을 벗어나 ‘마음의 눈’을 말하곤 한다.[15] 『홍등』을 분석함에 있어서도 우리는 장이머우 감독의 보는 눈이 아닌 마음의 눈을 읽어내야 할 것이다. 그런 측면에서 볼 때, 영화 「홍등」에 나타난 성 표현은 앞에서도 언급하였듯, 봉건 대가족제도하의 지배계층과 피지배계층 사이의 투쟁, 부패세력과 신흥세력 사이의 투쟁,

15) 김동중 · 김종헌 · 정찬종, 『섹슈얼리티로 이미지 읽기』, 인간사랑, 2000, 162-163쪽 참조.

남성(통치자)와 여성(압박받고 모욕당하는 사람) 사이의 투쟁을 묘사[16]해내기 위한 수법으로 활용했다.

천쮜첸의 미로 같은 대저택, 벽돌사이의 좁은 복도와 작은 공간들, 출구가 보이지 않는 구조, 중병에 걸린 듯한 암울한 분위기, 태양 빛이 비추지 않는 음침한 공간으로써의 쓰허웬은 봉건왕조의 황궁을 연상시킨다. 이 밀폐된 환경에서 천은 막강한 힘을 가진 지배자이며, 그 이면에는 중국이란 거대한 사회가 존재한다. 반면 영화에 등장하는 인물들, 처첩과 하인들은 중국 사회에서 착취당하는 인민들을 상징한다. 영화에는 막강한 권력자 천이 쳐놓은 권력의 틀이 곳곳에 존재하고 그 속에서 사는 사람들은 권력에 대한 욕망을 드러내게 된다. 이 권력의 틀은 바로 천씨 댁의 오랜 규율(老規矩)로써 감시의 역할을 수행한다.

1. 여하인: 넷째 마님, 집안의 규율에 따라… 시중들겠습니다.
2. 관리인: 가문의 규율에 따라 조상님과 세 분 마님께 인사드리러 가겠습니다.
3. 관리인: 가문의 규율에 따라 집안 일에 관한 논의와 식사를 모두 여기에서 합니다. 천씨 가문의 규율은 모두 옛 조상 때부터 내려온 것입니다. 넷째 마님, 오래된 규율이니 소홀히 해서는 안됩니다.
4. 천쮜첸: 가문의 규율에 의하면, 등을 켜면 요리를 시킬 자격이 있지. 먹고 싶은 음식이 있으면 시키게.
5. 관리인: 이것(문 앞에서 대기하는 것)은 집안의 전통적인 규율입니다. 마님들도 모두 가십니다.

---

16) 陳墨, 『張藝謀電影論』, 中國電影出版社, 1995. 108쪽. 주 10) 참고.

6. 둘째 부인: 등불을 켜고 끄는 것은 모두 조상 때부터 내려온 전통적인 규율이지.
7. 큰 부인: 집안에 이런 규율은 없었네! 아마도 넷째 부인의 의견이겠지?
8. 쑹롄: 좋아! 감히 등불을 몰래 켜다니? 계집종이 함부로 등불을 켤 수 있는 거냐? 넌, 집안의 규칙도 모른단 말이냐? 너 살고 싶지 않니?
9. 천줘첸: 미련한 것 같으니! 나까지 속이려 들어.…우리 진씨 가문에 어떤 규율이 있는지 물어 보지도 않았느냐? 정말 담도 크구나.
10. 쑹롄: 일개 계집종이 몰래 방안에 등불을 켜.…진씨 가문에는 규율도 없는 거냐?"
11. 쑹롄: 안 되요. 이건 가문의 규율이에요.
12. 둘째 부인: 가문의 규율은 당연한 규칙이지만, 누구라도 실수는 있는 거야.
13. 쑹롄: 제가 규율을 어겨서 등불을 거두었지요. 계집종이 규율을 어겼을 때는 어떻게 해야 되죠?
14. 큰부인: 규율에 따라 처리해라.

위에서 보듯 영화의 대사 중에는 가문의 규율이 자주 언급된다. 영화의 시작에서 쑹롄이 진씨 댁에 이른 날부터 야얼이 병원에 실려가고 메이샨이 옥탑방에 감금되기까지 모두가 보이지 않는 규율에 의해 움직인다. 이 규율은 통치자의 규율이며 천줘첸의 규율이다. 이 규율은 때로는 천줘첸의 그림자인 관리인과 이미 골동품의 지위로 전락한 큰 부인에 의해 집행되기도 한다. 하지만 그녀도 홍등과 발 안마라는 통치자의 통치제도에는 순응할 수밖에 없는 처지다.

이 오래된 규율과 통치자 천쭤첸의 권력 하에서 권력의 지위를 확보하고자 하는 부인들의 경쟁은 뜨겁다. 경쟁에서 승리한 여인은 종족번식의 수단이자 성적인 탐욕의 대상이 되어 통치자의 규율에 순응하는 도구로 전락할 뿐이지만, 그녀들의 권력 욕망은 끊임없이 표출된다. 큰 부인 위루는 자신의 개성을 완전히 상실하고 인형이나 다름없이 움직이는 하인처럼 이미 통치자 권력의 하수인으로 전락했다. 때문에 부인들을 관리하는 차원의 작은 권력을 집행하는 위치에 있다. 하지만 첩의 신분인 세 부인 중 쑹롄과 쭤윈, 쭤윈과 메이샨, 메이샨과 쭤윈의 권력쟁취를 향한 욕망의 표출은 점입가경이다. 게다가 하인 야얼까지 홍등을 훔쳐 신분상승을 노리고 부인의 행세를 하려 든다. 쑹롄이 천씨 댁에서 치른 첫날 밤, 그녀는 남편을 셋째부인인 메이샨에 의해 빼앗기고 거울 앞에 앉아 눈앞의 현실을 절감하며 눈물을 흘린다. 이로부터 세 여인과 야얼은 주인의 총애를 쟁취하기 위해 온갖 계략을 꾸미기 시작한다. 홍등을 켜고 발 안마를 받기 위한 행위들이 시작되는 것이다.

둘째 부인 쭤윈은 다정다감한 척한다. 쑹롄이 온 다음 날 인사를 온 쑹롄에게 말한다. "어리석기는, 발 안마는 빋고 싶다고 받을 수 있는 게 아니야.…앞으로 매일 발 안마를 받을 수 있다면 천씨 집안에서 자네가 하고 싶은 대로 뭐든지 할 수 있지." "셋째도 참 밉살스럽기도 하지. 어제가 무슨 날인데, 한 밤에 어르신을 오시라고 해." 이러한 언행 속에는 주인에게 선택되어 발 안마를 받는 것이 무엇을 의미하는 것인지 명확히 드러난다. 통치 권력의 중추에 서고 그것을 누릴 수 있는 권리가 주어지는 것이다. 그것을 누구보다도 잘 아는 그녀는 하녀 야얼을 시켜 쑹롄의 매사를 감시하고 주문을 걸어 저주하며 거짓 임신을 밝혀낸다. 그러나 시간이 흐르면서 쑹롄을 저주하는 검은 계략이 드러나고 그녀의 강력한 라이벌이 되어 쑹롄이 광기를 부추긴다. 또한 메이샨의 간통 현장을 덮쳐 죽음에도 직접 간여한다. 그녀는 위선과 음해로 일시적인 승리를 얻지만 결국에는 젊음과 아름다움을 갖춘 다섯째 부인의 등장으로 또다시 새로운 국면으로 접어든다. 소권력을 쥔 듯 하지만 새로운 경쟁자가 등장하여 다시 권력 쟁취를 위한 경쟁을 시작해야 하는 것이다.

셋째 부인 메이샨은 처음엔 쑹롄에게서 남편을 앗아가는 등 경쟁관계였다가 까오의사와의 간통 관계가 발각되면서 동지로 변한다. 그녀의 권력 욕망 역시 성적 욕망을 통해 나타난다. 메이샨의 하인이 "셋째 마님이 병이 나셔서 어르신을 모셔 오라 합니다."라고 아뢰자, 천쭤첸은 "가 봐야겠다. 그렇지 않으면 그 여잔 밤새도록 소란을 피울 거야."라고 말하며 자리를 뜬다. 넷째 부인이 첫날밤을 치르고 그가 가지게 될 지위를 결코 용납하지 않는 것이다. 둘째 부인에 대해서도 "어젯밤 등불 켤 때, 그 애교떠는 모습 봤지? 그녀는 제멋대로 할 수 있다고 생각하고 있는데, 언제 꼭 한번 확실하게 손 좀 봐줘야겠어."라며 권력의 한 축에 서있다. 그러면서도 그녀는 세 부인 중 가장 자유분방한 여인으로 통치자인 천줘첸에게서 일정 부분 벗어나 있다. 그녀의 성 본능이 천씨 집안의 오랜 규칙에 반항하며 타인에게로 향한 것이다. 그러나 천씨 집안에 내재된 지배 권력에 대한 반항은 눈이 내리는 추운 겨울 하인들에게 옥탑방으로 끌려가 참혹한 죽음으로 종말을 고한다.

쑹롄은 젊고 싱싱한 몸으로 천 씨 집안의 오랜 규율 속에 빠져 하인 야얼을 죽음에 이르게까지 한다. 그녀와 여인들간의 권력 지향적이었던 행동이 다음에 잘 나타나 있다.

> "내가 어리석다고? 난 어리석지 않아요. 오래 전부터 생각해왔던 거예요. 시작은 거짓말이지만 어르신이 매일 와서 같이 지내게 되면 성사되지 않겠어요? 내가 이 일을 꾸밀 때, 그들은 배후에서 나를 모함하고 있었어요. 하루 종일 나는 너를, 너는 나를 모함하고, 이리저리 싸우는 게 무슨 의미가 있죠?"

하지만 그녀의 뇌리에는 한편으로는 신교육을 받았던 기억이 도사리고 있어 늘 통치자와 자신에게 냉소를 보낸다. 통치자의 노리개요 성 욕망의 대상자일 뿐인 자신을 발견하고 탈출구를 찾아보려 하지만 찾을 수 없다. "사람과 귀신은 별 차이가 없어요. 결국 사람이 귀신이고 귀신이 사람 아닌가요?"라고 삶과 죽음을 초연한 듯하다. 그런 그녀는 자신들을 개, 고양이만 못하다고 느낀다.

> "등불을 켜고, 끄고, 거두고. 전 정말 상관없어요. 내가 이해하지 못하는 것은 집안에 있는 사람들이 무슨 물건인가요? 개, 고양이, 쥐와 다를

게 하나도 없어요. 사람이 아니에요. 여기서 계속 사는 건 그 죽음의 방에서 목매달아 죽느니보다 못하다고 생각했어요."

또 패이푸를 바라보는 그녀의 시선은 집안의 장손이 아닌 한 남자를 바라보는 듯하다. 그러나 메이샨처럼 실천에 옮기지 못하고 머리 속에서 감돌뿐이다. 그녀에게도 메이샨과 같이 일탈이 필요했지만 그럴 수 없었다. 술에 취해 쭤윈에게 던진 말이 이를 증명해준다. "누가 나를 비웃어? 뭐 비웃을 게 있다고? 내게 뭐가 있어? 당신은 어르신이 귀하게 여기고, 메이샨은 연애하러 까오 선생을 찾아갔고, 내게 뭐가 있어? 난 아무것도 없다고. 아무것도 없단 말이야." 이 결과 그녀와 메이샨은 권력 투쟁에서 철저히 패배하는 결과를 가져와, 그녀는 미치게 되고 메이샨은 죽음에 이르는 것이다. 결국 두려움 속에 하인에게 끌려가는 메이샨을 지켜보던 쑹롄은 쌓인 눈을 밟으며 자물쇠가 잠겨진 옥탑방에 이르러 메이샨의 종말을 목격한다. 죽음, 지배자의 권력에 맞서다 긴 휴식에 빠진 그녀를 본 쑹롄은 공포에 질려 광기가 나타난다. 외부 세계로부터 외면당하고 광기로 빠져들면서 체제에 대항하는 그녀의 투쟁은 정신적 죽음이라는 종말을 고하게 되는 것이다.

하녀의 신분으로서 부인들만 사용하는 홍등을 훔쳐다 자신의 방에 걸어 놓고 마님이 된 듯 환상에 빠진 야얼은 천 주인이 자신을 안아줌으로 인해 성적 본능이 발동되고 이것은 신분상승을 향한 꿈이 되어 쑹롄의 자리를 넘보게 된다. 그러나 그녀의 모습은 마치 통치권력에 대해 항거하는 듯한 모습이다. 통치자의 오랜 규율에 승복하지 않고 끝까지 자신의 뜻을 굽히지 않는 것이다. 그녀의 행동에 통치자는 전혀 아랑곳하지 않으며 규칙을 인정하면 용서한다는 것 뿐이다. 그러나 그녀의 꿈은 작은 권력자인 쑹롄에 의해 깨지고 마님의 홍등을 훔친 죄로 눈이 내리는 마당에서 벌을 받다 실신한 후 병원에서 죽음을 맞이한다.

이러한 대권력을 향한 투쟁의 과정 속에서 결국 야얼은 소권력에 의해, 그리고 메이샨은 대권력에 의해 폭력적인 죽음을 당한 것이다. 천줘첸의 집에 사는 여인들의 4개의 마당은 성적 욕망을 충족시키는 장소이자 권력 욕망의 생성과 성취장소이다. 그들의 권력을 향한 욕망은 둘째 부인의 승리로 끝나는 듯했지만 다섯째 부인의 등장으로 또다시 경쟁이 시작된다. 생명의 빛, 봄이 없는 그녀들의 마당은 여름에서 시작되어 죽음으로 드리워진 겨울을 보내고 다시 여름으로 다가온다. 영화에 제시된 1년은 쑹롄과 같은 한 인간의 인생을 상징하고 있다. 여름이 돌아와 다섯 번째 부인과 혼례를 올리는 것은 죽은 셋째 부인을 대신하여 도착한 것이며, 이것은 억압된 틀 속에서의 반복이자 희망 없는 미래를 암시하고 있다.

위와 같은 분석을 통해 볼 때, 영화에 나오는 1920년대 중국의 모습들은 역사적이면서 현재적이며, 정신사적인 지평을 배경으로 전통적 권력구조는 물론 현재의 권력구조로도 읽힌다. 전통적 권력 기구의 경직성은 현재의 권력기구의 경직성에 대해서도 눈을 뜨게 해주기 때문이다. 『홍등』에 나타난 밀폐된 환경은 막강한 힘을 가진 지배자 천줘첸(陳佐千)이며, 그 이면에는 중국이란 거대한 사회가 존재한다. 반면 영화에 등장하는 인물들은 중국 사회에서 착취당하는 인민들이다. 집주인은 눈에 띄지 않게 간헐적으로 조용히 등장함으로써 말년의 마오쩌뚱과 폐쇄적인 중국을 상기시키며, 과거의 황제들에 대한 기억도 불러일으킨다. 천줘첸은 충실한 하인을 거느린 권력자이다. 하인들은 '주석'(主席)의 측근들이나 황제의 환관으로 대체해서 이해할 수도 있다. 하지만 가장 고달픈 운명의 주인공은 바로 천 통치자의 부인들이다. 강제 결혼을 하여 폐쇄된 환경에서 살아가야 하는 이들은 통치자의 지배에 복종하든지 아니면 거부함으로써 자유를 찾아야만 한다. 그러나 거부는 십중팔구 개인적인 패배나 죽음으로 종말을 고한다.[17)]

4. 나오며

본 논문은 영화 『홍등』과 원작 『妻妾成群』과의 대비 비교를 통해 양자의 차이점을 살펴본 후, 영화 『홍등』에 나타난 섹슈얼리티와 권력 욕망이라는 측면을 부각시켜, 주인공 쑹롄과 그를 둘러싼 여인들의 성적 특질과 권력 욕망이 어떻게 나타나는지를 구체적으로 살펴보았다.

그 결과, 『홍등』은 소설에서 영화의 극본으로 바뀌면서 서사의 기본적 줄거리는 동일하지만, 지리적 배경, 인물들의 묘사, 인물

---

17) 슈테판크라머 지음, 황진자 옮김, 『중국영화사』, 이산, 2000, 248쪽 참조.

들 간의 갈등 전개, 서사방법 등에서 많은 변화를 가져왔다. 이 과정에서 봉건시대에서 근대시기까지도 지속되어 오던 가부장제하에서의 여인들간의 반목과 갈등, 질투와 시기, 여인들의 외도를 중심으로 일부다처제의 폐해를 묘사한 소설의 구조와는 달리, 영화에서는 홍등과 발 안마라는 기표를 통해 한 남성을 향한 여인들의 성적 특질과 성적 욕망의 충족 과정 및 이로 인한 권리와 지위 획득이라는 측면으로 변화되었다. 이러한 변화는 천쮜첸이 가정의 매사에 관여하는 한 집안의 가장으로서의 역할에서 가족들과 철저히 거리를 두고 베일에 가려진 인물로 묘사되었으며, 그가 하던 일은 관리인과 큰 부인이 대행한다. 이 과정에서 쓰허웬이라는 가옥구조와 홍등과 발 안마라는 기표를 활용 천쮜첸이라는 한 남성이 여러 명의 처첩을 어떻게 길들이는가 하는 묘사를 통해 한 명의 통치자가 피통치자인 백성을 어떻게 통치하는가 하는 권력구조를 연상시켰다. 때문에 네 여인의 성 욕망의 추구는 권력욕망의 추구로 연결되며 당대 중국사회의 권력구조로 읽기가 가능한 것이다. 이로 보면 영화의 극복을 원작 소설에 비해 당대의 역사와 사회와의 관계를 더욱 부각시키는 방향으로 개편하였고, 이는 감독이 몸소 겪은 중국 사회의 모습을 통해 중국 인민의 생활에 커다란 영향을 미친 대약진운동과 문화대혁명 등 역사적 사건과 사회와의 관계를 조심스럽게 접근하고자 했기 때문임을 알 수 있다.18)

---

18) 장이머우 감독을 비롯한 중국의 5세대 감독들은 정치권력으로 인해 발생한

참고문헌

장이머우, 『홍등』, (주)우진비디오프로덕션, 1993

박병선, 최남규 편, 『영화로 배우는 중국어(1)-홍등(大紅燈籠高高掛)』, 상록수, 1997

인홍 지음, 이종희 옮김, 『중국 영상문화의 이해』, 학고방, 2002

슈테판크라머 지음, 황진자 옮김, 『중국영화사』, 이산, 2000

루홍스, 슈샤오밍 지음, 김정욱 옮김, 『차이나시네마』, 동인, 2002

후지이 쇼조 지음, 김양수 옮김, 『현대중국, 영화로 가다』, 지호, 2001

안병섭 외, 『세계영화 100』, 한겨레신문사, 1996

임대근, 『중국영화이야기』, 살림, 2004

문학과영상회 편, 『영화 속 문학이야기』, 2002

김영진, 『영화가 욕망하는 것들』, 책세상, 2001

토마스 소벅・비비안 C・소벅 지음, 주창규 외 옮김, 『영화란 무엇인

대약진운동과 문화대혁명을 몸소 겪었다. 첸카이거는 직접 홍위병에 가담하여 활동했으며, 톈좡좡 역시 첸카이거와 비슷한 청년시절을 보냈다. 장이머우 감독도 문화대혁명 기간 동안 하방되어 노동에 종사했다. 이처럼 대중정치운동을 몸소 체험한 5세대 감독들은 중국 현대사의 질곡으로부터 결코 자유로울 수 없으며, 때문에 첸카이거는 『패왕별희覇王別姬』에서 문화대혁명을 비판하였고, 장이머우도 『인생』에서 대약진운동과 문화대혁명을 비판하였다. 톈좡좡(田壯壯)은 『푸른 연 藍風箏』에서 한 가족의 이야기를 통해 대약진운동과 문화대혁명 등 중국 현대사를 비판적으로 묘사하여 완성되기도 전에 중국에서 상영금지 당했다. 이념투쟁으로 점철된 문화대혁명은 5세대 감독들의 성장과정에 커다란 영향을 미쳤고, 이것을 영화에 반영한 것은 모두가 그들 자신의 경험에서 우러나온 것이다. 필자는 대약진운동과 문화대혁명이 중국 인민에게 가져온 커다란 희생과 이에 대응하는 인민의 모습을 분석한 「영화 『인생』에 나타난 정치권력과 생존 갈등 구조」(한국중국소설학회, 『중국소설논총』 제22집, 2005. 9)라는 논문을 발표한 바 있으며, 이를 참고할 수 있다.

가』, 거름, 1997
푸코, 이규현 옮김, 『성의 역사 : 앎의 의지』, 나남, 1999
김동중 · 김종헌 · 정찬종, 『섹슈얼리티로 이미지 읽기』, 인간사랑, 2000
정영호, 「영화 『인생』에 나타난 정치권력과 생존 갈등 구조」, 『중국소설론총』 제22집, 2005
Marc Ferro 著, 張淑娃 譯, 『電影與歷史』, 麥田出版, 1998
陸弘石, 舒曉鳴 著, 『中國電影史』, 文化藝術出版社, 1998
倪 駿, 『中國電影史』, 中國電影出版史, 2004
倪震主編, 『改革與中國電影』, 中國電影出版社, 1994
陳墨, 『張藝謀電影論』, 中國電影出版社, 1995
韓秀鳳 · 曉海 編選, 『張藝謀』, 湖南文藝出版社, 1996
Nick Browne, Paul G. Pickokicz, Vivian Sobchack, Esther Yau, 『NEW CHINESE CINEMAS』, CAMBRIDGE UNIVERSITY PRESS, 1994
WILLIAM K. FERRELL, 『LITERATURE AND FILM AS MODERN MYTHOLOGY』, PRAEGER, 2000
George Bluestone, 『Novels into Film』, THE JOHNS HOPKINS UNIVERSITY PRESS, 2003

제 8 장

영화 『芙蓉鎭』에 나타난 정치권력과 이데올로기

1. 들어가며

영화 『부용진, 芙蓉鎭』은 시에진(謝晉) 감독의 1986년 작품으로 반우파투쟁 및 문화대혁명을 비판한 영화이다. 문화대혁명 시기, 중국의 지식인들과 예술인들은 대부분 청소부, 농사꾼, 막노동, 운전사 등의 일을 했는데, 시에진도 거리의 청소부로 일한 적이 있다. 이 영화는 반우파투쟁 및 문화대혁명 때 겪은 실제 경험을 바탕으로 썼으며, 문화대혁명을 휴머니즘 관점으로 접근한 그의 대표작이라 할 수 있다.

시에진 감독은 1950년대 연출을 시작한 후, 상하이를 중심으로 활동하여 '상하이파'라 불려졌으며 개혁·개방정책 후 처음으로 개인영화사를 소유한 감독이기도 하다. 그는 1941년 스추안성 강안국립희곡전문학교 화극과에서 공부하던 중, 1943년 배움을 그만두고 중경으로 가서 중국청년극사에 가입하여 배우로 활동하였다. 이 시기에 화극 『근화의 노래, 瑾花之歌』, 『황화강, 黃花崗』, 『새벽닭이 울다, 雞鳴早看天』 등의 연출에 참가했다. 그는 1946년 난징의 국립희곡전문학교에서 배우 수업을 한 후, 1948년 대동영화기업공사에서 조감독 · 부감독을 맡았으며, 1950년 화베이혁명대학 정치연구원에서 학습했다. 그는 후에 장강 영화제작소 · 상하이영화제작소에서 부감독 · 감독을 맡았으나, 문혁 시기에는 거리의 청소부로 일했다.

그의 작품은 『부용진』 이외에도 『여자 축구 대원 9번, 女足九號』(2000), 『아편전쟁, 鴉片戰爭』(1997), 『마지막 귀족, 最后的貴族』(1989), 『높은 산 밑의 화환, 高山下的花環』(1984), 『초원의 말지기, 牧馬人』(1982), 『티엔윈샨의 전설, 天云山傳奇』(1980), 『아! 요람, 啊！ 搖籃』(1979), 『무대 위의 자매, 舞台姐妹』(1965), 『붉은 여인부대, 紅色娘子軍』(1961), 『여자 농구선수 5번, 女籃監五號』(1957) 등등의 작품이 있다.

1992년 한 · 중 수교를 전후하여 국내에 유입 개봉된 영화 가운데 문화대혁명에 대해 직 · 간접적으로 비판한 영화는 『부용진』을 비롯하여, 주인공 푸꾸이와 그 가족의 인생사를 국공내전, 대약진운동, 문화대혁명, 그 이후의 중국사회의 변화를 통해 정치권력 하의 보통 인민의 생존갈등을 다룬 장이모우의 『인생』, 예술가의 입장에서 정치권력의 폭력성을 비판한 천카이거의 『패왕별희』, 한 가정의 이야기를 통해 대약진운동과 문화대혁명 시기의 정치폭력과 인민의 희생을 가장 직접적으로 묘사한 티엔주앙주앙의 『푸른연』 등을 들 수 있다. 근현대사의 질곡을 영화화한 작품 중의 하나인『부용진』은 문화대혁명의 소용돌이에 희생되는 한 여인을 중심으로 하여 중국현대사의 치부를 드러내는 날카로운 묘사가 돋보이는 작품이다. 리우샤오칭(劉曉慶)과 지앙원(姜文)이 주연을 맡았으며, 원작은 중국 제1회 모순 문학상을 수상한 구화(古華)의 장편소설 『부용진』이다.[1] 원작 소설 『부용진』과 영화 『부용진』은 서사구조에 있어서 대부분 일치하는 구조를 보이고 있으며, 일부 주인공들의 개성묘사나 작품의 환경 면에서 부분적인 차이만 존재할 뿐이다. 영화의 배경은 대약진 운동 실패 후 계급투쟁시기와 문화대혁명 기간 동안(1966년부터 1977년까지)의 시간적 배경과 부용진이라는 한 강촌 마을을 공간적 배경으로 하고 있다. 그리고 이 부용진이라는 공간적 배경에서 리궈시앙(李國香)을 비롯한 폭력세력의 정치권력 앞에 후위인(胡玉音)을 중심으로 한 평범한 인민들이 당하는 희생을 상호 대비적으로 묘사하여 보통 인민의 입장에서 혁명을 바라보려고 시도하였다. 이러한 과정 속에서 감독은 계급투쟁을 앞세운 정치권력과 보통 인민의 일상을 보여주었고, 보통 인민의 인간성을 세심하게 그려내고 있다. 또한 세심한 묘사를 진행함에 있어, 감독은 부용, 비, 눈, 맷돌

1) 구화(古華), 『芙蓉鎭』, 인민문학출판사, 2000. 또한 이 소설은 국내에 번역 출판된 바 있다.(구화, 우동완 옮김, 『부용진』, 삼중당, 1988.)

과 쌀두부 등의 다양한 상징적 장치들을 활용하고 있다.

시에진의 『부용진』에 관한 연구는 張燕이 『시에진 영화 속의 여성상 연구』(전북대학교 석사학위논문, 2003)에서 『티엔윈산의 전설』, 『초원의 말지기』, 『부용진』을 비교하여 영화 속의 여성상을 분석, 연구한 것이 있으며, 謝晉 자신이 『부용진』의 예술적 특질을 예술노트 형식으로 엮은 것을 국내에 번역 소개한 〈영화 『부용진』의 예술세계」(예술원보 35, 1991)가 있다. 본 연구는 영화 『부용진』을 연구함에 있어, 이 두 글과는 다른 차원에서 접근하기로 한다. 구체적으로 원작소설 『부용진』과의 차이가 크지 않다는 점에서 두 작품의 비교는 논외로 하며, 계급투쟁을 앞세운 '정치권력과 폭력의 주체, 정치폭력의 희생과 인물묘사'에 대해 살펴보고, 이 과정에서 보이는 영화의 이데올로기 및 다양한 상징적 장치들의 의미를 분석하고자 한다.

2. 영화에 나타난 정치권력과 인민의 희생

1) 정치권력과 폭력의 주체

공산혁명의 성공으로 1949년 10월 1일 중화인민공화국이 성립된 이후에도 중국의 현대사는 정치권력에 의한 정치운동이 격렬하게 진행되었으며, 결과적으로 많은 국민들에게 고통과 희생을 가져다주었다. 영화 『부용진』은 이를 고스란히 담고서 현실감 있게 보여주며, 공산 혁명이 완성된 후, 국가권력을 확립하기 위한 정치권력 사이의 권력투쟁이 반영되어 있다.

감독은 초반부에서 새로 연 쌀두부 가게와 새롭게 단장한 인민정부, 후위인과 리궈샹을 상호 대비적으로 보여줌으로써 영화가 이 두 여인의 대결구도로 가게 될 것임을 암시해준다. 곧이어 사회주의 경제와 인민 공사를 주창하는 리궈시앙이 후씨 가게를 방문한다. 리 반장은 웃는 듯 심문하는 듯 이런 저런 일에 대해 묻는데, 위인은 아무런 잘못이 없음에도 불구하고 권력의 집행자 앞에서 어쩔 줄 모르며 당황한다. 또한 공무당 야간 집회에서 우파분자 친수티엔(秦書田)이 비판받는데, 리 반장이 비판 연설을 하는 동안, 카메라는 리만경(黎滿庚) 부부와 구옌산(谷燕山) 및 후위인 부부의 긴장된 모습을 교차적으로 보여줌으로써 계급투쟁의 집행자와 대상자를 대비 묘사하고 있다. 특히 "일부 인민들은 자본주의의 길로 가고 있어요."[2]라는 리 반장의 말에 위인 부부는 당황하는 빛이 역력하다. 영화는 바보스러울 만큼 순박하고 무력한 인민의 모습을 통해 개인을 압박하는 정치폭력에 초점 맞추고 있다. 그러므로 후위인은 개인성을 지니는 것이 아니라 역사적 주체의식도 없는 힘없는 민중을 대표하는 하나의 대체물일 뿐이다. 남편의 고민의 실체는 무엇인가? 한 가정의 가장이자 남편이며, 직업인으로서는 쌀 묵 가게 주인으로서 한 시대를 살아가고 있을 뿐이다. 그러므로 후위인이나 그녀의 남편에겐 정치적 고민, 역사

2) 본 논문에 인용한 영화의 인용문은 (주)은하프로덕션의 『부용진』(1990)의 내용을 중심으로 하고 일부 수정을 가하여 인용하였음.

의식이 없을 뿐만 아니라 권력에 대한 공포로 말미암은 비굴함까지 지니고 있다. 부부는 고뇌 속에서 망설이다 1,500원의 돈을 만경 오빠에게 맡기기로 결정한다. 맡기고 돌아오는 길에 위인은 동네 사람들과 마주치지만 만나는 사람마다 외면을 한다. 이 결과, 후위인 부부는 정치권력의 억압에 의해 자본주의 길을 걷고 있는 반동 지주가 되어버린 것이다. 부용진의 주민들은 리반장(리궈시앙)의 막강한 영향권 하에 있는데, 그녀는 집권세력을 철저하게 지지한다. 그녀는 부용진에 부임하여 "동지들 해방된 지 14, 5년이 되었어요. 그런데 여러 무리들은 아직까지 뉘우치질 않았어요. 문제가 어디에 있을까요? 이번 투쟁을 확실히 못하면 세상은 시끄러울 거예요."라고 말하며 투쟁의지를 고취시킨다. 또 왕치우셔(王秋赦)가 정장 차림에 이발을 하고 리궈시앙을 방문하여 구옌산을 모함할 때도 "왕동지, 우린 구옌산 일당이 복귀하는 걸 막고 정권을 잡아야 돼요."라며 권력에 대한 욕망을 드러낸다. 그리고는 왕치우셔에게 묘한 시선을 보내 그를 유혹한다. 이들은 권력을 매개로 육체적 영합을 이루며, 이러한 묘사는 성적욕망이 권력욕망과 결합되는 묘사이기도 하다. 즉 리반장이 권력기반을 확고하게 하기 위한 일환으로 왕치우셔를 활용하는 것, 부용진에서 존경의 대상인 구옌산을 어떻게든 자신의 동지로 만들려는 행위는 모두 권력지향적인 리반장의 욕망이 드러나는 묘사이다.

1966년 문화대혁명이 시작되었다. 화면은 당시 영상자료와 교차하여 생생한 장면을 보여주며 군중들의 외침이 들려온다. "자본주의자 후위인을 처단하자!", "반역자 친수티엔!", "구옌샨을 처단하자!", "좌익파 리궈시앙!" 등등의 구호가 난무한다. 그렇게 충성스런 그녀 역시 홍위병에게 반동분자로 몰려 비판당한다. 집권세력을 철저하게 지배하며 계급투쟁의 핵심이던 리궈시앙이 홍위병들에게 끌려가다 비 내리는 골목에서 장화를 목에 걸고 친수티엔 및 후위인과 나란히 서서 비판의 대상이 된 것이다. 리궈시앙은 부용진에서 정치권력의 핵심 위치에 있는 인물이다. 그런 그녀가 홍위병에 의해 반동으로 몰린 것이다. 정치폭력이 또 다른 정치폭력에 의해 억압당하는 장면이다. 이러한 장면 설정은 홍위병의 오류적 행위들을 비판하고자 한 감독의 의도가 깊이 스며 있는 묘사이다. 그러나 그녀는 얼마 후 다시 부용진의 권력 핵심으로 복귀한다. 부용진으로 향하는 선상의 새하얀 승용차에서 내리는 리궈시앙과 10년 징역형을 복역하다 풀려나 집으로 돌아오는 친수티엔이 만나는 장면이 이를 말해준다.

친수티엔: 맞아요. 맞습니다. 친수티엔. 별명은 사기꾼이죠. 길 청소 전문이었잖아요. 꽤 괜찮게 쓸었었지요. 문화대혁명 당시 운 좋게 결혼했고요. 아내는 후위인
리궈시앙: 친수티엔 동지. 몇 년간 고초가 심했죠?
친수티엔: 허 친수티엔 동지라고요. 듣기가 이상하군요.
리궈시앙: 이번 당신 석방은 내가 결재한 거예요.
친수티엔: 그래요. 당이 하는 일에 당신이 빠질 수 있나요.
기　　사: 리주임님, 차에 타시죠.
리궈시앙: 모두 지난 일이오. 내가 도와줄 일이라도?

친수티엔: 허허, 아직 결혼 안 했죠?
리궈시앙: 지금 결혼하러 가는 길이에요.
친수티엔: 오, 그래요?결혼해서 평민생활을 해봐요. 불만만 갖지 말고요. 평민생활은 쉽고도 어렵죠.

두 사람의 대화와 모습을 통해 혁명은 과연 누구를 위한 것이었나 하는 의문을 자아낸다. 우파분자였던 친수티엔에게 동지라 부르고 사기꾼이던 그가 동지로 변한 것이다. 평범한 인민에게 많은 고통과 희생을 가져온 정치폭력은 지나간 과거의 일이 되고 단지 과오로 여겨지는 것을 비판한 것이다.

또한 권력의 하수인이자 권력욕망에 사로잡혀 리궈시앙을 향해 온갖 행위를 마다 않는 왕치우셔 행위는 더욱 더 현실감 있게 묘사되었다. 어깨에는 빨간 완장을 두르고 몸에는 모택동 어록을 지니며 손에는 항상 수첩을 들고 다니던 상황을 잘 재연해주고 있다.[3] 왕치우셔가 교육을 갔다가 부용진에 돌아와 인민에게 하는 언동, "도시의 혁명정신을 모두에게 알릴 테니 빨리 대회를 열어. 무척 웅장했어. 사람이 부용진의 몇 배는 될 거야.", "자네들은 상상도 못해. 전국은 춤을 추고 있어." 등에서 문화대혁명 당시의

---

3) 시에진 감독은 「영화 『부용진』의 예술세계」(예술원보 35, 1991)에서 " 기억해보면 '문화혁명' 당시 그 많은 사람들이 모두 손에 손에 '어록'을 들고 충성의 춤을 추며 거리에 물결쳐 흐를 때, 노인들은 밖으로 나와 합세하지 못하는 대신 집안에서 어록을 중얼대며 매일 마오 주석을 향해 절을 올려야 했다. 지금 생각하면 매우 우스운 이야기 같지만, 당시에는 대단히 엄숙하고 경건한 의식이었다. 이 모두는 정말 황당했고 그들의 공허한 동조의 웃음 속에는 깊은 비극적 분위기가 있었다."고 말하고 있다.

분위기를 읽을 수 있다.

영화에서의 정치권력의 핵심주체는 리궈시앙이며, 정치권력자의 대표 인물로 묘사되었다. 특히 그녀는 문화대혁명 당시 4인방의 한 명으로 문화대혁명의 최고사령부로 일컬어지는 1966년 5월 성립된 중앙문혁소조의 중추역할을 했던 지앙칭(江青)을 연상케 한다. 이는 감독의 의도적인 설정이 아니었다 하더라도 부용진의 최고 권력 핵심을 여성으로 설정한 점은 소권력이 아닌 대권력으로 확대해석이 가능한 것이다. 이를 통해 영화는 반우파투쟁과 문화대혁명 당시 행해졌던 정치권력의 억압적 행위, 특히 문화대혁명의 폭압적 행위의 주체에 대해 묘사하고 있다.

2) 정치폭력의 희생과 인물묘사

영화에는 정치권력들 간의 투쟁 속에 희생된 국민들의 고통과 희생 역시 잘 묘사되어 있으며, 소심한 인민의 권력 주체에 대한 공포가 단적으로 드러나는 장면묘사가 많이 있다. 대부분의 인민에게 권력은 두려움의 대상이다. 『부용진』은 이러한 인민의 모습을 그린 면에서는 탁월하다고 볼 수 있다. 보통 인민의 대표로써 후위인은 희생의 한 가운데에 있다. 공무당 야간 비판대회에서 돌아와 나누는 위인 부부의 대화 속에는 평범한 인민의 심정이 잘 반영되어 있다.

> 남편: 새 집을 팔아버리자. 2., 3백 원 더 벌면 뭐해? 우리 분수를 알아야지?

아내: (국자로 이마를 찌르며)변변치 못한 사람 같으니! 우리가 이렇게 고생하는 건 잘 살아 보겠다는 것인데, 우리가 뭘 잘못한 거죠? 당신은 비관적인 말만 해요?

후위인과 남편의 대화는 지극히 평범한 보통 인민의 심성, 결혼한 부부의 기본적인 욕구가 잘 드러나 있다. 알뜰하게 살아보고자 하는 이상의 것이 없다. 그러나 그녀는 정치권력의 억압에 의해 자본주의 길을 걷고 있는 반동 지주가 되어 당의 비판을 받게 된다. 뚜렷한 이유가 없이 비판의 대상이 된 인민은 누구에게도 하소연할 길이 없이 희생을 강요당하게 되는 것이다.

정치폭력으로 인한 희생은 문화대혁명 기간 동안에 더욱 심각했다. 영화 역시 이 기간에 중국인민이 당한 피해상황을 더욱 잘 보여준다. 문화대혁명 기간 동안은 모든 것이 마오쩌둥의 말과 행동에 의해 이루어진 시기이다. 예술인들의 활동 역시 정치권력이 요구하는 바와 다른 모든 활동이 중단되었고, 정치권력에 편승한 일부만이 존재했을 뿐이다. 시에진이 거리의 청소부로 일했던 것도 바로 이런 연유에서다. 마오쩌둥 사상은 혁명기간 동안 유일선이었다. 그를 반대하는 자는 누구든 처벌과 숙청의 대상이었으며, 부모, 자식, 형제, 이웃보다 앞선 존재였다. 이런 상황에서 개인의 양심은 억압당할 수밖에 없었다. 내가 살기 위해 타인의 삶은 고려의 대상이 아니었다. 남을 해쳐야 내가 존재할 수 있는 상황이었던 것이다. 공산주의가 실업과 착취와 전쟁이 없는 프롤레타리아 문명의 실질적인 자유를 줄 것이라는 희망은 빛바랜 꿈일 뿐이다. 억압과 폭력이 존재하는 상황에서 어떤 자유도 존재할 수는 없었다. 구옌산이 "난 지금 취하지 않았어. 위인의 돈은 자네가 공무당에 갔다 줬지? 죽어 마땅할 놈. 이 양심도 없는 놈."이라고 리만겅을 질책하자, 그는 "난 어쩔 수 없었어요. 그들은 날 이틀 동안 당 간부들 앞에서 고발했어요. 난 당을 따라야 했어요. 내겐 처자식이 있잖아요. 남을 죽여야 내가 살아요."라고 말한다. 이는 혁명의 목적을 달성하기 위해서라면 어떠한 수단도 정당화될 수 있었고, 개인은 혁명의 과정에 종속되고 혁명을 위해 희생될 수 있었으며 혁명을 가로막거나 회의를 품는 자들이 처단되는 것 또한 당연시되었음을 보여준다.

인간과 인간의 자연스런 만남까지도 철저히 파괴당해야 만 했으니 남녀간의 연애, 혼인도 출신성분, 계급에 따라 제약을 받았고 당의 승인을 얻어야 했던 것이다. 혁명이란 이름의 정치폭력은 남녀의 사랑까지도 앗아가 버렸다. 후위인의 세 번째 연인 친수티엔이 불안에 떠는 후위인을 안정시키고 죄인정서를 써서 왕치우셔에게로 가서 그들의 사랑을 보고한다. 왕치우셔의 질문에 친수티엔이 "독신끼리 지내다보니 자연스럽게 정이 들었습니다."라고 말하자, 왕치우셔는 "관계는 몇 번 가졌나?"라고 묻는다. 친수티엔은 "감히 어떻게 그렇게 하겠습니까? 당의 허락이 있어야 하죠? 우린 정당하게 연애했습니다."라고 답한다. 왕치우셔가 "너희들은 반동분자야. 결혼은 있을 수 없어."라고 말하며 죄인정서를 바닥에 던져버린다. 그러자 친수티엔은 바닥에 떨어진 죄인정서를 참혹한 모습으로 보더니 자신들을 동물에 비유하면서까지 허락을 받고자 한다. "왕동지, 우리 사이가 아무리 바빠도 우린 사람이지 않습니까? 수탉과 암탉, 수돼지와 암돼지, 수캐와 암캐들도 서로 떼어놓고 짝지을 순 없지 않습니까?" 그렇게 해서 겨우 반 응낙을 받아내고는 관계가 있었음을 실토하자, 왕치우셔는 "반동인 주제에 음흉한 짓을 해. 내가 내일 죄명을 써 줄 테니 곳곳에 써 붙여." 라며 돌려보낸다. 다음 날 "한 쌍의 개 부부"라는 표어를 문에 써 붙인 친수티엔은 부끄러워 절망하는 후위인과는 달리 부부로써 인정받은 것에 기뻐한다. 생명에 대한 집착, 자신이 사랑하는 사람과의 행복한 삶을 위한 친수티엔은 얼간이처럼 묘사되었지만, 그가 취한 이러한 삶의 방법이 오히려 자신의 생명을 보전하고 풍파에 흔들리지 않을 수 있었다는 점을 보여준다.

이들이 식을 올리고 즐겁게 노래를 부를 즈음, 왕동지는 죄인정서를 리반장에게 보인다. 리반장은 죄인정서를 읽고 "갈수록 큰 일이군. 당신을 무시해도 유분수지."라고 말한다. 왕치우셔가 동지들과 함께 뛰어가며 "내가 군사위원회를 대표해서 집행하겠다." 라고 외치자, 두 사람은 공포에 휩싸이고 만다. 마침내 인민재판이 열린다. 폭우가 쏟아지고 천둥소리가 땅을 흔든다. 인민재판의 결과는 "반동분자 친수티엔은 징역 10년에 처하고 반동분자 후위인은 징역 3년에 처한다. 그녀가 임신을 했어도 축하행사는 할 수 없다. 이들을 도와줄 경우 세금을 부과하겠다. 우리 문화대혁명의 위대한 승리를 위해 당에 협조하지 않으면 반동행위로 간주하겠다."는 가혹한 형벌을 내렸다. 그러나 힘없는 인민은 인민을 위한다는 정치폭력의 논리 아래서 반항할 수 없었다. 두 사람은 비를 철철 맞으면서 서로의 눈빛을 응시하며 무언의 대화를 나눈다. "살아 남아야해. 살아 남아야해. 이를 악물고 살아 남아야해." 후위인은 평범한 소시민으로서 개인의 행복을 위해 부지런히 살아가지만, 그녀의 그런 삶 자체가 반동지주의 삶이 되어버렸다. 각종의 제약과 노동, 불이익에 처해졌음에도 불구하고 인민의 삶에 대한 욕망, 굳은 의지를 무언의 대화로 보여준다. 정치폭력 앞에 무력한 인민의 존재일지라도 희망을 잃지 않고 견뎌냈던 중국 인민의 모습을 떠올릴 수 있는 묘사라 하겠다.

더 나아가 보통 인민의 희생은 물론 권력의 하수인들이 겪어야 했던 정신적 피해상황도 지적하고 있다. 정치혁명은 끝이 나고 인민은 예전의 삶으로 복귀하였지만, 왕치우셔는 정신병자가 되어 그들 앞에서 어슬렁거린다. 서슬 퍼런 정치폭력이 난무하던 시기처럼 멀리서 징소리가 들리더니, 곧이어 왕치우셔가 나타난다.

왕치우셔: 운동아! 운동.
인민: 혁명운동을 해?
왕치우셔: 혁명운동을 해! 운동!
친수티엔: (당황하는 위인에게) 겁내지마. 왕치우셔가 왜 저렇게 됐죠?
구옌산: 이때 오다니 정말 우습군. 고발할 사람은 안하고 고발하지 않아야 할 사람은 고발하더니, 혁명운동 때문에 미친 거야.
(중략)

왕치우셔: 혁명운동을 해야 하니 식사 후 모두 모여. (담배를 낚아채 피우며) 혁명운동을 해야 돼.

고발할 사람은 안하고 고발하지 않아야 할 사람은 고발하던 세상, 거리가 혁명화 되고 인간관계가 정치화 된 세상. 왕치우셔는 바로 혁명세력, 정치폭력에 의한 혁명운동 때문에 인민의 영혼에 치유 불가능한 상처를 받은 사람을 대표하는 인물로 그렸다. 그러면서 감독은 반복되는 징소리를 흘려보내면서 리만경 부부와 친수티엔 부부 등을 교대로 보여준다. 정치권력과 폭력은 주체이든 객체이든 모두를 희생케 하여 삶을 파괴시킨 대상, 즉 이념(이데올로기)가 가져다주는 것은 파멸뿐임을 묘사하고 있다. 혁명은 끝나도 사람은 남는다. 영화 『부용진』은 리궈시앙, 후위인, 왕치우셔를 통해 권력자, 보통 인민, 권력의 하수인의 모습이 어떠한 지를 잘 보여주고 있다. 이들과 이들을 둘러싼 갈등을 통해 정치폭력의 억압과 이 억압에 의해 육체적, 정신적 피해를 희생당하면서도 인간의 양심을 저버리지 않았던 인민들의 모습을 묘사하고 있다. "이 인물들의 기구한 생의 浮沈은 바로 '좌파'라는 것의 해악을 적나라하게 보여준다. 작가는 몇 사람, 몇 가족의 일을 묘사했지만 실제는 천촌만락의 이야기를 쓴 것이다. 그는 마치 평범한 생활 속의 생과 사, 만남과 이별, 아이들의 성장들을 그리고 있지만 사실은 중국의 흥망성쇠의 역사를 그리고 있는 것이다."[4)]

---

4) 謝晉, 「영화 『부용진』의 예술세계」, 예술원보 35, 1991, 112-129쪽.

"권력은 부패하는 경향이 있고, 절대 권력은 절대 부패하기 마련이다."[5] 문화대혁명 기간 동안 약 300만 명의 당원이 숙청되었고, 경제는 피폐해지고, 혼란과 부정부패가 만연하였다. 1966년 상반기까지 안정과 확대기조에 있었던 중국경제는 활력을 잃고 생산성의 하락을 가져왔다. 경제의 군사화가 진행되어 막대한 인력과 건설자재가 이 방면에 투자되었으나 오늘날 거의 쓸모가 없는 것이었다. 하방이라는 이름 아래 농촌이나 변경으로 이주 당하여 2-3천만 명이라는 청년이 귀중한 시간을 무위로 보내는 인적자원의 황폐화도 가져왔다. 문화대혁명은 경제면에도 이러한 막대한 피해를 남겨 중국의 근대화를 지체시키는 장기적인 폐해를 가져왔다. 또한 문화대혁명은 규모나 지속시간에 있어 심각한 타격을 중국의 인민과 문화에 안겨주었다. 생활수준의 저하, 직장·학교·가정에서의 인간관계의 파괴가 인심을 황폐화시켰다. 사람들은 외국사람에게는 물론 가족에게도 마음속을 밝히지 못했다. 불의의 수색을 우려하여 정책과 다른 글을 쓰거나 책을 읽는 일이 거의 진행되지 않아 문화대혁명 기간 동안 문화적 공백이 이어졌다. '사람들의 혼을 흔들어 놓는다.'고 했던 문화대혁명 시기는 문화유산의 대 파괴, 정신의 황폐화를 낳게 하였으며 부모 형제조차 믿지 못하는 인간불신의 10년이었다.[6] 결과적으로 문화대혁명은

---

5) 모리스 메를로-퐁티 저, 박현모·유영산·이병택 역, 『휴머니즘과 폭력』, 2004, 234쪽.

6) 阿部治平 외, 편집부 옮김, 『중국근현대사』, 일월서각, 1985, 524-539쪽 참조.

단순히 정적을 제거하는 권력쟁탈의 장이자 정치 재판이요 혁명 재판이었다. 그것은 중국 공산주의를 더욱 경직되게 하는 결과를 가져왔으며 중국 자체의 어두운 면을 내보여준 것이다. 감독은 후위인으로 대표되는 보통 인민의 생활을 통해 문화대혁명이 중국인에게 남긴 아픈 상처, 정치권력에 의한 보통 인민의 희생을 생생히 보여줌으로써, 정치권력에 의한 왜곡된 역사를 간접적으로 비판하고 있다.

3. 영화에 나타난 이데올로기

"『부용진』의 서사는 우파와 좌파, 선인과 악인과 같은 다양한 대립관계의 갈등으로 구성되어 있고, 범죄, 처벌, 복권으로 요약될 수 있는 세 개의 단락을 중심으로 전개되었다. 영화에서 등장인물의 사회적 지위와 주체성은 정치적 제도에 의해 결정되고 이름 지어진다."[7] 시에진 감독은 좌파와 악인에 해당하는 인물인 리궈시앙과 왕치우셔로 대표되는 반휴머니즘적 억압적 정치권력을 반대하고, 우파와 선인에 해당하는 후위인, 친수티엔, 구옌산 등으로 대표되는 휴머니즘을 부르짖고 있다. 그는 이 목적을 실현하기 위해 영화적 이미지를 충분히 활용하면서 서사공간에 적극 반영하였다.

---

7) Nick Browne 'Society and Subjectivity : On the Political Economy of Chinese Melodrama' in Nick Browne, Paul G. Pickowicz, Vivian Sobchack, and Esther Yau(ed), 40-56쪽 참고.

먼저 영화적 이미지는 밝음과 어두움, 비와 눈 등을 통해 감독이 의도하는 바를 상징하고 있다. 영화는 아름다움과 평화를 상징하는 부용이란 마을을 공간배경으로 설정하였다. 이 공간위에 반우파투쟁과 문화대혁명 기간 동안, 인민들이 억압받고 비판받는 상황은 전반적으로 어두운 이미지를 활용하여 표현하였다. 반면 부용진의 평화로운 모습을 담고 있는 영화의 시작 및 끝 부분, 후위인의 낭만적 연애 사건 등은 밝은 이미지로 처리하였다. 이는 어둡고 공포에 가득 찬 부용진과 아름다운 부용진, 암울하고 쓸쓸한 죽음의 분위기가 감도는 부용진과 요란하고 친근하며 떠들썩한 부용진을 상호 대비적으로 설정하였다. 영화에서는 두 번의 비 내리는 장면이 있는데, 첫 번째는 리궈시앙이 홍위병에게 반동으로 몰려 친수티엔, 후위인 등과 거리에서 비판받는 장면이고, 두 번째는 친수티엔 부부가 인민재판에 회부되어 10년 징역형에 처해진 후 무언의 대화를 나누는 장면이다. 둘 다 정치폭력에 의한 억압으로 절망적인 상황을 묘사하는 데에 활용하였다. 눈이 내리는 장면은 구옌산의 시련과 양심적 고백, 즉 거리에서 아직 끝나지 않았음을 외치는 장면과 후위인이 산고가 시작되어 아이를 낳으려 할 때, 구옌산이 눈보라 속에서 군용차를 세워 산모를 병원으로 이송하는 장면이 설정되었다. 눈이 내리는 장면에서는 모두가 구옌산의 양심이 돋보이는 장면이다. 이것은 바로 인간의 순수의식, 인간성 회복을 중시하는 묘사이다. 왜냐하면 구옌산의 행위는 정치폭력으로부터 비판과 억압의 대상이 되는 행위였음에도 불구하고, 이에 아랑곳하지 않은 순수한 발로였기 때문이다. 또 쌀두부를 만들기 위해 돌아가는 맷돌의 경우는 한 개인의 기구한 삶의 역정을 보여 줌과 동시에 세상의 상황이 어떻게 변하든 인간의 기본적인 생활, 양심은 변함없이 지속된다는 것을 상징하고 있다. 이처럼 영화에 보이는 상징적 요소들은 모두가 인간성에 초점이 맞추어져 있다.

감독은 영화의 서사공간에서 그가 추구하는 휴머니즘을 펼쳐 보였다.[8) 『부용진』의 서사 역시 이러한 세 단계로 구성되었다. 첫 번째 단계는 부용진의 평화로운 모습이다. 후씨 쌀두부가게를 중심으로 한 활기에 찬 주민들의 활동을 보여준다. 이는 균형상태를 유지하고 있는 것이다. 두 번째 단계는 반우파투쟁과 문화대혁명이라는 정치폭력의 억압으로 인해 균형상태가 붕괴된 모습을 보여준다. 세 번째 단계는 인간의 양심을 저버리지 않은 구옌산, 새롭게 평온을 찾아 문을 연 후씨 쌀두부 가게의 모습은 균형을 회복한 모습이다. 그러나 끝에 달성된 균형은 초기 균형과 동일한 것은 아니다. 즉 정신적 타격을 입은 왕치우셔를 대표로 하여 모든 인민이 상처받은 변형을 포함하고 있는 것이다. 감독의 서사공간은 사랑을 갈망하고 실천하는 후위인 등과 권력을 향해 질주하는 리궈시앙 등의 희생과 억압의 형상화를 통해 정치 폭력의 해결

8) 내러티브 이론가 츠베탕 토도로프(Tzvetan Todorov)는 내러티브를 '균형상태, 사건에 의한 균형상태의 붕괴, 균형을 회복하는 성공적인 시도'의 세 단계로 설명한다.(워렌 벅랜드, 장석용 · 정재우 역, 『영화연구』, 현대미학사, 2002, 55-56쪽 참조.)

이 목표가 되었고, 종국에는 인간성이라는 동질성을 회복하는 것에 있었다. 다시 말해 영화는 겉으로 보면 이 둘 사이의 대결구도이지만 궁극적으로는 인물들 간의 관계를 통해 사회질서를 복원하고자 함이다. 그러면 이런 전제 하에 좀더 세부적으로 살펴보도록 하겠다.

후위인은 새 건물을 지으려고 자로 땅을 잰다. 그리고 새벽같이 맷돌을 돌려가며 쌀두부를 팔면서 벽돌을 나르고 물을 기르며 목재와 기와를 올려 가게를 신축하고 마침내 신장개업을 하기에 이른다. 재료 하나하나, 건물 구석구석 그들의 땀이 서려 있다. 이러한 땀과 생명력은 처음에는 당과 인민으로부터도 인정받는다. 그러나 반우파투쟁이 본격화되면서 리궈시앙이 부용진에 등장하자 비판과 투쟁의 대상으로 변한다. 사회주의 경제와 인민공사를 주창하는 리궈시앙이 후위인 가게를 방문한다. 리 반장은 웃는 듯 심문하는 듯 이런 저런 일에 대해 묻는데, 이로부터 위인 부부의 불행이 시작된다. 감시와 비판, 그리고 은둔과 복귀가 이어지고, 권력에 맞서 투쟁한 남편이 정치폭력 앞에 죽음을 당한 것을 알게 된다.

후위인은 하늘이 무너지는 듯한 아픔을 안고서 남편의 무덤을 찾아 오열한다. 삶의 의지를 잃고서 신음하는 그녀에겐 세 번째 연인 친수티엔이 있다. 반우파로 낙인찍히기 전에는 방송국에서 일하던 그였지만, 계급투쟁의 재물이 되어 거리의 청소부로 일하다 후위인을 사랑하게 된다. 그가 위인의 집에서 그녀를 병간호하고 있을 때, "다 끝났어.", "아직 끝나지 않았어."라고 외치는 소리가 들린다.

구 옌 산: 그래도 양심은 조금 남아 있군. 마셔. 어, 다 마셨어.
(눈이 내리는 거리로 나와서)
끝났군, 끝났어. 끝났어--. 끝나지 않았어--.
끝났어.
끝나지 않았어. 안 끝났어. 안 끝났단 말이야!
(이 외침을 들은 위인이 무서워하자)
친수티엔: 무서워 말아요. 구 아저씨예요.
(구옌산: 안 끝났어)
친수티엔: 아직 양심은 살아 있군.

구옌산의 이러한 외침은 정치 폭력의 억압이 인간이 지닌 내면세계까지 모두 소멸시킬 수는 없었다는 사실을 보여주고 있다. 다시 눈 내리는 거리, 구옌산은 "용기 있는 놈, 나와 봐. 나와."라고 외친다. 공산혁명에 참가하던 시절이 주마등처럼 스쳐간다. "나와, 내가 상대해주지." 그는 기관총을 쏘던 자세를 취하고 당시를 회상하며 소리 지르다 총알에 맞는 장면에서 쓰러진다. 술에 만취했기 때문이다. 세상은 흐릿하게 꿈처럼 오락가락하는 것이다. 그가 토해내는 절규, 외침, 방황과 환각 속에는 감독의 감정이 이입된 것이다. 감독은 이를 통해 반우파투쟁과 문화대혁명 시기 비판의 칼끝 속에서도 여전히 인간의 순수함, 인간의 恒情을 던지지 않고 간직한 사람들을 그리고 있다.

왕동지는 새벽에 리궈시앙의 집으로부터 돌아가다 청소하던 친수티엔과 위인에게 발각된다. 다음 날에는 오물을 갖다 놓은 자리에 디딘 발이 미끄러진다. 왕치우셔는 낙상을 하여 부상을 입었고 위인은 마침내 웃음을 보인다. 그리고는 집으로 돌아와 활기찬 모습으로 쌀두부를 만들기 시작한다. 세 남자 중 마지막 남자와의 삶이 시작되려는 순간이다. 여기에서 쌀두부를 만드는 중 발생하는 수증기는 새 생명의 탄생을 예고한다. 이는 위인 삶의 재탄생이자 친수티엔과의 사이에서 생성될 새 생명을 의미하기도 한다. 친수티엔은 위인에 정성 들여 만든 쌀두부를 생명력있게 먹고 이를 지켜보는 위인의 모습은 밝고 생기가 넘친다. 둘 사이는 마침내 격정과 환희로 휩싸인다. 결국 후위인이 마련한 음식은 새로운 삶을 위한 에너지이다. 이 에너지는 성욕으로 변화하여 둘은 성적 결합과 함께 사랑에 빠진다. 그리고 두 번 째 남자인 구이구이(桂桂)의 무덤 앞에서 제를 올리고 오열한다. 지금까지 마음에 자리 잡고 있던 죽은 남편을 떠나보내고 새 사람을 마음속에 들여놓는 것이다. 이로부터 두 사람은 리듬에 맞추어 거리를 청소한다. 어둠 속에서의 거리 청소는 낭만 그 자체다. 포옹하고 키스도 하고 두 사람의 사랑은 깊어만 간다. 그들의 사랑을 축복이라도 하듯 하얀 눈처럼 낙엽이 휘날린다. 두 사람이 사용하던 빗자루가 나란히 정리되어 있는 모습을 통해서도 하나가 되었음을 상징한다. 새 생명의 탄생을 예고하였듯 위인은 임신을 하게 되고 수티엔의 세레머니가 펼쳐진다. 순수 그 자체이다. 수티엔이 위인에게 결혼을 제의하지만 위인은 그들의 출신 성분을 이유를 들어 주저한다.

낙엽이 지고 눈이 내리고 세월은 주마등처럼 흘러간다. 어느 눈 내리는 겨울 밤, 위인의 산통이 시작된다. 집 밖으로 새어 나오는 신음소리를 지나가던 구옌산이 듣게 된다. 어느 누구도 그녀를 도울 수 없었으나 구옌산 만은 달랐다. 그는 목숨을 내걸고 눈보라 속에서 달리는 차를 세워 위인을 태우고 병원으로 향한다. 그녀를 돕는 일은 반동행위로 간주되는 일이었지만, 그는 인간의 선한 마음을 그대로 실천한다. 이는 눈의 깨끗함과 대비되어 순수한 그의 인간성을 더욱 돋보이게 한다. 밖은 하얀 눈이 내리고 병실의 내부와 의사의 하얀 의사복도 깨끗한 이미지를 연출한다. 모두가 새 생명의 탄생을 축복하고 있는 것이다. 또한 여기에는 새로 태어난 아이의 깨끗하고 순수함을 추구하는 감독의 의도가 묻어난다. 그 결과 태어난 아들의 이름을 다름 아닌 정치권력, 정치폭력의 집행자를 상징하는 군(軍)이라고 지은 것에 주목할 필요가 있다. 이는 당시 군인만이 정치적 권력적 지배로부터 비교적 자유로울 수 있었고 지배받는 위치가 아닌 지배자의 입장에 있었던 사회 현실을 내밀히게 반영하고 있는 것이다. 동시에 새 생명의 탄생은 신사회의 탄생을 바라는 감독의 염원이기도 하다.

정부의 관리가 위인의 집을 방문한다. "위인 동지 앉으시죠. 상부에 서류를 보낸 결과 결재를 허락 받았습니다. 새 출발을 시켜드리겠소. 당신 집을 돌려주고 1500원도 돌려주겠소." 그러나 위인은 전혀 기뻐하지 않는다. 관리는 의아해하며 "다른 요구 사항은 없소?"라고 묻는다. 그러자 위인은 "집을 돌려주고 돈도 돌려준다고요? 제 남편을 돌려줘요! 제 남편을 돌려줘요. 제-- 제--"라며 절규한다. 그녀에게 중요한 것은 사람이요 사랑인 것이다.

영화의 마지막 장면은 초반부에서 서사된 호씨 두부가게의 모습을 통해 완전히 정상화된다. 이는 인간관계가 정상화되고 사회질서의 복원을 의미한다. 평화로운 부용진의 모습, 연못 가득히 부용으로 가득 찬 시골 산골의 모습. 쌀두부 가게에는 여전히 새로운 삶이 소생하듯 수증기가 피어오른다. 이제 두 사람도 세월의 무게를 이기지 못해 귀밑머리가 희끗희끗해졌다. 친수티엔이 집에 도착한다. 후위인은 놀람과 기쁨 속에서 그만 자지러진다. 친수티엔은 위인을 안고 따듯한 마음을 나눈다. 또한 "왜 이제야 오셨어요?"라고 말하는 아들 구쥔(谷軍)을 끌어안는다. 후씨 쌀 두부 가게는 사람들로 초만원을 이루고 활력이 넘친다.

> 인 민: 쌀 두부 한 그릇 더요.
> (중략)
> 인 민: 추가하면 얼마예요?
> 후위인: 무료예요.
> 구옌산: 15년 간 줄곧 그래왔지. 무료니 더 들게.

"15년 간 줄곧 그래왔지." 아무리 정치폭력이 개인의 육체와 정신을 철저히 부정하고 억압할지라도 그 보통 인민들, 후위인과 같은 소시민들의 순수의식에 폭력을 가할 수는 없었던 것이다. 감독은 영화 서사공간에서 바로 인간의 순수의식, 고귀한 휴머니즘을 표현해내고 있는 것이다. 시에진은 피해자의 입장에서 혁명의 폭력성을 부각시켰으며, 혁명의 목적을 위해 인간에게 가해지는 어떠한 폭력도 용인되어서는 안 된다는 것을 간접적으로 비판하고 있다.

4. 나오며

본 논문은 '영화『부용진』에 나타난 정치권력과 이데올로기'를 부각시켜, 리궈시앙을 비롯한 정치권력 앞에 후위인을 중심으로 한 평범한 인민들이 당하는 희생과 이에 대응하는 보통 인민이 지닌 인간성을 그리고자 한 감독의 의도가 어떻게 나타나는지를 구체적으로 살펴보았다.

그 결과, 감독은 계급투쟁을 앞세운 정치권력과 평범한 인민의 일상을 보여주었고, 평범한 인민의 인간성을 세심하게 그려냈다. 또한 감독이 몸소 겪은 중국 사회의 모습을 통해 중국 인민의 생활에 커다란 영향을 미친 반우파투쟁과 문화대혁명 등 역사적 사건과 사회와의 관계를 탐구하고자 했으며, 특히 정치폭력의 억압하에서도 변하지 않는 인간의 순수의식을 탐구하고자 했다. 이를 위해 감독은 밝음과 어두움, 비, 눈, 맷돌 등의 다양한 상징적 장치들을 영화적 이미지로 활용하고, '균형상태, 사건에 의한 균형상태의 붕괴, 균형을 회복하는 성공적인 시도'라는 세 단계의 서사공간을 확립하여, 영화적 요소 또한 적절하게 활용하였다.

관객은 영화 『부용진』을 통해 혁명적 폭력에 의해 중국 공산주의가 변질되었다는 것을 확인할 수 있으며, 정치란 야만적 의도에 의해서는 정당화될 수 없다는 것 또한 볼 수 있었다. 또한 문화대혁명이라는 혁명적 권력은 개인을 부정하고, 절대적 순종과 반역이라는 양극화된 두 가지 세계만을 강요하였으며, 나아가 인민들을 억제하고 무력하게 하고 지치게 했음을 알 수 있었다. 감독은 이러한 상황에도 불구하고 인민의 순수의식에 폭력을 가할 수는 없었던 역사적 사실을 서사공간에서 휴머니즘으로써 표현해냈다.

참고문헌

시에진(謝晉), 『부용진』, (주)은하프로덕션, 1990.

구화(古華), 『芙蓉鎭』, 인민문학출판사, 2000.

구화(古華), 우동완 옮김, 『芙蓉鎭』, 삼중당, 1988.

인홍 지음, 이종희 옮김, 『중국 영상문화의 이해』, 학고방, 2002.

슈테판크라머 지음, 황진자 옮김, 『중국영화사』, 이산, 2000.

루홍스, 슈샤오밍 지음, 김정욱 옮김, 『차이나시네마』, 동인, 2002.

후지이 쇼조 지음, 김양수 옮김, 『현대중국, 영화로 가다』, 지호, 2001.

문학과영상회 편, 『영화 속 문학이야기』, 2002.

토마스 소벅 · 비비안 C · 소벅 지음, 주창규 외 옮김, 『영화란 무엇인가』, 거름, 1997.

워렌 벅랜드, 장석용 · 정재우 역, 『영화연구』, 현대미학사, 2002.

티모시 코리건 저, 이권 역, 『영화비평, 어떻게 쓸까?』, 시공사, 2003.

임춘성, 「정치폭력 · 동성애 · 이데올로기적 주체 -『霸王別姬』·『活着』 細窺-」, 『중국현대문학』 제25호, 한국중국현대문학학회, 2003.

Marc Ferro 著, 張淑娃 譯, 『電影與歷史』, 麥田出版, 1998.

余華 著, 『活着』, 南海出版公司, 1998.

陸弘石, 舒曉鳴 著, 『中國電影史』, 文化藝術出版社, 1998.

倪 駿, 『中國電影史』, 中國電影出版史, 2004.

倪震主編, 『改革與中國電影』, 中國電影出版社, 1994.

陳墨, 『張藝謀電影論』, 中國電影出版社, 1995.

韓秀鳳 · 曉海 編選, 『張藝謀』, 湖南文藝出版社, 1996.

서울대학교 인문학연구소 편, 『휴머니즘연구』, 서울대학교출판부, 1988.

모리스 메를로-퐁티 저, 박현모 · 유영산 · 이병택 역, 『휴머니즘과 폭력』, 2004.

히메다 미쓰요시 외, 김순호 옮김, 『20세기중국사』, 돌베개, 1995.

우에하라카즈요시 외, 한철호 · 이규수 옮김, 『동아시아 근현대사』, 옛오늘, 2003.

阿部治平 외, 편집부 옮김, 『중국근현대사』, 일월서각, 1985.

金春明 · 席宣 저, 이정남 · 하도형 · 주장환 역, 『문화대혁명사』, 나무와 숲, 2000.

張 燕, 『시에진 영화 속의 여성상 연구』, 전북대학교 석사학위논문, 2003.

시에진, 「영화 『부용진』의 예술세계」, 예술원보 35, 1991.

Nick Browne, Paul G. Pickokicz, Vivian Sobchack, Esther Yau, 『NEW

CHINESE CINEMAS』, CAMBRIDGE UNIVERSITY PRESS, 1994.

WILLIAM K. FERRELL, 『LITERATURE AND FILM AS MODERN MYTHOLOGY』, PRAEGER, 2000.

George Bluestone, 『Novels into Film』, THE JOHNS HOPKINS UNIVERSITY PRESS, 2003.

저자 소개

엄영욱

전남대학교 대학원에서 문학박사학위를 받음. 현재 전남대학교 중국학과 교수로 재직 중. 저서로는 《정신계의 전사-노신》(2005년도 대한민국학술원 우수학술도서 선정), 《중국근대문학사상연구》(공저: 2009년도 문광부 우수학술도서 선정), 《동아시아의 생사관》(공저: 2009년도 문광부 우수학술도서 선정), 《노신과 외국문학》등. 역서로 《아Q정전》 및 다수의 논문.

박완호

전남대학교 대학원에서 문학박사학위를 받음. 현재 전남대학교 중국학과, 순천대학교 중어중문학과에서 강의하고 있음. 저서로는 《영상으로 이해하는 중국 근현대》, 《문화로 이해하는 중국》 외 다수가 있으며, 논문으로는 돈황 강창문학 및 중국 민간고사, 문화 관련 등 다수의 논문.

염숙

원광대학교 대학원에서 문학박사학위를 받음. 현재 조선대학교 대학원 국제차문화학과 초빙교수와 성균관대학교에서 강의하고 있음. 저서로는 《다도학개론》, 《중국 역사 속에 꽃피운 차문화》(공저)가 있으며, 〈한재 이목의《茶賦》에 나타난 다도사상〉 등 다수의 논문.

정영호

전남대학교 대학원에서 문학박사학위를 받음. 현재 서남대학교 중국어학과 교수로 재직 중. 《중국근대문학사상연구》(공저: 2009년도 문광부 우수학술도서 선정), 《중국영화사의 이해》 등의 저서와 《중국고전소설사의 이해》(공역), 《중국고전소설총목제요》 제2, 3, 5권(공역) 등의 번역과 〈영화 《인생》에 나타난 정치권력과 생존의 갈등 구조〉 등의 다수의 논문.

중국문화연구

인쇄 | 2010년 12월 20일
발행 | 2010년 12월 30일

저자 | 엄영욱 · 박완호 · 염숙 · 정영호
발행 | 김윤수
발행처 | 전남대학교출판부

등록 | 1981. 5. 21. 제53호
주소 | 500-757 광주광역시 북구 용봉로 77
전화 | (062) 530-0571~3
팩스 | (062) 530-0579
홈페이지 | http://altair.chonnam.ac.kr/~cnup

값 15,000 원

ISBN 978-89-7598-874-5 (93820)

이 도서의 국립중앙도서관 출판시도서목록(CIP)은 e-CIP홈페이지(http://www.nl.go.kr/ecip)에서 이용하실 수 있습니다. **(CIP제어번호: CIP2010004770)**